U0536831

千古人物

郭宏文 ◎ 著

大明太祖朱元璋

中国书籍出版社
China Book Press

图书在版编目（CIP）数据

大明太祖：朱元璋 / 郭宏文著. -- 北京：中国书籍出版社，2024.9
ISBN 978-7-5068-9757-0

Ⅰ.①大… Ⅱ.①郭… Ⅲ.①朱元璋（1328-1398）—传记 Ⅳ.①K827=48

中国国家版本馆CIP数据核字（2024）第016084号

大明太祖：朱元璋

郭宏文　著

责任编辑	王志刚
责任印制	孙马飞　马　芝
封面设计	东方美迪
出版发行	中国书籍出版社
地　　址	北京市丰台区三路居路97号（邮编：100073）
电　　话	（010）52257143（总编室）　（010）52257140（发行部）
电子邮箱	eo@chinabp.com.cn
经　　销	全国新华书店
印　　厂	北京睿和名扬印刷有限公司
开　　本	710毫米×1000毫米　1/16
印　　张	19
字　　数	236千字
版　　次	2024年9月第1版　2024年9月第1次印刷
书　　号	ISBN 978-7-5068-9757-0
定　　价	58.00元

版权所有　翻印必究

前　言

朱元璋是大明王朝的开国皇帝，史称明太祖，也是中国历史上卓越的军事家、战略家、政治家。他四十一岁称帝，七十一岁病逝，在位长达三十一年。在明朝的十六位皇帝中，朱元璋的在位时间，居于在位四十八年的明神宗朱翊钧、在位四十五年的明世宗朱厚熜之后，排名第三位。与"秦皇汉武"和"唐宗宋祖"这样的皇帝相比，早年的朱元璋既没有雄心壮志，也没有文采飞扬。他起兵反元时，根本没有创建一个朝代的想法，只是迫于环境的无奈，才参加一个反元复宋的红巾军武装。他能开创大明王朝的基业，竟然是因为个人生存所迫。

元文宗天历元年（1328年）九月，朱元璋出生于濠州（今安徽省凤阳县）太平乡一个贫苦的农民家庭。因为住在一个赋税繁重的地区，一家人辛辛苦苦地劳作一年，不但得不到应有的收入，还会欠下数目不小的官税。为了躲避官税的债务，朱元璋一家人只好在淮河流域迁徙游荡，过着居无定所的日子。生活虽然非常清苦，但一家人能够团团圆圆地在一起，亲人之间总有个相互照应。

毫无疑问，小时候的朱元璋是一个贫苦农民家庭中非常安分守己的孩子。但在他十七岁那年，也就是元顺帝至正四年（1344年），旱灾、蝗灾和瘟疫先后降临他的家乡，尤其是流行瘟疫，给他的家庭带来了巨大的灾难，他的父亲朱世珍、母亲陈二娘、大哥朱兴隆以及大哥的长子在仅仅半个多月内，就先后死于瘟疫。当时家里非常贫困，根本买不起四口棺材，更买不起安葬四个人的坟地。幸好有一个姓刘的好心人同情他们，主动把自家的一块山地让给他们。就这样，朱元璋和二哥朱兴盛才得以把四位亲人埋在刘家的山地里。

随后，朱元璋先是进了一个叫皇觉寺的寺院当了和尚，目的就是混一碗粥喝。可不久，寺院里也到了无粥可混的程度，朱元璋又不得不像寺院里的师兄一样，成为一名沿街乞讨而又身披袈裟的小叫花子。这么一走，竟达四年之久。期间，他向南到过庐州（今安徽省合肥市）；然后向西到过固始（今河南省固始县）、光州（今河南省潢川县）、息州（今河南省息县）、罗山（今河南省罗山县）、信阳（今河南省信阳市）；然后向北到过汝州（今河南省汝州市）、陈州（今河南省太康县）；最后向东到过鹿邑（今河南省鹿邑县）、亳州（今安徽省亳州市）、颍州（今安徽省阜阳市）。至正十二年（1352年），二十五岁的朱元璋又重新回到了皇觉寺，继续诵经念佛。不久，朱元璋儿时的玩伴汤和给他写来一封信，极力邀请他加入郭子兴领导的反元复宋的红巾军。朱元璋因此放下钵盂，投奔了郭子兴的队伍，成为一名反元复宋的战士。这一决定，不仅改变了朱元璋的命运，也改变了中国的发展历史。

朱元璋的机智勇敢，不仅得到了郭子兴的赏识，成为他的心腹，郭子兴还把自己的养女马氏嫁给了朱元璋。本来，朱元璋的名字叫朱兴宗，小名叫重八，可当他成为郭子兴的女婿后，就另起了一个正式名字——元璋，字国瑞。

至正十三年春，朱元璋建议郭子兴创建新军，郭子兴不仅采纳了他的建议，还派他回到家乡钟离县招募兵员。他在钟离县顺利招兵七百人后，被郭子兴提升为镇抚。不久，朱元璋从自己招募的七百人中精选二十多人袭击定远（今安徽省定远县）境内驴牌寨，收编民军三千余人。随后，他带领三千余人突袭屯驻在横涧山（今安徽省定远县西北）的元军，赢得突袭大捷后收降元军两万余人。

至正十五年正月，朱元璋指挥红巾军攻克和州（今安徽省和县），郭子兴非常高兴地升任他为和州总兵官，全权负责镇守和州，从此他有了属于自己的地盘。朱元璋出任和州总兵官三个多月时，郭子兴突然病逝，其子郭天叙继任都元帅，朱元璋出任左副元帅。至正十五年九月，郭天叙和舅舅张天祐被元军假降将领陈埜先斩杀，朱元璋设计诱杀了陈埜先，不但为郭天叙、张天祐二人报了仇，还实际掌控了郭子兴红巾军的大权。

至正十五年六月到至正十九年十一月，朱元璋率部攻无不克，战无不胜，不断在元军手中攻城略地。其间，朱元璋攻占了集庆路（今江苏省南京市），并将其改为应天府，自封为"天兴建康翼统军大元帅"，心中的目标也越来越大。此时，朱元璋不仅要与强大的元军作战，还要与各路红巾军作战。在他看来，逐鹿中原，决战天下，必须双管齐下，两手都不能软。

至正二十年闰五月，朱元璋率军出征，历经三十六个月的鏖战，在鄱阳湖打败了陈汉开国皇帝的陈友谅，陈友谅中箭身亡，他的弟弟陈友仁、陈友贵也在舰船上被烧死，朱元璋的地盘扩大到长江中下游的广大地区。

至正二十四年正月，朱元璋一改以往所奉行的"高筑墙、广积粮、缓称王"的策略，在应天府自立为吴王，并以李善长为左丞相、徐达为右丞相。而此前，张士诚也已经自立为吴王，张士诚被称为东吴王，朱元璋被称为西吴王。朱元璋乘胜亲征武昌（今湖北省武汉市武昌区），收降了陈友谅的儿子陈理，彻底灭掉了陈汉政权，占领了湖广大部分区域。

至正二十六年五月，朱元璋发表檄文，声讨同样自称为吴王的红巾军领袖张士诚，并发动了隆平战役。同年年底，朱元璋大军攻破张士诚所占领的隆平城，张士诚自缢而死，东吴灭亡。朱元璋一鼓作气，除占领了长江中下游的大片地区外，还制服了浙东的方国珍、福建的陈友定等红巾军领袖，并攻克了元军把守的广东、广西。

至正二十七年十月，朱元璋作出了挥师北伐的决定，命徐达和常遇春二人统率二十五万大军同元军展开最后的大决战。在朱元璋大军气吞山河、摧枯拉朽的进攻下，元军节节败退，一路向北溃逃。昔日不可一世的元朝廷，迅速呈现出摇摇欲坠、土崩瓦解之势。

至正二十八年正月初四，四十一岁的朱元璋在奉天殿正式称帝，国号"大明"，建元"洪武"，以应天为京师。随后，诏令妃马氏为皇后、世子朱标为太子、李善长为左丞相、徐达为右丞相。同时，文臣武将都被加官晋爵。由此，朱元璋成为继刘邦之后，中国历史上又一位出身平民的开国皇帝。朱元璋在登基诏书中说："惟我中国人民之君，自宋运告终，帝命真人于沙漠，入中国为天下主，其君臣父子及孙百有余年，今运亦终。其天下土地人民，豪杰分争。惟帝赐英贤为臣之辅，遂戡定诸雄，息民于田野。今地周回二万里广，诸臣下皆曰生民无主，必欲推尊帝号，臣不敢辞，亦不敢不告上帝皇祇。是用明年正月四日于钟山之阳，设坛备仪，昭告帝祇，惟简在帝心。如臣可为生民主，告祭之日，帝祇来临，天朗气清。如臣不可，至日当烈风异景，使臣知之。"（《明太祖实录》）

朱元璋建立大明王朝后，励精图治，勤政爱民，借自身的文韬武略，成为一代圣贤豪杰。他广纳人才，知人善任；制定法律，依法治国；爱惜民力，勤俭节约；减轻赋税，发展生产；兴修水利，赈济灾荒；重开科举，效仿汉唐；简化上书，提高效率；废除丞相，提升六部；厉行屯田，严控军队；设立机构，监督官吏。经过三十余年的不懈努力，朱元璋亲手缔造了一个繁荣安定的大明王朝，史称"洪武之治"，也称"洪武盛世"。

对于朱元璋的一生，《明太祖实录》中有着这样的评价：

上以天纵之资，起自田里，遂成大业。当是时，元政陵夷，豪杰并起，大者窃据称尊，小者连数城邑，皆恣为残虐，糜弊生民，天下大乱极矣。上在民间，闵焉伤之，已而为众所推戴，拒之益来，乃不得已起义，即条法令，明约束，务以安辑为事，故所至抚定，民咸按堵，不十余年间，荡涤群雄，戡定祸乱，平一天下，建混一之功。虽曰天命人归，要亦神武不杀之所致也。

即位之初，稽古礼文，制礼作乐，修明典章，兴举废坠，定郊祀，建学校，尊孔子，崇儒术，育贤才，注洪范，叙九畴，罢黜异，论表章、经籍，正百神之号，严祭祀之典，察天文，推历数，定封建，谨法律，慎赏罚，抚四夷、海外，远方诸国皆遣子入学，南极炎徼，北逾冰壤，东西际日月之所出没，周不率服。昧爽临朝，日晏忘餐，虚心清问，从善如流，神谋睿断，昭见万里，退朝之暇，即延接儒生，讲论经典，取古帝王嘉言善行书真殿庑，出入省观。斥侈靡，绝游幸，却异味，罢膳乐，泊然无所好，敦行俭朴，以身为天下先。凡诏诰命令，词皆自制，淳厚简古，洞达物情，当宁戒谕臣下，动引经史，谆切恳至，听者感动，训敕子孙臣庶，具有成书，诒法万世。

谨宫闱之政，严宦寺之防，杜外戚之谒，而家法尤正，纪纲法度，彰彰明备。至于礼先代，罢献浮，存高年，兴孝弟，励农桑，蠲逋负，宥死刑，焚狱具，旌廉能，黜贪酷，摧奸暴，佑良善，宽仁爱人，专务德化，是以身致太平三十余年，民安其业，吏称其职，海内殷富，诸福之物，莫不毕至。功德文章，巍然焕然，过古远矣。传称唐虞禅夏后，殷、周继然。成汤革夏，乃资亳众；武王伐商，爰赖西师；至于汉高，虽起徒步，尚籍亭长，挟纵徒，集所附。上不阶寸土一民，呼吸响应，以有天下，方册所载，未之有也，於乎盛哉！

目录 Contents

前 言 ··· 1

第一章　出身农民，乱世投奔红巾军 ······················· 1

01. 少小年华放牛娃 ·· 1
02. 瘟疫流行失亲人 ·· 6
03. 出家求得栖身处 ·· 11
04. 云游化缘走四方 ·· 14
05. 还俗加入红巾军 ·· 19
06. 拼死相救郭子兴 ·· 24
07. 元帅义女娶为妻 ·· 29
08. 夫人营救躲劫难 ·· 34

第二章　智勇双全，带兵打仗建奇功 ····················· 39

01. 智取一寨和一山 ·· 39
02. 攻占滁州立根基 ·· 44
03. 力劝元帅缓称王 ·· 49
04. 智取和州图南进 ·· 53
05. 整顿军纪树形象 ·· 58
06. 暂时隐忍稳局势 ·· 63
07. 将计就计除老贼 ·· 68

— 1 —

08. 渡江攻取采石矶 ················· 72

第三章 连战连捷，巩固壮大根据地 ················· 76

01. 夺取经略太平城 ················· 76
02. 建立太平元帅府 ················· 81
03. 如愿占领集庆城 ················· 85
04. 攻占镇江和常州 ················· 90
05. 夺取长兴和江阴 ················· 94
06. 略施小计得池州 ················· 97
07. 九字良策明方向 ················· 102
08. 经略金华根据地 ················· 107

第四章 幸得奇才，精心策划开新局 ················· 112

01. 喜得谋士刘伯温 ················· 112
02. 打强防弱新策略 ················· 117
03. 龙湾之战获全胜 ················· 122
04. 乘胜出击打江西 ················· 127
05. 软硬兼施平叛乱 ················· 132
06. 将计就计杀叛将 ················· 136
07. 都城遭袭成转机 ················· 140
08. 施火攻重创汉军 ················· 144
09. 流矢射死陈友谅 ················· 148

第五章 一鼓作气，东征西讨奠国基 ················· 152

01. 赏罚分明整军纪 ················· 152
02. 智取武昌灭陈汉 ················· 156
03. 淮东一带被平定 ················· 161
04. 用计除掉小明王 ················· 165

05. 隆平活捉张士诚 …………………………… 169
06. 浙东福建灭双雄 …………………………… 173
07. 讨元檄文鼓士气 …………………………… 177
08. 兴师北伐捷报传 …………………………… 181

第六章 开国之君，巩固江山保社稷 …………………………… 186

01. 登基建立大明朝 …………………………… 186
02. 减免赋税行屯田 …………………………… 191
03. 制定律令治国家 …………………………… 195
04. 道德教化安民众 …………………………… 200
05. 发兵攻克元大都 …………………………… 204
06. 奖罚分明对臣属 …………………………… 209
07. 平定四川灭大夏 …………………………… 213

第七章 强力集权，家事国事皆掌管 …………………………… 218

01. 管好后宫不怠慢 …………………………… 218
02. 打压相权强皇权 …………………………… 222
03. 诏令废除丞相制 …………………………… 227
04. 酷刑瘐死叶伯巨 …………………………… 232
05. 分封藩王为集权 …………………………… 236
06. 先立后废锦衣卫 …………………………… 241
07. 强硬手段治贪腐 …………………………… 245
08. 法律教化做保障 …………………………… 249
09. 惩治流放沈万三 …………………………… 253

第八章 西宫驾崩，谁管江山兴亡事 …………………………… 258

01. 僭越之罪除两侯 …………………………… 258
02. 流放宋濂去茂州 …………………………… 262

03. 定罪处斩李善长 ⋯⋯⋯⋯⋯⋯⋯⋯⋯⋯⋯⋯⋯⋯ 266
04. 蓝玉案清除功臣 ⋯⋯⋯⋯⋯⋯⋯⋯⋯⋯⋯⋯⋯⋯ 269
05. 实行残酷文字狱 ⋯⋯⋯⋯⋯⋯⋯⋯⋯⋯⋯⋯⋯⋯ 274
06. 诏令停建中都城 ⋯⋯⋯⋯⋯⋯⋯⋯⋯⋯⋯⋯⋯⋯ 279
07. 储君选定皇太孙 ⋯⋯⋯⋯⋯⋯⋯⋯⋯⋯⋯⋯⋯⋯ 282
08. 是非功过任评说 ⋯⋯⋯⋯⋯⋯⋯⋯⋯⋯⋯⋯⋯⋯ 286

主要参考书目 ⋯⋯⋯⋯⋯⋯⋯⋯⋯⋯⋯⋯⋯⋯⋯⋯⋯ 291

第一章　出身农民，乱世投奔红巾军

01. 少小年华放牛娃

自古以来，大凡帝王将相这样的人物出生，都会被描绘成不同寻常的兆头或很不一般的天气。元文宗天历元年（1328年）九月十八，大明王朝的开国皇帝朱元璋诞生这一天，自然也不例外。

这天的一大早，在濠州（今安徽省凤阳县）钟离县太平乡孤庄村，已经身怀十个月身孕的陈二娘，为了挣点儿工钱补贴家里，依然挺着个大肚子，在稻场上给一户孙姓地主家晒稻谷。而她四十七岁的丈夫朱五四，是这户孙姓地主家的长工。勤劳的朱五四并非不心疼自己的妻子，可是单凭他自己一个人打长工，根本没法养活一家人。因此，他只好让怀有身孕的妻子来孙家打短工，来贴补家里的日常开销。

在离稻场不远的地方，有一座皇觉寺。干活儿时，朱五四心疼地对妻子说："如果你觉得困了，就去皇觉寺里歇一歇，千万别硬撑着伤了身体。"

陈二娘和另外两个打短工的农妇一起忙完活计后,直了直腰板,感觉真的有点儿困了,便躺在稻场一角的草垛上睡着了。她没去皇觉寺,觉得走路会耽误时间。

和暖的阳光下,陈二娘隐隐约约看见一位神仙从皇觉寺里走了出来,径直走到他的跟前,给了她一粒圆圆的仙丹。她刚接过来,仙丹就在手中闪闪发光,刺得她有些睁不开眼睛。只听那位神仙说:"我受天神所托,今天专程给夫人送来一粒仙丹。"陈二娘疑惑地问道:"对于我这样的一个农妇来说,吃下这粒仙丹有什么效用吗?"那位神仙说:"夫人已怀胎十月,服下这粒仙丹,不仅可以让胎儿顺产,而且孩子将来会富贵至极。"听了神仙的话,陈二娘半信半疑地服下了手中仙丹,觉得仙丹迅速滑过喉咙,直入心脾。

刚吃完仙丹,陈二娘被一阵嘈嘈嚷嚷的声音所惊醒。她睁开眼,才知道刚才是自己做了一场梦。那位神仙已经不见了,可她的嘴里还留着仙丹的余香,让她产生了一种耳目一新的感觉。

陈二娘觉得很神奇,就把做梦吃下神仙送给她的仙丹、醒来时嘴里还留有余香这件怪事,讲给一同晒稻谷的两位农妇听,可她们都觉得陈二娘是在说梦话,都没把她的话当回事。

可就在说话间,陈二娘感觉一阵腹痛,知道是肚子里的孩子就要降生了。因为陈二娘此前已经生了三男二女,已经熟悉了孩子降生前的那种感觉。她知道此时回家已来不及,就忍着剧烈的疼痛来到了皇觉寺。到了皇觉寺,陈二娘惊奇地发现,给她送仙丹的那位神仙,就在皇觉寺大殿的一角慈祥地端坐着。

陈二娘走进皇觉寺没多久,在稻场干活儿的人们就发现皇觉寺那里红光闪闪。这时,有人非常着急地喊了起来:"皇觉寺失火了，大家快去救火啊！"

可是，当人们急三火四地跑到皇觉寺时，发现皇觉寺根本没有失火，寺院上空的红光闪闪不是火光，而是一片火红的祥云。人们从来没看过这样的祥云，都感到非常惊奇。

这时，朱五四才发现自己的妻子陈二娘不见了。就在他想去寻找陈二娘时，就听皇觉寺里传出了婴儿的啼哭声，他似乎有一种预感，就赶紧跑进寺院里，果然看见陈二娘已经生了。满脸疲惫的陈二娘看见朱五四走了进来，表情平淡地说："又是个儿子！"

这个在皇觉寺出生的孩子，叫朱兴宗，小名叫重八，后来改名为朱元璋。十七年后，从皇觉寺出生的朱元璋又回到这座寺院剃头为僧。二十五年后，朱元璋又从这座寺院放下钵盂，投奔"红巾军"。四十一年后，朱元璋在应天府（今江苏省南京市）登基，成为大明王朝的开国皇帝。

朱元璋去世被尊为明太祖后，有关他的出生故事被演绎得越来越神奇，甚至还被写进了明代历朝官修的编年体史书《明实录》中。

朱元璋的祖辈都是农民，名字也很平常，还有些土气。朱元璋的高祖父叫朱百六，曾祖父叫朱四九，祖父叫朱初一，父亲叫朱五四。

朱元璋的高祖父、曾祖父和祖父都是开荒种地的农民，由于当时种地的赋税太大，朱家的土地每年都有一部分抵交了税收，因此土地在逐年减少。到了他父亲朱五四这一代，家里已经没有耕地可种，成了赤贫农民。朱五四没上过学，不识字，朱世珍这个大名，还是后来别人给他起的。

朱元璋的小名为什么叫"重八"呢？按照濠州当地的习俗，

— 3 —

亲叔伯兄弟的孩子起名字时，一般都按年龄排序。朱元璋出生前，伯父朱五一已生有四个儿子，分别叫重一、重二、重三、重五；而父亲朱五四也有三个儿子，分别叫重四、重六和重七，这样，刚出生的朱元璋因排行第八就叫重八。

朱元璋的出生，让原本困苦的家庭更加雪上加霜，因此他的到来并不是让父母非常高兴的一件事。朱元璋小时候体弱多病，而且两岁多还不会说话。但陈二娘发现，朱元璋爱观察，尤其爱听故事，因此她就经常给朱元璋讲一些他的外公抗元打仗的故事。

朱元璋的外公叫什么名字，史无记载，后人称其为陈公。朱元璋登基后的第二年，陈公被追封为扬王。陈公曾是南宋大将张世杰①手下的士兵，作战非常勇猛。南宋败亡后，陈公跟随张世杰保护杨太后②乘客船突围。不料，陈公所乘的客船因遭遇飓风沉没，陈公却奇迹般获救。不久，陈公历经千辛万苦逃回老家，过起了隐居生活。陈二娘觉得，给朱元璋讲一些他外公的故事，就是对他最好的启蒙教育。

朱元璋五六岁时，已经出嫁的大姐不幸英年早逝。而大哥朱重四（后改名朱兴隆）和二哥朱重六（后改名朱兴盛）都好不容易才娶上了媳妇，始终没有娶上媳妇的三哥朱重七（后改名朱兴祖）也不得不入赘别人家，一家人的生活更加艰难。

元顺帝（后）至元三年（1337年），十岁的朱元璋跟随父母给一个叫刘德的地主做佃户。父亲给地主家种地，母亲为地主家做杂活儿，朱元璋为地主家砍柴放牛。朱元璋独自住在一间冬天

---

① 张世杰：宋末抗元名将，与文天祥、陆秀夫并称为"宋末三杰"。
② 杨太后：南宋度宗赵禥的淑妃，南宋端宗赵昰的母亲。

冷夏天热、四面通风的破旧茅草屋里，可他并不觉得环境不好。放牛时，朱元璋把牛往草地上一赶，让牛去吃草，他去和一般大的伙伴一起玩儿游戏。

朱元璋最爱玩儿的游戏就是"做皇帝"。他和伙伴们用土块石头堆成一个小山，最上面放一块又尖又滑的大石头，就变成了皇帝的"宝座"。朱元璋说："我们轮流坐上去当皇帝，下面的人一起给皇帝磕头喊万岁。"

玩儿做皇帝时，别的伙伴坐在上面当皇帝，朱元璋在下面磕头喊万岁，那个伙伴就会摔下来。可朱元璋坐在上面当皇帝，不管下面的伙伴咋磕头喊万岁，朱元璋都稳稳地坐在上面，还像模像样地手抒着胡须，笑嘻嘻地注视着下面的伙伴。后来，所有的伙伴都不愿意当皇帝，心甘情愿地在下面当大臣。就这样，朱元璋就给伙伴们天天当皇帝。当时与朱元璋一起玩儿游戏的伙伴中，就有后来明朝的开国名将汤和、徐达和周德兴。

一天，朱元璋和伙伴们玩儿得正在兴头上，只听有人向朱元璋磕头说道："吾皇万岁！万岁！万万岁！眼下天下太平，恳请宰牛杀羊，以示庆祝！"朱元璋高兴地说："爱卿所奏正是想我所想，准奏！"于是，伙伴们冲向田间，抓了一头小牛就杀了。随后，伙伴们搭起炉灶，煮起了牛肉。一个时辰不到，锅里就散发出浓浓的香味。伙伴们早就等不及了，转眼之间一头小牛的肉就被吃光了。

饱餐一顿后，一个伙伴突然哭着说："我放的牛少了一头小牛，回去可怎么向主人交代啊？"伙伴们面面相觑，才醒悟过来刚才闯了祸。于是，伙伴们开始互相埋怨，胆小怕事的趁伙伴们不注意，赶着自己的牛偷偷地溜了。

唯独朱元璋没有慌。他觉得，祸是自己"当皇帝"闯下的，责任就得由他这个"皇帝"来承担。他想了一会儿，说道："大家都别怕，我有个好主意，保证大家都没事。"

朱元璋随即又以"皇帝"的口气，下令把偷偷溜走的伙伴追回来。朱元璋让伙伴们把牛皮和牛骨头埋好，并掩盖好地上的血迹，然后说："我们把牛尾巴倒挂在山上的石缝里，说这头小牛掉进山洞里了，我们怎么拉也没拉上来。"

朱元璋想出的这个主意果然奏效，那个少了一头小牛的地主相信了朱元璋和他伙伴们的话，没有为难那个放丢了一头小牛的伙伴。

02. 瘟疫流行失亲人

朱元璋在地主刘德的家里一连放了七年牛，一直喜欢和伙伴们玩儿当皇帝的游戏。他的梦想，就是在刘德的家里一直好好放牛，能够吃饱穿暖，好好地活下去，将来能娶一个手脚勤快、心地善良、会过日子的姑娘做媳妇，给他生儿育女，和他一起赡养父母。如果朱元璋按照这样的想法发展下去，也许就像他的祖辈们一样，一生都会过着面朝黄土背朝天的贫苦生活，甭说当皇帝，就是能在地方混个一官半职都是不可能的事。可一次次突如其来的灾祸，让朱元璋过安生日子的梦想越来越无法实现。

元顺帝至正三年（1343年）夏，江淮流域几乎滴雨未下，造成淮河罕见断流。就在庄稼几近枯死之时，偏偏又闹起了蝗灾，大地里的各种作物被吃得片甲不留，庄稼几近绝收。地主家歉收，自然也影响到朱元璋一家人的打工收入，原本就过得异常艰难的日子，变得更加难以为继。

可人们好不容易盼来新的一年，江淮流域又开始流行瘟疫，朱元璋的家乡濠州（今安徽省凤阳县）钟离县太平乡又恰恰是重灾区。这次瘟疫的传染性非常强，往往是一人得了病，全家人都被传染。突如其来的瘟疫，让整个太平乡的人们无不处于被死亡威胁的恐惧之中。

大难来临谁也逃脱不了，朱元璋家也不例外。他六十四岁的父亲朱五四由于身体极度虚弱，于至正四年四月初六被瘟疫夺去生命；四月初九，他的大哥朱兴隆撒手人寰；四月十二，朱兴隆的长子朱圣保（后被朱元璋追封为山阳王）不幸夭折；四月二十二，朱元璋五十九岁的母亲陈二娘追随亲人而去。仅仅半个多月，十七岁的朱元璋就有四位亲人先后死于瘟疫。尤其是父母相继故去，让朱元璋陷入了极度的悲痛之中，内心又充满自责和愧疚。父母生病时，他没钱请郎中给父母看病；父母病故后，他没钱让父母入土为安。此时，朱元璋已变得家徒四壁，钱无半贯，田无一垄，甭说给死去的父母买坟地，就连买棺材的钱都没有。

按照常理，像朱元璋家这样的佃户，地主刘德应该送给他们一块坟地。可是，当朱元璋和二哥朱兴盛一起去找刘德，跪求他发善心借给他们一块坟地时，刘德不仅没答应借给坟地，还把朱元璋连同他二哥一起给痛骂了一顿。刘德的冷漠无情和一通大骂，让朱元璋伤心至极，有个地缝都想钻进去。

刘德的哥哥刘继祖得知弟弟不借给朱家坟地的消息后，就派儿子刘英把朱元璋兄弟二人叫到家中，用非常同情的口气对哥儿俩说："刚才英儿告诉我了，我二弟没答应借给你们坟地，你们一定非常为难。我已经跟英儿的娘商量过了，我家东面的那片山地，你们随意选一个地方作坟地来安葬亲人，不要考虑以后偿还的事。人死了不能复活，入土为安。你们也不要太难过，尽快安排好后事要紧。"

听了刘继祖的话，朱元璋兄弟二人非常感动。在刘家兄弟的对比中，让朱元璋感受到了刘继祖的为人厚道。朱元璋和二哥千恩万谢地向刘继祖磕头辞别，然后赶紧回到家里张罗处理后事。

朱元璋和朱兴盛哥儿俩把家里的两扇破门板卸下来，给父母当棺木。他们用芦席和旧衣服将父母遗体包裹起来，再用草绳把父母遗体捆绑在门板中间，然后抬着到刘继祖的地里去埋葬。没想到，遗体刚从家里抬出没多远，就见阴云密布，然后是狂风大作，尘土飞扬，紧接着就下起雨来。兄弟俩冒雨赶路，费了九牛二虎之力才将父母的遗体抬到刘继祖的地里草草埋葬。之后，朱元璋和朱兴盛一起，又把大哥朱兴隆和大侄儿朱圣保也埋在了父母的旁边。

后来，朱元璋就在当年埋葬父母的地方修建了明皇陵，成为朱家的祖坟。洪武十一年（1378年）四月，朱元璋亲自撰写《御制皇陵碑》并立在明皇陵内。朱元璋在碑文中历述艰辛家世、戎马生涯和创立大明基业的奋斗历程，文字通俗易懂，朴实自然，感情真挚，毫无造作，情深意切，脍炙人口。朱元璋在《御制皇陵碑》中写道：

孝子皇帝元璋谨述：洪武十一年夏四月，命江阴侯吴良督工新造皇堂。予时秉鉴窥形，但见苍颜皓首，忽思往日之艰辛。况皇陵碑记皆儒（臣）粉饰之文，恐不足为后世子孙戒，特述艰难、明昌运，俾世代见之。其辞曰：

昔我父皇，寓居是方，农业艰辛，朝夕旁徨，俄尔天灾流行，眷属罹殃：皇考终於六十有四，皇妣五十有九而亡，孟兄先死，合家守丧。田主德不我顾，呼叱昂昂，既不与地，邻里惆怅。忽伊兄之慷慨，惠此黄壤，殡无棺椁，被体恶裳，浮掩三尺，奠何肴浆。既葬之后，家道惶惶，仲兄少弱，生计不张，孟嫂携幼，东归故乡。值天无雨，遗蝗腾翔，里人缺食，草木为粮。予亦何有，心惊若狂，乃与兄计，如何是常？兄云去此，各度凶荒。兄为我哭，我为兄伤，皇天白日，泣断心肠，兄弟异路，哀恸遥苍。

汪氏老母，为我筹量，遣子相送，备醴馨香，空门礼佛，出入僧房。居未两月，寺主封仓，众各为计，云水飘飏。我何作为，百无所长，依亲自辱，仰天茫茫，既非可倚，侣影相将，朝突炊烟而急进，暮投古寺以趋跄，仰穷崖崔嵬而倚碧，听猿啼夜月而凄凉，魂悠悠而觅父母无有，志落魄而佯伴。西风鹤唳，俄渐沥以飞霜，身如飘蓬逐风而不止，心滚滚乎沸汤，一浮云乎三载，年方二十而强。时乃长淮盗起，民生攘攘，於是思亲之心昭著，日遥盼乎家邦。已而既归，仍复业於觉皇，住方三载而又雄者跳梁。初起汝颍，次及凤阳之南厢。未几陷城，深高城隍，拒守不去，号令彰彰。

友人寄书，云及趋降，既忧且惧，无可筹详，傍有觉者，将欲声扬。当此之际，逼迫而无已，试与知者相商，乃告之曰：果束手以待罪，亦奋臂而相戕？知者为我画计，且祷阴以默相，如其言往卜去，守之何详。神乃阴阴乎有警，其气郁郁乎洋洋，卜逃卜守则不吉，将就凶而不妨，即起趋降而附城，几被无知而创。少顷获释，身体安康，从恩朝暮，日日戎行，元兵讨罪，将士汤汤，一攫不得，再攫再骧，移营易垒，旌旗相望。已而解去，弃戈与枪，予脱旅队，驭马控缰，出游南土，气舒而光。倡农夫以入伍，事业是匡，不逾月而众集，赤帜蔽野而盈冈，率度清流，戍守滁阳。思亲询旧，终日慨慷，知仲姊已逝，独存驸马与甥双。驸马引儿来我栖，外甥见舅如见娘。此时孟嫂亦有知，携儿挈女皆从傍，次兄已殁又数载，独遗寡妇野持筐：因兵南北，生计忙忙，一时会聚如再生，牵衣诉昔以难当。

於是家有眷属，外练兵钢，群雄并驱，饮食不遑。暂戍和州，东渡大江，首抚姑熟，礼仪是尚。遂定建业，四守关防，砺兵秣马，静看颉颃。群雄自为乎声教，戈矛天下铿锵；元纲不振乎彼世祖之法，豪杰何有乎仁良。予乃张皇六师，飞旗角亢，勇者效力，智者赞襄。亲征荆楚，将平湖湘，三苗尽服，广海入疆。命大将军，东平乎吴越，齐鲁耀乎旌幢，西有乎伊洛崤函，地险河湟，入胡都而市不易，肆虎臣露锋刃而灿若星铓。已而长驱乎井陉，河山之内外民庶咸仰。关中即定，市巷笙簧，玄菟乐浪，以归版籍，南藩十有三国而来王。倚金陵而定鼎，托虎踞而仪凤凰，天堑星高而月辉沧海，钟山镇岳而峦接乎银潢。

欲厚陵之微葬，卜者乃曰不可，而地且藏。於是祀事之礼已定，每精洁乎蒸尝，惟劬劳罔极之恩难报，勒石铭於皇堂，世世承运而务德，必彷佛於殷商。泪笔以述，难谕嗣以抚昌，稽首再拜，愿时时而来飨。

明皇陵于至正二十六年（1366年）动工建造，当时朱元璋还是吴王。洪武十二年（1379年）竣工，工期历时十四年。明皇陵主要包括皇城、砖城、土城三道，殿宇、房舍千余间，陵丘、石刻群等。明皇陵的结构，与南京明孝陵和北京明十三陵大体相同。明皇陵虽然不是帝王之陵，但宫阙殿宇壮丽森严，享殿、斋宫、官厅数百间，皇陵神道总长二百五十七米，石像生三十二对。石像生数量之多、刻工之精美，为历代帝王陵之冠，其艺术风格绝妙，堪称上承宋元、下启明清的大型石雕艺术精品。明皇陵在明朝的二百多年里，历经多次修缮，一直保存完好。1982年，明皇陵石刻连同明中都皇故城，被国务院列为"全国重点文物保护单位"。

03. 出家求得栖身处

至正四年（1344年）九月，朱元璋和二哥朱兴盛一起埋葬了父母，家里已经变得破败不堪，房子连门板都没了。此时，刚刚病逝的大哥撇下了年轻的大嫂，还有一个幼子朱文正，母子二人需要人照顾。二哥朱兴盛身体羸弱，和二嫂勉强养育自己的儿子朱旺。朱元璋知道，大灾之年，大嫂和二哥都没有能力照顾他，他也没有能力去照顾大嫂和二哥，他只能想办法自己照顾自己。面对一贫如洗的家境，朱元璋与二哥朱兴盛抱头痛哭，然后分手，各自寻找求生的出路。

饥荒还在蔓延，瘟疫还在流行。这次瘟疫，流行速度之快、流行时间之长、流行范围之广，实属罕见。据《元史》记载："元顺帝至正四年,福州、邵武、延平、汀州四郡夏秋大疫,死人无算。"为此,元代著名文学家、书法家、史学家揭傒斯在《雨述三篇·其二》中这样写道:

> 近闻闽中瘴大作,不间村原与城郭。
> 全家十口一朝空,忍饥种稻无人穫。
> 共言海上列城好,地冷风清若蓬岛。
> 不见前年东海头,一夜潮来迹如扫。

朱元璋的家乡无疑是重灾区。濠州(今安徽省凤阳县)一带的村子里,没人埋的死人随处可见。那些身体好的、能走得动的人,几乎都跑出去逃荒了。在当地,别说粮食,就连草根和树皮都被人吃光了。

送走二哥后,朱元璋只身一人几乎哭了一夜,简直就是悲痛欲绝。第二天一大早,隔壁的汪妈妈和儿子汪秀成来安慰他,生怕他想不开。汪妈妈对朱元璋说:"我听你娘说过,她曾在皇觉寺许过愿,当你走投无路时,就让你拜在了空大师的门下修行。现在,了空大师已经圆寂了,但你已经在高彬长老那里念过一些佛经,说明这缘分不会断。如今,你已经到了无路可走的程度,就到皇觉寺里剃度为僧吧,这既是替你母亲还愿,也让你自己有个栖身之处。"

朱元璋觉得汪妈妈说得有道理。既然到皇觉寺修行是母亲的遗愿,自己就应该剃度为僧,及早替母亲还这个愿。至正四年九月十八,是朱元璋十七岁的生日。这一天,汪妈妈、汪秀成以及朱元璋的玩伴汤和、徐达等人,一起凑了一点儿吃的东西,共同和朱元璋吃了一顿饭，算是给朱元璋过最后一个凡间俗人的生日，也算是给他到皇觉寺出家饯行。

九月十九早上，朱元璋在汪秀成的陪伴下来到了皇觉寺。这一天，恰恰是观世音菩萨的出家吉日。以往的这一天，皇觉寺都是香烟缭绕，人来人往络绎不绝，可今年由于瘟疫流行的原因，寺院里显得非常冷清。朱元璋进入寺院后，通过一个和尚打听到了皇觉寺住持佛性大师的住处。佛性见到朱元璋后，稍作端详便有些不屑地说道："我观施主面带戾气，似乎与佛祖无缘啊！"皇觉寺主要靠田产出租和民间施舍来获得生存的钱粮，大灾之年土地收成不好，民间施舍少之又少，寺院里多一个人，就多一张吃饭的嘴。因此，佛性大师根本不打算收留朱元璋。朱元璋听了佛性大师的话，知道他不愿收留自己，便着急地说："师父，我是真心向佛，您就收下我吧！"佛性大师说："入佛门可不是为了单单得到一口饭吃。以施主的品行，能守得住佛门的十大戒律吗？"这时，寺院里的高彬长老走了过来，悄悄对佛性耳语了几句，佛性便再次抬头看了朱元璋一眼说："该来的总归要来。既然是了空大师结的缘，那就收下吧！"随后，朱元璋被高彬长老领出去落了发，换上了一件枣红色的破旧袈裟，然后又来到法堂前。按照皇觉寺的规矩，出家人要有住持加持开"燕顶"，就是在出家人的头顶上用香火烧出香疤，表示偿清一切业障之债、永远解脱一切烦恼的决心。同时，香疤也是和尚修行受戒的级分。但除了落发外，佛性大师免除了朱元璋所有的受戒程序，并且只答应让他在寺院里服杂役做行童①。

---

① 行童：供寺院役使的小和尚。

朱元璋每天该做的事情，就是扫地、上香、打钟击鼓、挑水劈柴，这些差事几乎让他忙得团团转。如果哪些活计做得不到位，就会受到老和尚的斥责。每天他都为打扫耳房发愁，因为耳房里排放的那些小佛爷，一个紧挨着一个，打扫时必须小心翼翼，不然就会碰坏了哪一个，遭到老和尚的一顿斥责。一次，朱元璋挨了老和尚的一顿斥责后，心里非常窝火，就找来一支笔，在菩萨像的背面，愤怒地写上了"发配三千里"几个字。结果，这事很快传遍了整个皇觉寺，佛性大师很生气，立即要把他赶走。这时，高彬长老出面给朱元璋说情，朱元璋才得以留下来。

一天，寺院住持佛性大师将所有僧众都召集到佛堂大殿上，一脸严肃地宣布说："眼下饥荒日趋严重，方圆百里饿殍遍野、生灵涂炭，佛祖见之嗟叹不已。而寺内所得施舍稀少，不足果腹，长此下去，我等只能吃糠度日。经慎重考虑，老衲迫不得已决定罢粥散僧，请诸位弟子出寺云游化缘，以解眼下之危困，望各位各自珍重。"

此时，朱元璋才在皇觉寺做了五十天的行童。虽然他曾经跟随高彬长老念过一些佛经，但还不是真正知法懂道，不是真正会诵经、做法事，不具备出家人的基本功。但为了活命，他只好按照佛性大师宣布的决定，踏上了行脚僧的化缘之路。

04. 云游化缘走四方

至正四年（1344年）十一月初十，朱元璋离开皇觉寺开启了云游化缘的历程。其实，化缘就相当于行乞，只不过是借助出家人的名义行乞，听起来文雅一些。起初，朱元璋顺着淮河岸边往下走，饿了就到沿河的村庄讨口饭吃，渴了就到淮河里捧几口水喝，困了就在河边的草地上打个盹儿。可走了不到半个月，朱元璋就实在有些走不动了。此时，他想起了住在泗州（今安徽省泗县）盱眙县（今江苏省盱眙县）西南的二姐朱佛女，便兴冲冲地奔向二姐家，以求在二姐家暂时歇歇脚。

朱元璋来到二姐家后，二姐朱佛女看到弟弟的一身行装和打扮，就知道弟弟已经是个出家人，因此感到非常惊诧。当朱元璋把父母、大哥和侄儿都在瘟疫中死去的事告诉二姐后，姐弟俩不禁抱头痛哭，朱佛女边哭边说："家里出这么大的事，遭遇这么大的不幸，怎么不给我捎个信来呢？我也好尽点儿孝心和亲情啊！"

朱佛女的丈夫李贞见姐弟俩哭得一塌糊涂，便流着泪劝慰说："你们俩再心痛难过，人也不能复活了，现在最重要的事，就是我们一起想办法把日子过下去。"

朱元璋的二姐夫李贞是怎样的一个人呢？据《明太祖实录》记载："李贞世居泗州盱眙县，后徙临淮之东乡，性孝友，敦约谦谨，尚皇姊长公主。元季，中原鼎沸，贞见里人有广其田宅，厚自封殖者，辄叹曰：'此何时也，乃欲为富家翁耶？'遂捐家资，椎牛豕，具酒食，会乡里约，守望相助。居无何，乱兵入境，时淮东犹为元守，贞因挈家避地淮东。"李贞家境比较殷实，朱元璋的父母住在钟离东乡（今安徽省凤阳县东北）时，与李贞家是邻居。朱家生活十分艰辛，多亏了李家的资助。李贞的父亲李七三与朱元璋的父亲朱五四感觉脾气相投，便结为亲家，李贞便迎娶朱佛女为妻。

李贞见朱元璋孤苦伶仃地在外漂泊，便把他留了下来，并像招待贵客一样招待他，让他忘记了自己的行脚僧身份。当时，李贞结识了许多江湖人物，朱元璋便有机会跟随姐夫一起，与那些江湖人物谈天说地，论古道今。

　　朱元璋在二姐家待了两个月后，心里觉得过意不去，就对二姐说："我不能在这里白吃白住，我去给你们放牛吧！"朱佛女笑着说："你给刘德家放牛的那些事，我早就听说了，我哪敢让你放牛啊？再说，我家的田产都租给佃户了，家里根本不养牛。"听了二姐的话，朱元璋更觉得自己不能久留，何况自己还是个出家之人，便毅然决然地与姐姐、姐夫告别，向西南方向开始了新的云游化缘历程。

　　一路上，朱元璋所面对的都是寒风瑟瑟的天气，偶尔还会伴着毛毛细雨。一天，朱元璋来到盱眙县与定远县交界处的一个小山村里化缘，路上遇到一位白发老者。老者见朱元璋穿着一件枣红色的旧袈裟，虽然神情有些疲惫，但外貌气宇轩昂，眉宇间还透出帝王之气。老者仔细打量一番朱元璋，便把他带到家中，一边给他做饭一边说："少年英俊，面相之贵，富有四海，乃吉人天相。"朱元璋听了，非常平淡地说："我白天行走大地，夜晚卧眠山川，这山川大地自然是我享受了。"老者听了，心中赞叹不已。随后，老者又问了朱元璋的生辰八字，脸上显现出惊讶的神情说："我过去看过的人多了，他们的命都无法与你相比。年轻人，你可要珍重啊！"朱元璋不免有些苦笑道："老伯说笑了，我的相貌可不太招人待见。"老者沉思一会儿，便赋诗道："抬头看重山，低头见淮水。再过二十年，少年坐金殿。"

　　离开老者后，朱元璋反复回想着老者所说的话，不觉精神抖擞，内心充满欢喜，走起路来也是分外轻盈。

几天后，朱元璋来到定远县时，看到路上都是逃难的百姓，希望能遇上一个给自己做伴的人，更希望能交上几个朋友。想着想着，朱元璋不觉来到了妙山。这妙山并非是山，而是一个山寨。朱元璋听说这个寨子很富有，便高兴地准备到寨子里去化缘。这时，有人告诉他这个寨子是冯家兄弟的地盘，他们有自己的队伍守寨，不允许乞丐进入乞讨，不允许和尚进入化缘。朱元璋听了，非常失望地绕寨而过。

至正五年入夏，朱元璋来到巢湖边，面对湖中烟波浩渺的景象，他的心里有说不出的兴奋。巢湖沿岸有许多以船为家的渔民，朱元璋在这里很快结交了许多性情爽朗、勇敢彪悍的青年朋友。他跟这些朋友学划桨、学撒网、学用渔叉叉鱼，还跟他们一起习练拳脚棍棒。其间，有人提醒他到庐江的伏虎寺挂单[①]，但因为朱元璋没有度牒[②]，因此未能如愿。

在巢湖边停留了近一个月后，朱元璋启程向西北方向云游。朱元璋途经固始（今河南省固始县）、光州（今河南省潢川县）、息州（今河南省息县）、罗山（今河南省罗山县）、信阳（今河南省信阳市），而后北转途经汝州（今河南省汝州市）、陈州（今河南省周口市淮阳区），再东返途经鹿邑（今河南省鹿邑县）、亳州（今安徽省亳州市），最终到达颍州（今安徽省阜阳市）一带，足迹几乎踏遍了豫南淮西大部分的山山水水。朱元璋一路云游，一路化缘，一旦遇着大户人家，他就在大门口敲着木鱼，高声宣诵佛号，求得一碗饭，或许还会求得几文钱。夜间，他就在寺庙

---

① 挂单：佛教行脚僧到寺院投宿暂住。
② 度牒：官府发给出家僧尼的身份凭证，僧尼凭此牒可免除赋税、劳役。

或礼佛向善的农家投宿。云游化缘的路上,他不知遇见了多少死在路边无人埋葬的尸体,让他感到人是何等的卑微。

至正七年秋,汝州和颖州一带年景不好,无形之中增加了朱元璋化缘的难度。就在此时,他听说家乡濠州已经度过了灾荒,便决定回到家乡的皇觉寺。

至正八年春,当二十一岁的朱元璋出现在皇觉寺时,佛性住持、高彬长老及几个师兄都差点儿认不出他来,分别三年再相见,大家的心里都非常高兴。当天晚上,朱元璋露宿在皇觉寺门口侧门的门洞里,他浮想联翩,感慨万千地赋诗一首:

天为帐幕地为毡,日月星晨伴我眠。
夜间不敢长伸脚,恐踏山河社稷穿。

朱元璋回到皇觉寺后,整个人与三年前大不一样。据《皇明本纪》记载:"复入皇觉寺,始知立志勤学。"三年多的四处流浪,不仅让朱元璋备尝生活的艰辛,更让他眼界大开。朱元璋的理想抱负、智慧能力、襟怀格局,都在这三年云游化缘的经历中得到历练。同时,灾难的惨痛、富人的冷酷、穷人的慈善,也在他心里打上了深深的烙印,让他终生无法忘怀。三年不同寻常的时光,让他了解并熟知了许多地方的风土人情,也了解并记住了许多地方的山川地理,这些都为他日后建立大明王朝、成就恢宏伟业奠定了坚实基础。

回到皇觉寺的朱元璋,开始致力于识字读经,并向寺内师父请教《道德经》《论语》《孟子》等儒道知识,还学习了一些卜筮①之法，让他渐渐变得更加成熟老到。

05. 还俗加入红巾军

正当朱元璋回到皇觉寺开始潜心发奋识字读经时，中原各地的农民起义已经呈现出"山雨欲来风满楼"之势。由于朱元璋已在外云游了三年多，他的心里已经无法做到真正的远离尘世，他一直在关注着外界的动向。

元朝后期，统治者越来越骄奢淫逸，恣意挥霍浪费，造成国库空虚，国家财政极度困难。朝廷除了加重赋税外，还于至正十一年（1351年）采取滥发货币的办法，强化对百姓的剥夺，从而引起了恶性通货膨胀，最后达到了"所在郡县，皆以物货相贸易，公私所积之钞，遂俱不行，人视之若弊楮，而国用由是遂乏矣"（《元史·食货志》）的程度。

至正十一年四月初四，元顺帝诏令五十五岁的贾鲁为工部尚书兼总治河防使，调集十五万民夫和两万军队，拉开了黄河治理史上著名的"贾鲁治河"序幕。治理黄河虽然是件好事，但把几十万人聚拢起来，对于农民起义烽烟四起这一现实是相当危险的。元朝为了避免发生聚众闹事，一再严令聚会，可现在把十五万民夫聚集到治河工地上，不能不说为一些人宣传鼓动起义提供了大

---

① 卜筮：即占卜，用龟甲占卜叫卜，用蓍草占卜叫筮。卜筮是古代民间占问吉凶的两种方法，是古代巫术的一种表现。

好时机。正在筹划起义的韩山童等人，恰恰很好地利用了这个时机。

当时在黄河南北一直流传着一首民谣："石人一只眼，挑动黄河天下反。"（《元史·河渠志》）于是，韩山童等人因势利导，凿了一个一只眼的石人，将那首民谣略作修改，变成了"莫道石人一只眼，此物一出天下反"刻在石人的后背上，事先埋到要挖的河道里。很快，这个独眼石人被民工挖了出来，见石人背上刻着的两句话与当时社会上流传的民谣十分吻合，民工们惊诧不已，都认为元朝已遭天谴，纷纷开始谋求造反。随后，韩山童又派几百信徒四处联络，宣传天下要大乱了，说弥勒佛已经降生。这事很快就传开了，江淮一带的百姓都相信了。

韩山童、刘福通、杜遵道、罗文素、盛文郁等人见时机成熟，聚集了三千多人，在颍州（今安徽省阜阳市）颍上县白鹿庄密谋起义。他们宣称"山童，宋徽宗八世孙，当主中国"（《明史·韩林儿传》），说刘福通是宋朝大将刘光世的后代，当辅佐旧主恢复大业。他们"乃杀白马黑牛，誓告天地，谋起兵，以红巾为号"（《明史·韩林儿传》），刘福通又拿来一面大旗，用血染红四角，而后用一根长杆挑起，上面写着"虎贲三千，直抵幽燕之地；龙飞九五，重开大宋之天"（《尧山堂外纪》）这副对联。但是，由于起义前走露了风声，韩山童被朝廷官军抓捕杀害，他的妻子杨氏带着儿子韩林儿逃入武安山（今江苏省徐州市境内）中。由于形势紧迫，刘福通、杜遵道、罗文素、盛文郁等人提前发动起义，并于至正十一年五月率领红巾军攻占了颍州，一举占领了元朝屯粮地点朱皋镇（今河南省固始县境内），获得了大批粮食，散发给贫苦百姓，起义军的队伍迅速得以壮大，又接连攻下了罗山、上蔡、真阳（今河南省正阳县）、确山。九月，起义军攻下汝宁府（今河南省汝阳县）和光县、息县后，队伍迅速壮大，"众至十余万，元兵不能御"（《明史·韩林儿传》）。刘福通、杜遵道等人率领红巾军发动的起义，得到了中原地区各路豪杰的纷纷响应。

至正十一年八月，徐寿辉会同彭莹玉、邹普胜、倪文俊等人在湖北蕲州（今湖北省蕲春县南部）起义，号称西路红巾军。十月，徐寿辉以蕲水（今湖北省浠水县）为都称帝，国号"天完"，建元"治平"，以邹普胜为太师，倪文俊为领军元帅，陈友谅为元帅簿书掾。徐寿辉起义军所到之处，得到了百姓的拥护，队伍发展迅速。至正十二年（1352年）正月，起义军攻占了武昌路（今湖北省武汉市武昌区），随后起义军一鼓作气，又先后攻占了汉阳府（今湖北省武汉市汉阳区）、岳州路（今湖南省岳阳市一带）、沔阳府（今湖北省仙桃市西南）、中兴路（今重庆市渝中区）、安陆府（今湖北省钟祥市）、袁州路（今江西省宜春市一带）、瑞州路（今江西省高安县一带）、饶州路（今江西省鄱阳县一带）、信州路（今江西省上饶市境内）、徽州路（今安徽省歙县一带）等府、路。起义军所到之处，元朝官军无力抵抗，狼狈溃逃。至正十二年七月，徐寿辉所领导的红巾军攻占杭州府后，大力推行"摧富益贫"政策，更是得到了贫苦百姓的拥护，"旬日之间聚众数万"（《邵武府志》）。

就在韩山童、刘福通等人在颍州谋划聚众起义时，至正十二年正月十一，定远（今安徽省定远县）土豪郭子兴，联合孙德崖及俞某、鲁某、潘某等四人在定远率众起义，号称"五大元帅"。二月二十七，郭子兴率领红巾军攻占濠州（今安徽省凤阳县）。朝廷得知郭子兴占领濠州，立即派大将彻里不花率领三千人马赶到濠州镇压。彻里不花胆小怯战，不敢接近红巾军，在离濠州城三十里处扎营,每天派兵到附近村庄去抓百姓,然后系上红头巾,充当红巾军俘虏到朝廷献功请赏。

这天夜里,朱元璋正在皇觉寺秉烛夜读,突然看到有人从门槛下送来一封信。信是他儿时伙伴汤和写的,信中说:"儿时的伙伴很多都投了红巾军,我自己也在濠州郭子兴大帅麾下做了个千户。好男儿就要当兵,你的才能远在我之上,若能到军中施展才华,将来定有飞黄腾达之日。速从军,共成大业。"朱元璋看完信,不知如何是好。

至正十二年闰二月,朱元璋通过卜卦的方式,决定投奔郭子兴的红巾军。可是,当朱元璋闯过元军封锁来到濠州城下时,红巾军巡逻队发现他是个和尚,而且身材魁梧健壮,相貌又比较丑陋,很像一个蒙古人,就把他当成元军的奸细抓了起来,绑在城门内的木桩上,准备请令问斩。

郭子兴听说抓到一个元军奸细,就骑上马奔向城门口,想看看元军的奸细长得什么样。他来到城门口时,看见木桩上绑着一个相貌奇怪的人,而且神情自若,毫无畏色。

朱元璋见到郭子兴,觉得他像个红巾军的将领,就大声说道:"你们这是什么红巾军?我看就是土匪、强盗!在你们这当兵,还不是祸害百姓?"

郭子兴一听,眼前一亮,立即喜欢上了这个人。为了考验一下这个人,他当即下令说:"这个人分明是个奸细,立即推出城外斩首!"

朱元璋更加无所畏惧,一边走一边高喊道:"请你们转告郭子兴,我诚心来投可你们却真假不辨,滥杀无辜,你们这不是叫天下壮士寒心吗?"

朱元璋正喊得起劲，一个红巾军的亲兵跑过来，将他带到郭子兴的面前。郭子兴简要询问几句后对朱元璋说："你一个出家人应该在寺院里潜心修法，怎么对世俗之事这般热心呢？你就不怕被元军砍了脑袋吗？"

朱元璋坚定地回答说："小僧原本是想静心修行的，但如今官逼民反，天下大乱，哪里还有清修之地？谁又能心静如水，一心念佛？百姓已是走投无路，真正的男子汉怎能苟且偷生？"

朱元璋非同一般的长相，铿锵有力的话语，让郭子兴料定他绝非是一个等闲之辈。他一边称赞朱元璋说得好，一边给他松绑。就在这时，朱元璋的老乡汤和跑了过来，惊喜地对朱元璋说："重八，给你松绑的人就是郭元帅，还不快点儿谢恩？"

听了汤和的话，朱元璋赶紧叩拜，说道："多谢郭元帅！请收下小僧吧！"

郭子兴扶起朱元璋说："小兄弟，对不起，让你受委屈了！"

郭子兴随即下令将朱元璋编入了亲兵营。就这样，二十五岁的朱元璋脱下袈裟，加入了郭子兴的红巾军。

至正十二年五月，郭子兴见朱元璋度量豁达，很有智略，就提升他为亲兵九夫长①，并将他调到自己的帅府做事，成为心腹。

---

① 九夫长：顾名思义，就是九个护卫亲兵的小头目，相当于护卫长。

06. 拼死相救郭子兴

郭子兴祖籍曹州（今山东省菏泽市），父亲郭公年轻时，曾在定远（今安徽省定远县）周游，靠行医、卜卦、星相、堪舆谋生。定远城有个大财主觉得郭公是个非常有本事的人，就将自己待字闺中的盲女嫁给了他。盲女给郭公生了三个儿子，郭子兴是次子。郭子兴出生时，郭公卜得一吉卦，说郭子兴是一个有福之人，将来可成大业。郭子兴长大后，不仅喜欢舞枪弄棒，还仗义疏财，在江湖上颇有名声。

至正十二年二月二十七，郭子兴率领红巾军攻占濠州后，与孙德崖等四人同时号称濠州节制元帅。郭子兴率领红巾军坚守濠州，让元朝大将彻里不花率领的三千人马无计可施，只能在城外驻扎观望。

但此时，红巾军内部已经出现了派系斗争。孙德崖等四人都是穷苦农民出身，不通文墨，野蛮粗鲁，遇事莽撞，缺少智谋，整天只会打家劫舍。而郭子兴出身富户，堪称土豪，有心理上的优越感，从骨子里看不起孙德崖等四人的粗鲁野蛮作风。遇事商讨对策时，每当四人提出意见，郭子兴总会摇头否定，有时还会说些讽刺的话。郭子兴的态度让孙德崖等四人非常反感，双方的矛盾越来越大。愤怒之下，孙德崖等四人便联合起来对付郭子兴，导致濠州城内红巾军逐渐分成对立的两派。

至正十二年九月，元朝军队收复了红巾军占领的徐州（今安徽省萧县一带），杀害了红巾军首领李二。李二的两位副将彭大和赵均用率部从徐州突围，来到郭子兴占领的濠州。彭、赵虽是败军之将，但他们所率领的兵力仍比郭子兴在濠州的兵力强，因此，郭子兴等五大元帅只好听从彭、赵二人的指挥。彭、赵到来不久，竟然转入了濠州红巾军的内部争斗。彭大与郭子兴结为盟友，而赵均用与孙德崖等四人结为盟友。孙德崖看准时机，不断挑拨赵均用与郭子兴之间的关系。赵均用果然中了圈套，誓言报复郭子兴。

一天，郭子兴带几个随从去打探元军军情，赵均用却在半路设下伏兵，不仅将郭子兴毒打一顿，还把他囚禁在孙德崖家准备杀掉。朱元璋得到郭子兴被囚禁的消息后，连夜从淮北前线赶回濠州。

临行前，军中有人劝阻说："郭元帅已经被抓，你又是他手下的亲信，赵均用也许正想捉拿你，你这一去岂不是自投罗网吗？"

朱元璋严肃地说："郭元帅对我有厚恩，我的身家性命和前程事业，都与郭元帅的生死息息相关。我只有拼死相救，才有希望救郭元帅于水火，不然，郭元帅就死路一条！"说完，朱元璋便立即催马返回。

朱元璋下马后，立即找来郭子兴的两个儿子郭天叙和郭天爵以及郭子兴二夫人的弟弟张天祐，以下命令的口气对他们说："请张将军速去营中调集三队精兵，听候调用。请二位公子随我去见彭元帅，只有彭元帅出面才能救郭元帅。"

很快，张天祐就将三队精兵带来了。朱元璋立即带着郭天叙和郭天爵兄弟赶到彭大家中，并诚恳地对彭大说："我家元帅久闻彭大帅智勇双全，战功卓著，对彭大帅格外推崇和尊敬，没想到却因此遭到小人的嫉恨。他们绑架郭元帅，实际是冲您来的，是要拆您的台，让您在濠州待不下去。"

听了朱元璋的话，彭大非常气愤地说："暗害我的盟友就等于暗害我，有我彭大在，看谁敢如此胆大包天！"说完，彭大立即带领一队亲兵,与朱元璋一起直奔孙德崖家中。

到了孙府,朱元璋指挥人马把孙府院子团团围住,然后带人闯入院子内。孙德崖正同赵均用在堂上饮酒,见朱元璋和彭大闯了进来,故作镇定地问道:"两位夜闯我府,不知有何贵干?"

朱元璋当即喝道:"孙元帅,你这分明是揣着明白装糊涂,根本没把彭元帅放在眼里。"

孙德崖依然镇定地说:"我真的不知道你们为何事而来。"

朱元璋随即拔出短剑说道:"孙元帅,还是赶快将郭元帅交出来吧!你与郭元帅同时举义,素称莫逆,为何听信谗言自相戕害?"

赵均用看着怒气冲冲的彭大说道:"哪有这等事情啊?"

彭大当即怒斥道:"赵均用,有我在此,你还抵赖?"

见彭大说话,朱元璋收回短剑问道:"孙元帅,我家元帅何在?"

孙德崖见瞒不下去了,便说:"郭元帅是来过我府上,可他已经走了。"

朱元璋怒喝道:"既然你要撕破脸皮,那就休怪我们不客气!"于是,他朝堂外大喊道:"来人啊,给我搜!"

孙德崖见来了这么多人,根本不敢阻拦。很快,朱元璋的人马在孙府后院的地窖里,找到了被打得遍体鳞伤的郭子兴。

朱元璋愤怒地警告孙德崖说:"以后若再发生这样的事,休怪我翻脸无情。"随后,他又对赵均用说:"现在天下大乱,你既投奔至此,理当同心协力,共图大举。你这般陷害郭元帅,还怎么实现红巾军的宏愿?"

在朱元璋的拼死相救之下,郭子兴才转危为安,因此更加信赖朱元璋。朱元璋也凭借自己特有的亲和力,很快与郭子兴身边的重要人物打成一片。尤其是汤和，虽然已成为千户长，但对朱元璋越来越敬佩。

有一天，朱元璋跟随郭子兴出城巡查，意外遇到了一股元军。朱元璋毫不犹豫，立即拔出腰刀将最前面的士兵扑倒，掩护郭子兴脱身。郭子兴见朱元璋勇猛杀敌，也一声号令杀向元军。元军队伍大乱，扔下抢来的东西狼狈逃窜。

经过多次与元军交战，朱元璋越来越机智勇敢，战法变化也越来越多。他总是非常冷静地观察元军阵形，判断元军士气。但决定冲锋时，他就会第一个冲出去打头阵。而每次缴获的物品，朱元璋都一件不少地上交给郭子兴。

至正十二年十二月，元朝工部尚书贾鲁率领元军围攻濠州。郭子兴立即召集红巾军将领商议对策。可是，诸位将领各持己见，始终不能达成共识。

无奈之时，郭子兴想到了朱元璋，便立即将朱元璋叫到帐中说："重八，元兵围攻濠州，你认为是退好还是战好？"

朱元璋毫不犹豫地回答道："以我之见，眼下既不能退，也不能战。不退，是因为我们无处可退，就算找到了退的地方，也不一定有濠州这样的有利地形；不战，是因为蒙古人打仗很少有专门的补给，往往是打到哪儿抢到哪儿，若濠州一带没有可抢的东西，他们自然会不战而退。我们在城内备足粮草，关闭城门不出战。等元军来攻，我们只管死守。"

郭子兴说："眼看冬天就要来了，城内粮草并不充裕怎么办？"

朱元璋说："那就舍些银子，赶快派几队人马把周边各村寨富余的粮食都收进城来。"

郭子兴采纳朱元璋的建议，派人收了大量的粮食运进城里，满足了城内军民越冬的需求。

郭子兴率领红巾军据守了四个月后，元军主帅贾鲁病死，忍饥挨饿的元军只得退去。

元军撤退后，郭子兴不仅给朱元璋增加了一个元帅府的职衔，还任命他为郭家军后勤总管，负责处理郭家的一些私人事务。

一天，郭子兴问朱元璋："重八，大股元军已经撤走，但仍有小股贼人不断侵扰我们，你可曾想过我们应该如何应对？"

朱元璋回答道："大帅，这事好处理。这小股贼人侵扰我们，都是为了获得好处。蒙古人答应给他们好处，他们就倒向朝廷；如果我们答应给他们好处，他们必然倒向我们。我们不妨软硬结合，一方面诱之以利，想法收编他们；另一方面对死硬分子进行武力打击，杀一儆百。"

郭子兴又问道："如果这些小人串通一气，合力对付我呢？"

朱元璋说："以他们的利害冲突和地域所限，不可能大范围实现串通一气，只能是小范围、短时间的联合，请大帅不必担心。我们可以采取离间瓦解的办法，将他们各个击破。如果大帅信得过我，就将这事交给我来处理吧！"

郭子兴见朱元璋说得句句在理，就非常高兴地把处理小股贼人的事交给了他。

此时，朱元璋虽然加入红巾军还不到两年，但已经处处展现出了一种大将风范。他精力过人，不辞劳苦，遇事小心谨慎，却又敢作敢为；他得到命令，总是雷厉风行，完成得稳妥漂亮；他打起仗来，总是冲锋在前，无往不利，尤善韬略。

至正十三年（1353年）初夏，郭子兴指派朱元璋前往自己的老家定远招兵买马。朱元璋领命后，很快就在定远一带收编了散兵游勇七百多人。

朱元璋回来交差后，郭子兴非常高兴，当即任命他为镇抚①。

07. 元帅义女娶为妻

朱元璋加入濠州红巾军后，不断得到郭子兴的赏识、信任和重用。至正十三年（1353年）初夏，朱元璋已是郭子兴手下的一名镇抚，成为离不开的心腹干将。

一天晚上，郭子兴在家里与自己的两位夫人提起朱元璋没有妻室的事。二夫人说："今天下大乱，夫君应该多多考虑收揽天下豪杰和贤才为我所用。我看这个年轻人言谈举止非同一般，将来一定能扶助夫君成就大业。如果把他笼络住，真正成为自己的人，恐怕给点儿赏钱还不够。以我之见，与这个年轻人做成一门亲事，就可以把他安抚在我们家，他就会死心塌地地跟随夫君。"听了二夫人的话，郭子兴豁然开朗，非常高兴地说："夫人所言极是，我怎么没想到呢？"大夫人也接过话茬儿说："妹妹的想法就是高明，我非常赞成。我建议，就让我们家的秀英嫁给那个年轻人吧！"郭子兴和二夫人都表示同意，三个人有说有笑地就把这门亲事定下了。

郭子兴大夫人所说的秀英叫马秀英，是宿州灵璧县马大侠的女儿。平时，人们都称马大侠为马公，因此，没有人记得他的真

---

① 镇抚：官名，万户府下的镇抚司官，主管镇守和安抚事务。

名叫什么。马公的祖辈为宿州素封①，堪称富甲一方。马公喜欢结交江湖豪杰，而且仗义好施，家业逐渐败落。马公夫妇育有二女，小女儿出生不久马公的妻子就病逝了。马公非常喜欢小女儿，给他取名叫马秀英。马公经常对人说："那些算卦的人都说我的小女儿是个大富大贵的命。"只可惜，马秀英从小就失去了母亲，她的姐姐又远嫁他乡，因此，很多应该由母亲来教做的事情她都不大会做，包括裹小脚。脚没裹成，马秀英就长了一双当时女人很少见的大脚。后来，马公因路见不平仗义杀人，遭到官府通缉，只好带着马秀英逃到了定远（今安徽省定远县）。马公与郭子兴义气相投，两人结为刎颈之交。至正八年，因宿州义军筹划举兵造反，马公决定返回宿州联络义军，与郭子兴的义军形成呼应之势。临行时，马公便将小女儿马秀英托付给郭子兴照料。

不久，竟然传来了马公病逝的消息，让郭子兴悲痛不已。随后，郭子兴就将马秀英收为义女，视如己出，郭家的人都非常照顾她。马秀英到了及笄之年，已经出落得身材窈窕，相貌端庄，性情幽深委婉。无论遇到什么样的事情，她都会从容应对，从不疾言厉色。郭子兴的二夫人对马秀英非常好，教会了她许多女人应该会做的事情。马秀英也确实聪慧过人，一经二夫人的指点，立即心领神会。她喜欢习字读书，总爱琢磨一些古今得失方面的道理。对此，《明史·后妃列传》是这样记载的："仁慈有智鉴，好书史，勤于内治，暇则讲求古训。"

马秀英比朱元璋小六岁，年龄虽然已经二十一岁，但还待字闺中。这个年龄未嫁人，郭家的人都为之着急，马秀英自己也感

---

① 素封：没有官爵俸禄，只有田园家产，而与受封邑者一样富有的人。

到有些焦虑。在兵荒马乱的年代,想找一户好人家嫁出去,确实不是一件容易的事情。郭子仪和二夫人虽然对她疼爱有加,让她衣食无忧,但她的内心深处还是感到有些孤独。不管郭家的人对他怎么用心照顾,她总感觉是寄人篱下,举目无亲,内心难免有些失落。

郭子兴家的后院有一块空地,他的两个儿子郭天叙、郭天爵经常在这块空地上练习刀剑。马秀英虽然是个女孩子,但她喜欢看男孩子练习武艺,所以经常来到后院,站在一个角落里看两位兄长练功。郭天叙对马秀英很是爱护,而郭天爵看马秀英总有些不顺眼。后来,朱元璋投奔郭子兴后,郭子兴经常带朱元璋来到家里,有时会到后院来练习拳脚,让郭天爵很不高兴,觉得父亲对朱元璋太过器重,因此经常找碴儿来为难朱元璋。

马秀英看到朱元璋经常跟着义父来后院习武,又听义父讲了许多朱元璋勇杀元兵的故事,对朱元璋十分敬佩。当她得知朱元璋也是一个没有父母双亲的人,不觉心生怜悯,因此对他更加关注。当郭家二夫人提出要把她嫁给朱元璋时,她顿觉这是天赐良缘,就非常高兴地答应下来。

二夫人喜出望外,忙问马秀英是否知道朱元璋的相貌和为人,马秀英立即回答说:"女儿平日虽然少出闺阁,但对外面的事情还是有所耳闻。女儿虽不曾见过朱元璋本人,但也知道他是一个聪明勇敢的好男儿。听说他平素少言寡语,但只要一开口,就能讲出一番让人服气的道理,是孔夫子所说的那种'夫人不言,言必有中'的人。女儿打心眼儿里愿意嫁这样的人。至于他的相貌,女儿岂可拘执这种俗念呢?况且现在处于乱世,父帅想成就大业正需这样的人,女儿愿尽微薄之力来为父帅分忧。"

听了马秀英的话，二夫人感动不已，几乎是喜极而泣地说："果然没有白养你这个丫头，将来你要是富贵了，可千万别忘了我这个养母的好啊！"

马秀英高兴地回答说："二娘养育之恩，必当终生相报！"

第二天，郭子兴把朱元璋叫到大帅府内，面带微笑地对他说："你已经二十六岁了，年纪也不算小了，没有媳妇怎么行呢？我给你选了一个非常合适的姑娘做你的媳妇，你觉得怎么样？"

听了郭子兴的话，朱元璋非常高兴，当即连连答应。可他不知道郭子兴为他选定了哪家的姑娘，心里便有些着急地问道："但不知元帅给我选定做媳妇的人是哪家的姑娘，姓什么叫什么？"

郭子兴高兴地对朱元璋说："我给你选定做媳妇的姑娘，就是我家的大小姐马秀英。"

朱元璋听了，"扑通"一声跪下了，热泪盈眶地给郭子兴连连磕头拜谢。

原来，朱元璋经常跟随郭子兴出入郭家，曾见过郭家的两位小姐。大小姐身材匀称修长，容貌端庄秀丽，性情温顺贤淑，不仅有大家闺秀的气质，而且平易近人，说话不急不躁，总是轻声细语。因此，朱元璋对郭家的大小姐早有几分好感。

有一天，朱元璋带领元帅府的几个亲兵在濠州城内巡查，见一行人拱卫着一乘小轿迎面缓缓而来，所有随从都骑在马上，而且身带武器。那乘小轿的轿帘紧掩着，根本看不见里面的人，可是，帘子底下却露出一双脚来。朱元璋看后，不免心中猜测：这一定是元帅家的贵妇人或者小姐乘坐的轿子。

这时，一个亲兵笑着对朱元璋说："镇抚大人，我早就认出来了。你看到轿帘底下那双大脚了吗？这是郭元帅家马小姐的轿子。让我一直弄不明白的是，郭家为什么不给马小姐裹脚呢？听人说，马小姐的外号就叫马大脚。"

朱元璋听了，立即接过话茬儿说："我倒觉得脚大没什么不好的，走路一定比别人快。"

那个亲兵不服气地说："你见过几个大户人家的小姐出门是靠脚走路的？"

朱元璋的心思没在马小姐的脚上，而在郭家的小姐为什么姓马上，便向那个亲兵问道："你可知道郭家小姐为什么姓马吗？"

那个亲兵见朱元璋对马小姐的姓氏感到好奇，就一五一十地把马秀英的身世告诉了他。朱元璋听了，不由得心生许多感慨。让他没想到的是，在这世上居然还有跟自己一样举目无亲的富家小姐，原来出身富贵的人，也会有许多不幸。他对马秀英深感同情的同时，也对马秀英父亲马公心生敬意。

当听说郭子兴要将马小姐嫁给他做媳妇，朱元璋已经感动得无法控制自己的情绪。他觉得，自己这么一个无依无靠的穷光蛋，竟能娶上郭元帅家的马小姐做媳妇，这是自己几辈子修来的福气啊？

郭子兴见朱元璋毫不犹豫地答应了婚事，内心非常高兴，很快便择吉日让朱元璋迎娶了马秀英。从此，郭子兴与朱元璋便以翁婿相称，红巾军将士也对朱元璋另眼看待，改称他为朱公子。郭子兴认为朱重八这个名字太土气，就给他改名叫元璋，字国瑞。

08. 夫人营救躲劫难

至正十三年（1353年），二十六岁的朱元璋在红巾军占领的濠州（今安徽省凤阳县）城内，迎娶了红巾军元帅郭子兴二十一岁的义女马秀英为妻，同为失去父母双亲的两个人，都为找到今生可以托付的人感到无比的幸福。婚后，两个人相互信任尊重，彼此关心爱护，让郭子兴及其家人看在眼里，喜在心上。

一天，朱元璋忍不住地问马秀英："夫人，我有一事一直想不明白，夫人身为元帅的义女，是大家闺秀，许多富家子弟都是求而不得，可你怎么会看上我这个既一无所有，又相貌不堪的人呢？更何况天下伟男子有的是，以夫人身份和容貌，想嫁给谁就嫁给谁。"

马秀英很认真地回答说："夫君，对于什么样的人是伟男子，每个人的看法都有所不同。英俊的容貌，往往是一种表面现象，而内在是什么样，才是人的根本。我觉得，夫君的容貌是天下奇伟之貌，常人无法可比。天下从来就没有永远富有的人，贫穷也只是一种现状而已。一个人来到这个世上，要想改变贫穷的现状，就必然要经过一番磨砺。史书上这样的例子实在太多了。现在正值天下大乱，也正是英雄用武之时，以夫君的才智，又怎么能像常人那样只为衣食忙碌一生呢？"

马秀英的话，无不说到了朱元璋的心坎上，让他顿觉心里热乎乎的，为未来打拼的激情更加强烈，对人生未来的信心更加坚定。

朱元璋觉得，自打加入郭子兴的红巾军后，自己的运气越来越好。从最初的一个普通士兵，后来被提拔为九夫长，再后来被提拔为镇抚，成为红巾军元帅郭子兴身边的红人，可以随意出入红巾军大帅府以及郭子兴的内宅。朱元璋不单单受到了重用,还娶了元帅的义女为妻,从此被红巾军将士恭敬地称为朱公子,有了朱元璋这个新名字。

仕途顺利、婚姻圆满的朱元璋,让一些人产生了嫉妒和仇恨的心理。郭子兴的两个儿子郭天叙和郭天爵觉得,出身卑微的朱元璋不仅跟随自己的父亲随意登门入室,与他们称兄道弟,还成了他们的妹夫,是对他们兄弟二人的一种侮辱,因此对朱元璋怀恨在心。兄弟二人经常在父亲面前诋毁朱元璋,想撵走他,甚至想加害于他。朱元璋的个别手下也觉得他升得太快,心中不服,也在郭子兴面前诬告陷害他。本来就心胸狭窄、嫉贤妒能的郭子兴,听了这些人的诋毁之言,心中便开始怀疑朱元璋有自立的野心,他与朱元璋之间的关系渐渐紧张起来。

至正十三年初秋,从徐州(今安徽省萧县)赶来的元军进攻到滁州(今安徽省滁州市),直接威胁着濠州的安全。情急之下,郭子兴派朱元璋赶往滁州援助御敌,同时,又派另一将领与朱元璋同行负责监督朱元璋。

队伍到达滁州后,刚一交战,那位负责监督朱元璋的红巾军将领就被乱箭射中负伤,连忙拨马逃回了濠州。朱元璋率部英勇奋战了大约两个时辰,最终将元兵击退。

朱元璋率领红巾军得胜回来后,非常高兴地向郭子兴复命,心想,自己和所有部下一定会得到元帅的奖赏。可郭子兴不像以往一样非常高兴,只是跟朱元璋淡淡地敷衍了几句,根本没有奖赏的意思。

朱元璋回到家里后,有些沮丧地对马秀英说:"夫人,这次滁州之战虽然获得了胜利,可元帅却显得不高兴。前段时间,他猜忌我居功自傲，独断专权，我便要求上交兵权，可元帅又说我是故意推诿，不愿出战。此次我率军奋勇杀敌，元帅还是不满，这到底是让我怎么做呢？"

马秀英想了想，便问道："请问夫君，以前义父多次夸你将作战中所有缴获的物品上交，这次上交了吗？"

朱元璋似乎意识到问题出在哪儿了，迟疑片刻回答道："夫人，此前缴获的物品都上交了，那是因为从元军那里缴获了物品。而这次出征驰援滁州，只是击退了元军，没有缴获物品。"

马秀英说："我相信夫君说的是事实，但义父能相信吗？他猜忌你居功自傲，独断专权，你恰恰没上交缴获的物品，这不正应验了他的猜忌吗？"

朱元璋立即说道："可是，这次确实没缴获物品，我拿什么上交呢？"

"夫君莫急！义父那么富有，并不是看重你上交了多少东西，而是在乎你的态度。现在你与义父关系微妙，多少还是要上交一点儿东西的。我这里有点儿私房钱和首饰，夫君暂且拿去应付。我再去找二娘说说情，也许可以搪塞过去。"

无奈之下，朱元璋只好拿着马秀英的私房钱去孝敬郭子兴，这件不愉快的事就算过去了。

此后，马秀英经常提醒朱元璋对郭子兴恭敬一些，朱元璋作战时一旦缴获物品，马秀英都让他献给郭子兴和二夫人。不仅如此，马秀英还经常把自己的金银首饰送给二夫人，谎称是朱元璋孝敬她的。有了马秀英从中不断调解，朱元璋与郭子兴的关系一直还算正常。

可是有一天，朱元璋没有事先禀报郭子兴就调动人马，执行

— 36 —

红巾军的紧急军事任务。郭天叙和郭天爵兄弟知道后，趁机向父亲告状，并怂恿朱元璋手下的将士揭发朱元璋图谋自立。郭子兴听后信以为真，立即下令将朱元璋囚禁起来。郭天爵又以元帅的名义，下令不许任何人给朱元璋送茶送饭。

郭府家里的人大多对朱元璋怀有好感，就偷偷地把囚禁朱元璋的消息转告给了马秀英。

马秀英不动声色，悄悄采取行动。她在开饭前偷偷溜进厨房，拿了两张刚出炉的烙饼，准备给朱元璋送去。她刚走出厨房，就被二夫人看见了，赶紧将两张烙饼塞进怀里，烫得她疼痛难忍。二夫人问道："秀英，你神色慌张，莫非发生了什么事情？"

马秀英的眼泪一下子就流出来了，然后"扑通"一声跪倒在二夫人面前，哭诉道："女儿救夫心切，所以才违抗义父不许送饭的军令，恳请二娘原谅。"

二夫人忙把马秀英引入自己的内室。马秀英把两张烙饼从怀里拿出来，烙饼已把她的胸部烫得红肿了一大片。二夫人详细询问事情的缘由后说："看把你烫成这样，你怎么这么傻呢？你义父是军人，但二娘不是啊！他的军令只管得了他手下的那些兵，有难处为何不来找二娘呢？"

马秀英立刻回应道："我知道二娘是个大好人，又一向心疼女儿，但义父这次是真下狠心了，女儿不想给二娘添麻烦。"

二夫人说："秀英，这样说就太见外了。你虽非我亲生，但也情同母女。我倒要看看老爷是不是真下得了这样的狠心。"说完，她便吩咐手下的人给朱元璋去送饭。

当天晚上，二夫人想方设法哄得郭子兴高兴，然后在他的耳边轻声问道："老爷，这两天我怎么没见到朱公子呢？他是不是出征去了？秀英说她一天见不到丈夫就心慌。"

郭子兴似乎察觉到二夫人知道了拘禁朱元璋的事，就直截了当地把事情的前因后果告诉了二夫人。

二夫人听了忙问说："老爷，女婿有错关他禁闭让他醒悟也就够了，为何下令不给他送饭要把他活活饿死呢？"

郭子兴立即回应说："夫人，你这是听谁说的？我怎么能下令不给他送饭要把他饿死呢？"

二夫人立即明白了，下命令的一定是郭天叙和郭天爵二人，但此时二夫人也不便把事情挑明，便婉转地说："女婿毕竟是自己人，可以关起门来教训，千万别让那些别有用心的人钻了空子。他的那些手下人，表面上个个都服他，但嫉妒他恨他的人也不少。老爷对手下人不可不防啊！老爷一向杀伐果断，但若只听一面之词就开杀戒，恐怕会错杀好人，让小人的害人之心得逞。千军易得，一将难求，我们在女婿身上可是花了心思的，千万别前功尽弃啊！"

郭子兴觉得二夫人说得很在理，他也意识到，如果朱元璋真的就这么死了，谁又会真心帮自己建功立业呢？朱元璋虽然有野心，但眼下还需要他为自己冲锋陷阵，关键是要把这匹野马的缰绳抓牢。想到这里，郭子兴便命人释放了朱元璋，朱元璋总算躲过了一场劫难。随后，郭子兴又把两个儿子教训了一顿，警告他们今后再发生这样的事一定不会轻饶。

对这件事，《明史·后妃列传》中有着这样的记载："初，后从帝军中，值岁大歉，帝又为郭氏所疑，尝乏食。后窃炊饼，怀以进，肉为焦。"意思是，当初马皇后跟随太祖于军中，正值粮食大大歉收，太祖又被郭氏猜疑，经常缺少食物。马皇后便偷了一些炊饼，揣在怀中拿给太祖，皮肉被烫焦。

第二章 智勇双全，带兵打仗建奇功

01. 智取一寨和一山

有夫人马秀英陪伴在身边，朱元璋心中的远大志向更加明确，更加坚定。作为郭子兴红巾军中的一个镇抚，他不愿总是受制于人，一直在寻找自立门户独自发展的机会。

至正十四年（1354年）春天，自封为永义王的赵均用决定率领濠州义军主力攻打泗州（今安徽省泗县）、盱眙（今江苏省盱眙县），然后北上进攻徐州，夺回他以前曾经占领的地盘。为了确保此次行动的胜利，赵均用通知郭子兴及孙德崖率兵一同北上。

可就在这时，郭子兴的盟友彭大意外病故，让郭子兴陷入了两难境地。郭子兴觉得，少了彭大这个盟友，自己跟随赵均用、孙德崖北上，就必然受制于他们，而如果让朱元璋率军与赵均用、孙德崖北上，他又担心被朱元璋架空，让朱元璋得到自立门户的机会。

一天晚上，朱元璋的妻子马秀英对他说："我听说定远张家堡驴牌寨有三千兵马，现在孤立无援又断了粮草，寨主和首领想来投奔父帅,但有些犹豫,父帅想招降他们,又没有合适的人去办这件事,不知夫君愿不愿意去招降?"

听了马秀英的话,朱元璋非常高兴。他知道,驴牌寨这支三千人的民兵队伍,既不属于元军,也不属于起义军。如果能招降这支队伍,自己就有了另立门户的资本。他立即答应了妻子,决定第二天一大早就去找郭子兴请命。

到了大帅府,朱元璋直截了当地对郭子兴说:"小婿以为,我们眼下的实力无法与赵均用和孙德崖他们抗衡,如果我们能招降驴牌寨的三千民兵,我们的实力就得到壮大,他们就不敢再轻视我们。请父帅授权小婿去招降这支队伍。小婿不需太多的人马,只带二十几个人就可以了。"

听朱元璋说只带二十几个人去招降,郭子兴觉得无关大局,就毫不犹豫地答应了他的请求。

此次朱元璋前往定远招降,只带领"徐达、汤和、吴良、吴祯、花云、陈德、顾时、费聚、耿再成、耿炳文、唐胜宗、陆仲亨、华云龙、郑遇春、郭兴、郭英、湖海、张龙、陈桓、谢成、李新材、张赫、周铨、周德兴等二十四人"(《明史纪事本末》)。后来,这二十四人为明朝的建立立下了赫赫战功,被称为"淮西二十四将"。

朱元璋率领二十几个人的队伍,来到位于定远城西宝公河边的张家堡。朱元璋骑在马上,远远看见驴牌寨内军营整齐,弓弩朝外,严阵以待。他让队伍暂时停下待命,准备只带费聚和步卒九人前往驴牌寨。此时,徐达劝阻说:"现在敌众我寡,不能轻易涉险。"汤和也劝阻说:"我们对驴牌寨内的情况一无所知,不该冒险深入。"

朱元璋说:"我们是奔着招降来的,不入虎穴,焉得虎子?

正因为对驴牌寨一无所知,我们才必须进去。"

驴牌寨的民兵发现了朱元璋一行后,立即吹响集结号角,寨内民兵各持兵器,在寨门外排起了长蛇阵。随后,一个头领冲到队伍前面喊道:"来者何人?"

朱元璋大声回应说:"我们是濠州的红巾军,奉郭子兴大元帅之命,来跟你们寨主和首领商谈大事。"

那个头领听了,赶紧派人回去禀报。寨主和首领听说是郭子兴派人来商谈大事,就请朱元璋下马步行进寨。

朱元璋来到驴牌寨前,寨主亲自出迎。朱元璋与寨主寒暄几句后说:"我家元帅听说寨子里粮食短缺,有人想趁机攻寨,就特意派我来与寨主商谈联合之事,希望寨主和首领能跟随我一起回濠州,和我家元帅共举大事。"

寨主和首领早就有归附的打算,见郭子兴此番派人来商谈,就答应投靠郭子兴。双方约定,三日后驴牌寨民兵正式归附濠州红巾军。

朱元璋刚刚回到濠州向郭子兴复命,留在驴牌寨负责监视动向的费聚就连夜跑回来报告,说寨主变卦了,要去投奔别人。

朱元璋向郭子兴请调了三百精兵,立即返回到张家堡,然后带着费聚和几个步卒进入驴牌寨,以很同情的口气对寨主说:"我知道寨主是受到了别人的逼迫,如果这样去濠州,寨主心里一定不痛快。现在,我给你们送来了粮食,等你们吃饱喝足后,就帮你把反对你的人清除掉。"寨主只是尴尬一笑,没提出反对意见。

朱元璋回到张家堡后,将十几个精兵装进口袋里,然后放在手推车上,谎称是粮食运到了寨子口。朱元璋派人禀告寨主,说粮食已经运到,让他出寨验收。寨主刚出来,朱元璋就命人将他拿住，然后让他传令下去，说郭元帅派人送来了粮食，请军中大小首领速来领取。当寨中的大小首领怀着急切的心情前来领取粮食时，朱元璋一声令下，十几个勇士从口袋里一跃而出，迅速将大小首领全部捉拿。

朱元璋又下令在张家堡等候的三百精兵杀进寨子，攻占了寨内营垒，放火烧毁了营寨，斩杀了变卦的寨主和部分首领。随后，驴牌寨三千民兵全部成为朱元璋麾下，朱元璋就此拥有了属于自己的军事力量。

此时，郭子兴觉得朱元璋毕竟是自己的手下，还是自己的义女女婿，朱元璋的实力增强了，也相当于自己的实力增强了，于是派人慰问了朱元璋，还希望朱元璋再接再厉，继续帮助他发展壮大在淮河的势力。

朱元璋智取驴牌寨后，将下一个征服目标锁定在了缪大亨身上。缪大亨是定远一带势力最大的军事头目，他的手下将士原本都是红巾军，只因被元朝将领张知院[①]拉拢胁迫，后来就为朝廷卖命。缪大亨曾率部帮助元军主帅贾鲁攻打濠州，元军兵败撤退后，缪大亨带领两万人马跟随张知院屯驻横涧山（今安徽省定远县西北）。

朱元璋深知，采取像智取驴牌寨的办法来征服拥有两万人马的缪大亨，几乎是不可能的。他与徐达等人经过反复商议，最后决定采取夜袭的办法来征服缪大亨。

朱元璋在召集众将领部署作战任务时说："我已决定攻取横涧山，现在只需一员猛将去擒拿缪大亨，不知哪位兄弟愿去立功。"

[①] 张知院：姓张，名字不详，知院是官名，即枢密院长，掌管军政事务。

朱元璋话音刚落，就有人挺身而出道："我去！"众人一看，请命者是黑头黑脸的花云。花云少时丧父，随母嫁张氏。他骁勇善战，膂力过人，无人能敌，朱元璋非常信任他。见花云请命，朱元璋郑重地说："花云听令，我给你两千人马，等到夜间元军大营火起，你直接去捉拿缪大亨，只许胜不许败，他能降就不杀他。"朱元璋随后又对几员大将说："徐达留守中军。汤和、吴良、耿再成、陆仲亨、华云龙、郑遇春、郭兴、郭英等各带二百人马，多带弓箭，分别埋伏在元军大营周围，等到天黑中军令箭一起，与我一起放火，乱他大营，然后各就原位，接应花云。"朱元璋最后说："其余众将，天亮时与我去清点元军降兵。"

缪大亨听说朱元璋只用三百精兵就收服了驴牌寨三千人马后，心里担忧朱元璋带兵来袭，就下令部众严加戒备。但几天过去没见任何行动，紧绷的神经又渐渐松懈下来。

这天夜里，缪大亨睡得正香，忽然传来营中失火的喧嚷声，他顾不上穿戴盔甲，立即跑出帐外查看，见几个大帐都已火光冲天，远处还传来密集的战鼓声。缪大亨赶紧找了匹马想要逃走，可刚一上马就被一个威猛的大汉拦住。这个大汉便是花云，只听他叫道："我乃濠州朱镇抚帐下花云，你已经逃不掉了，还不快快投降？"说着，花云举刀就砍。缪大亨急忙抽刀来挡，只听得"哐当"一声刀落地上。缪大亨正要催马窜逃，花云的刀又猛劈下来，缪大亨一声惊叫，滚落在地。原来，花云这一刀劈倒了缪大亨的战马。缪大亨慌张地说："彼此无冤无仇，为何要取我性命？"花云厉声回应道："元主无道，天怒人怨。我等仗义而来，正为讨伐于你。你既纠众起义，为何反受元将节制，甘心为虎作伥？今日你若悔过自新，我便既往不咎。倘若说一不字，休怪我刀下无情！"

缪大亨自知不是花云的对手,只好示意归降。

元军将领张知院得知缪大亨被捉投降,连夜惊慌逃命,缪大亨手下的两万多人马,全部被朱元璋收降。

02. 攻占滁州立根基

朱元璋收编了屯驻在横涧山的缪大亨所部两万多人马后,又收降了定远附近占山据寨的其他红巾军数千人,自己麾下的红巾军总数超过了三万人,让所有红巾军队伍刮目相看。

朱元璋不仅壮大了队伍,还得到了当地百姓七万多人。在朱元璋的眼里,百姓是生存和发展的根本,有了这么多的百姓跟随自己,红巾军必须严明纪律,与当地百姓搞好关系。

当时,中原地区大多是红巾军最大首领刘福通的地盘,朱元璋谋求独立发展,就要避开刘福通所占地盘。于是,朱元璋带领三万大军向滁州进发。

朱元璋率领大军来到妙山附近时,忽然想起当年云游化缘时曾绕开过这个山寨,便决定攻下这个山寨。他正与徐达商议怎么攻打山寨时,探子来报:"前面百姓听说您率兵从这儿经过,特备茶水和饭食在路边迎接。"

朱元璋心中一阵暗喜,便命令道:"快快请主事者前来相见。"

不一会儿,探子领着两位三十多岁的儒生前来相见。这两位儒生就是来自妙山的冯国用、冯国胜(后改名冯胜,字宗异)二人。

冯氏兄弟本是读书人,因天下大乱便请来武师教他们学习诸般武艺。冯胜的箭法非常出众，几乎是百发百中。兄弟二人见元主无道，便拉起一支队伍结寨于妙山。

朱元璋对兄弟二人的穿着十分好奇，便问道："你们兄弟穿着一身儒士服装，是不是有什么讲究？"

兄长冯国用回答说："我们听说明公驾临，出来太急，没来得及换，并无说道。"

朱元璋见冯国用说话温文尔雅，便说："先生雍容儒雅，想来必是饱读诗书之士。现在天下未定，先生有何看法不妨直言。"

冯国用说："儒生有八字相告，便是'收拾人心，占据地利'。自古有言，得人心者得天下，失人心者失天下。今元主无道，一味残害百姓，人心尽失，江山是保不住了。若将军能倡仁义、不滥杀，以圣贤之道统一人心，天下必将归心。得人心者必得天下。这就是'收拾人心'之意。若想成就大业，需要有一个牢固可靠的根基之地。有了可靠的地盘，才能做到进可攻，退可守，百姓得以休养生息，部队能够整治训练。这就是'占据地利'之意。"

朱元璋说："依先生之见，应以何处作为根基之地呢？"

冯国用说："集庆（今江苏省南京市）龙盘虎踞，帝王之都，可以攻占它作为根本，然后四出征伐，救生灵于水火之中，倡仁义于远迩之外。"

当年，朱元璋云游化缘时，对妙山冯氏兄弟的印象并不好，没想到今日却有相见恨晚之感。冯国用的话让朱元璋茅塞顿开，当即请冯国用兄弟为自己当参谋，计议大事。

第二天，队伍出发不久，便"道遇定远人李善长来谒"（《明太祖实录》）。李善长，字百室，为定远本地人氏，"少读书有智计，习法家言，策事多中"（《明史·李善长传》）。朱元璋见他相貌堂堂，举止不凡，便问道："今天下大乱，何时能够平定呢？"李善长说："秦乱，汉高起布衣，豁达大度，知人善任，不嗜杀人，五载成帝业。今元纲既紊，天下土崩瓦解。公濠产，距沛不远。山川王气，公当受之。法其所为，天下不足定也。"（《明史·李善长传》）意思是说，从前暴秦不道，海内纷争，汉高祖本为一介布衣，豁达大度，知人善任，不嗜杀人，五载即成帝业。今元纲既紊，天下崩裂，与秦末相同，您是濠人，距离刘邦的老家沛县不远，这里山川所禀帝王之气，将体现在您的身上，如果您能效仿刘邦的所作所为，相信也能平定中原夺得天下。

听了李善长的话，朱元璋非常高兴，随即将他留在军中，负责筹备粮运。

朱元璋得到冯氏兄弟和李善长三位谋士后，确定了攻取集庆的目标，并以集庆为根据地四出征伐，从而一统天下。

朱元璋率领大军加速向滁州进发。花云引领前军，徐达为主帅坐镇中军，队伍刀矛林立，旌旗蔽日，威风八面。忽然，一阵号炮连响，路旁林中杀出几千人马。原来，这是一支元军伏兵。花云跃马迎战，手中的长剑银光闪闪，杀得元军七零八落。元军主将见状，立即喊道："黑将军凶猛，休与交战！"元军听主将这么一喊，斗志全无，很快就溃败而去。

花云率领前军追到滁州城前，在城下再次打得难解难分。朱元璋和徐达率领中军随后就前来助战。滁州城中的文吏武官见势不妙，弃城逃命。朱元璋指挥大军乘胜追杀，元军放弃抵抗，向南逃往集庆。

至正十四年（1354年）七月，朱元璋顺利攻克滁州。进入滁州城后，朱元璋自封为元帅，并设置了元帅府。随后，朱元璋又不失时机地招募了一万余人加入军中，队伍进一步壮大。

朱元璋自封为元帅后，不由得想起了那些失散的家人，情绪变得有些哀伤。李善长知道朱元璋的心思后，便劝慰道："不妨派些军士出去，把主公攻占滁州的消息传出去，您的家人得到消息后，来找你会比较容易，而我们不知道他们的下落，要找起来就难了。"

朱元璋说："这样很好！但我的家人未必知道我现在的名字，你可让兵士们说是朱重八攻取了滁州，正在到处寻亲。"

朱元璋的办法果然奏效。没过几天，朱元璋的大嫂和小侄子朱文正就找来了。见母子二人衣衫褴褛，蓬头垢面，窘迫至极，朱元璋不禁悲喜交加，赶紧让人给安排宿食。朱元璋从大嫂口中得知，二哥朱兴盛和三哥朱兴祖都已故去，一大家人就只剩下朱文正这点儿血脉。朱元璋按照朱氏家谱给朱文正取了名后，将他留在军中学习武艺兵法。

又过几天，朱元璋的二姐夫李贞带着儿子李文忠也找来了。见李贞父子形如乞丐，朱元璋下令给他们全部换新。李贞告诉朱元璋，至正十年，他的母亲与四个弟弟先后去世，仅仅几个月后朱元璋的二姐佛女也病故了，又过了不久，佛女所生的一子二女也不幸早亡。现在，李氏家族只剩下他和李文忠父子二人。朱元璋听罢，忍不住放声大哭起来。后来，朱文正和李文忠都成为了朱元璋争夺天下的得力帮手。

朱元璋在滁州站稳脚跟后，滁州城内外的百姓却依然是缺衣少粮。一天，李善长一脸忧愁地对朱元璋说："现今大旱，溪涧尽皆干涸，土地龟裂，如此下去，势必颗粒无收，岂不连累我军征粮？"朱元璋也是心急如焚，忙命亲兵备马，与李善长一起带着几个随从到城郊查看旱情。

在郊外，一个叫杨元杲的书生看到朱元璋忧心忡忡的样子，便主动搭话说："要下雨解旱，元帅须到柏子潭龙祠去求雨。"听了杨元杲的话，一向不信神的朱元璋很不高兴地说："一个读书人，怎能说出这般不着边际的话语？"杨元杲笑着说："我的求雨之术和别人不同，几天来我已实地考证过。求雨只是表达元帅的善念，元帅到龙祠求雨后，可到西崖去看柏子潭，若潭中有鱼跃潭水或鼋鼍上浮，便是雨兆了，只需三日，必定有雨。"

朱元璋想了想，很快就明白了杨元杲的用意。这分明是在告诉他：求雨只是做个样子，若真的求来了，他在老百姓心中就犹如神仙一般，就会对他五体投地。朱元璋高兴地说："我就照着你说的去求雨，若求得来雨，本元帅一定重用你！"

第二天一早，朱元璋就带着众将士声势浩大地到柏子潭求雨。此时，柏子潭已经聚集了许多百姓，都期盼着朱元璋求雨奇迹的发生。晌午时分，朱元璋开始在柏子潭边作法。只见他虔诚地跪拜，嘴里又祷告一通，然后挽弓搭箭，直指上天道："烈日导致如此干旱，百姓凄苦，元璋特来为民致祷，日神常受民供，岂可不体恤人民乎？我今日与君相约，三日内与我降雨滋民，如若不然，我定像后羿一样将你一箭射落！"

到了第三天，随着一声惊雷，大雨果然倾盆而下，田间旱情随之消除，滁州百姓无不欢呼雀跃，都从内心感谢和敬佩朱元璋。

朱元璋没忘记杨元杲，立即派人将他接到滁州城内，安排他在元帅府任职。

03. 力劝元帅缓称王

至正十四年（1354年）七月，朱元璋攻占滁州后，又乘势向滁州周边分兵出击，攻无不克，每战皆胜，地盘逐渐扩大。

此时，濠州（今安徽省凤阳县）城内的红巾军，在郭子兴、赵均用等人的率领下，也攻占了泗州（今安徽省泗县）和盱眙（今江苏省盱眙县），形成隔淮水相望之势。

彭大死后，他的儿子彭早住袭称鲁淮王，由于感觉自己的实力不够，便倒向了赵均用、孙德崖等人一边，郭子兴显得更加孤立。但随着朱元璋的势力变得越来越强大，赵均用等人也不敢对郭子兴轻易下手。赵均用和彭早住想来想去，终于想出了一个一石二鸟的主意：以王府的名义下令朱元璋守盱眙。如果朱元璋移师盱眙，就可以伺机而动，将他和郭子兴一网打尽。如果朱元璋不听从调令，就挑拨郭子兴对他的猜忌，形成内斗。

朱元璋心里明白，这是赵均用等人的调虎离山之计，可应该怎么拒绝呢？朱元璋立即找李善长商议此事。李善长说："现在，我们就说滁州这里军情紧急，队伍无法转防盱眙。然后，我们再用钱买通王府管事的人，劝说赵均用、彭早住不要相煎太急。"朱元璋采纳了李善长的建议。

随后，李善长又给赵均用写了一封书信，信中写道："从前大帅穷迫之时，郭公开门接纳你，恩德匪浅。大帅不但不报恩，反而听信小人之言屡次想要杀他，这样的话，大帅将自剪羽翼，失去豪杰之心，我私下认为大帅不应该这样做，而且郭子兴的部队仍然很多，杀了他，你不会后悔吗？"信中，李善长还正告赵均用，如果过分逼迫郭子兴，万一闹出什么乱子，反而得不偿失。不如好好对待郭子兴，让他率兵去攻城拔寨，扩充地盘。

赵均用虽然对朱元璋的强硬态度非常不满，但眼下他还没有实力跟朱元璋闹僵。于是，他又想出一个坐山观虎斗的计谋：让郭子兴率领一万人马移师滁州。

郭子兴来到滁州后，又成为理所当然的郭元帅，两军合并后的五万大军都归郭子兴调遣。

郭子兴拿到兵权后，对五万大军进行了一次集中检阅。检阅中，朱元璋所部军容整肃，号令严明；而郭子兴的一万人马松松垮垮，纪律松懈。郭子兴见状，对朱元璋的治军才干大加赞赏，而对自己的部将加以责罚。郭子兴的这一做法，竟意外引发了两支队伍之间的矛盾。

郭子兴的手下将领都曾与朱元璋平起平坐，有的甚至比朱元璋的资格老，谁也不甘居于朱元璋之下。郭子兴的儿子郭天叙和郭天爵看到这种状况后，心中大喜，立即纠集亲信进行挑拨离间。兄弟二人向郭子兴诬告朱元璋是假意交出兵权，而实际是让所有的将士都听他的号令，还说朱元璋背地里骂元帅软弱无能，任人欺辱。在郭天叙和郭天爵等人的调拨蛊惑下，郭子兴又犯了易怒多疑的毛病，将朱元璋重用的部将都调到自己的元帅府，甚至连朱元璋的书记官李善长也收入他的麾下。郭子兴这样做，就是为了断掉朱元璋的左膀右臂，架空朱元璋，将兵权牢牢控制在自己的手中。

李善长知道郭子兴的用意，即使朱元璋劝他"暂时去一段时间"，他仍然坚决不去郭子兴的大帅府，郭子兴最终让步，允许李善长继续留在朱元璋的身边。

虽然郭子兴越来越猜忌，但朱元璋一直保持一种沉默的心态，每天按时到郭子兴元帅府的内堂请安，按时到元帅帐前排班、应差，一切行事都十分谨慎。朱元璋忍辱负重地熬了两个多月，赢得了红巾军上下的一致同情和尊重，都认为他对郭子兴极其忠诚，许多将士都为他的境遇鸣不平。

至正十四年十月，元朝丞相脱脱率领数十万重兵，围攻赵均用驻守的六合（今江苏省南京市六合区）。赵均用损失惨重，渐渐抵挡不住元军的围攻，情急之下，赵均用立即派人向驻扎在滁州的朱元璋求援。这一次，朱元璋没有独自决断，而是急报郭子兴。郭子兴听说是赵均用前来求救，而且元军队伍强大，红巾军根本不是对手，便毫不犹豫地严词拒绝。

朱元璋说："六合破，滁不独存，唇齿也。可以小憾而弃大事乎！"（《明太祖实录》）意思是，六合一旦被元军攻破，滁州就不可能独自保存，因为六合在滁州的东面，唇亡齿寒。我们不应该因为这小小的遗憾，而耽误成就大事。

朱元璋硬着头皮苦苦相劝，郭子兴才勉强同意出兵相救。由于元军太过强大，红巾军将领都觉得没有取胜的希望，因此没人敢领命出征。最终，还是朱元璋率领一万人马直奔六合。

至正十四年十一月，朱元璋率领一万部众赶到六合。此时，元军正在重兵攻城，六合危在旦夕。朱元璋看到这种激战的场面，深知六合靠死守是守不住的，当务之急是想办法让据守城池的红巾军安全突围。他下令守城的红巾军全部撤进堡垒，然后让城内的妇女都到城墙大骂元军。元兵从未见过这种阵势，在疑惑之中连连后退。朱元璋立即组织城内的红巾军列队出城，迅速向滁州方向撤退。

当元军反应过来后，守城的红巾军已经全部撤出。朱元璋知道元军必然前来追击，便挑选了几千精兵，在半路的一个山谷中设下埋伏，然后命自己身边的得力干将耿再成带领亲兵引诱元军。元兵果然进入了埋伏圈，被红巾军打了一个措手不及，一时乱了阵脚，抱头鼠窜，落荒而逃。红巾军此次胜利，缴获了大批的枪械和马匹。

朱元璋担心元军卷土重来围攻滁州，滁州凭借几万人马根本无法抵挡几十万元军的强大进攻。他立即派滁州城内的父老，携带酒食和刚刚缴获的枪械和马匹，送往元军大营，并让几位老者对元军将领说："滁州城内都是良民，守城的年轻壮士主要是为了防御盗贼。刚才发生的战斗实属误会。如果将军带兵去惩罚滁州百姓，那些可怜的百姓都是冤枉的。我等代表滁州百姓来到军中，就是想澄清误会并犒劳将士。假如将军能够开恩保全滁州百姓，我们愿为朝廷大军提供粮食军需。"

元兵将领知道此次征伐的主要目标是高邮（今江苏省高邮市）的张士诚，攻克收服六合后，不便于节外生枝去攻打滁州，便下令将所率人马撤走，滁州就此避免了一次被元军围攻的劫难。

这次帮助赵均用既解救出据守六合的将士，又成功保全了滁州，让朱元璋感到无比兴奋的同时，也深刻地悟出了一个道理：不能跟强大的元军硬碰硬。后来的很长一段时间，朱元璋一直以此为行动准则，尽量避免不必要的军力损失。滁州城内的红巾军更加佩服朱元璋，都愿意听朱元璋的指挥，都愿意跟随朱元璋征战。

朱元璋让郭子兴深感扬眉吐气后，觉得自己称王的时机已经成熟，他手下的将领也纷纷表示支持他称王，而朱元璋却持反对态度。为了避免引起冲突，朱元璋对郭子兴婉言劝道："父帅称王，神人共庆，理所当然。只是眼下元军还未远去，一旦称王，树大招风，恐怕会让元军找到借口来攻。我们目前的实力，还远远不能对抗元军。尤其是滁州四面环山，腹地狭小，没有地理上的优势，不是我们的久留之地。眼下，我们首先应该考虑南略和州（今安徽省和县），因为和州地势宽阔，进可攻，退可守，我们先在那里站稳脚跟，待地盘扩大、兵力增强后，父帅再称王也不迟。"

郭子兴听了，虽然心中感到不快，但也觉得朱元璋说得很有道理，便勉强接受朱元璋的建议，暂缓称王。由此，滁州得到暂时的平静，滁州城内的红巾军也得到了充分的修整训练。

04. 智取和州图南进

朱元璋成功劝说郭子兴暂缓称王后的一天，一个自称从虹县（今安徽省泗县境内）而来叫胡大海的人，强烈请求拜见朱元璋。朱元璋见到胡大海后，见他相貌堂堂，威风凛凛，顿时有了好感。经过一番交谈后，朱元璋觉得与胡大海非常投机，许多观点都是不谋而合，当即任命他为滁州红巾军先锋官，成为自己的亲近将士。

此时，元朝丞相脱脱指挥元军，将红巾军首领张士诚据守的高邮（今江苏省高邮市）城围了个水泄不通，情况十分危急。俗话说，人算不如天算。就在张士诚感到走投无路之时，朝廷发生内讧，将元军统帅脱脱卷入其中。至正十四年（1354年）十二月，元顺帝妥懽帖睦尔听信奸臣谗言，命河南行省左丞相太不花、中书平章政事月阔察儿、知枢密院事雪雪代替脱脱，指挥正在征伐红巾军的数十万元军。得知统帅脱脱失去指挥权,元军纷纷解散,很多元军甚至投奔了红巾军。元军丧失了强大的攻势,让张士诚抓住机会发起反攻,迅速将元军击败。

张士诚是个盐贩子,在盐场以善于结交朋友而闻名。至正十三年正月,张士诚带领他的三个弟弟张士义、张士德、张士信以及三个狐朋狗友李伯升、潘元明、吕珍在内的共十八人,杀了欺压他们的大户人家。随后,张士诚在盐场附近地区招兵起义,盐丁和贫苦大众纷纷响应,队伍很快就达一万余人。

张士诚率部在泰州及其周边地区大肆劫掠,并阻断了大运河的南北交通。由于朝廷高度依赖江南财赋,遂发重兵镇压张士诚。镇压失败后,随即采取招抚政策,张士诚不但不答应接受招抚,还斩杀了前来招抚的朝廷使臣。

张士诚的红巾军不属于刘福通的红巾军系统。其实,张士诚起事,没有远大的目标,只是出于一时的激动。至正十三年五月,张士诚率部攻占高邮,从此据守运河两岸,以抢劫漕运为行动目标。至正十四年一月,张士诚在高邮自称诚王,立国号"大周",年号"天祐"。

张士诚虽然称王,但所占高邮的地盘太小。张士诚心思不在所占地盘的大小上,而是在级别的高低上,他觉得只要能做个国王就有享不尽的荣华富贵。朝廷最终对他忍无可忍,便由丞相脱脱统率号称百万大军的强大队伍来围攻高邮。就在他即将灭亡之时,朝廷发生的内讧救了他一把,让他得以反败为胜保住了高邮。

元军退散后,各地进入隐蔽状态的红巾军又重新活跃起来。

红巾军首领徐寿辉曾于至正十一年九月,打败了元朝的威顺王宽撤不花,攻占了蕲州(今湖北省蕲春县)和黄州(今湖北省黄冈市黄州区），在蕲水（今湖北省浠水县）建都称王，立国号"天完"，年号"治平"。徐寿辉任命邹普胜为太师，倪文俊为领军元帅，陈友谅为元帅簿书掾。后来，徐寿辉所部遭到元军镇压，退到黄梅（今湖北省黄梅县）山区躲避。至正十五年初，徐寿辉所部在倪文俊的率领下出黄梅，攻取了湖广和江西的大片土地。后来，倪文俊又攻占了汉阳（今湖北省武汉市汉阳区）并在汉阳重新建都，自任丞相，仍以徐寿辉为天完王，改年号为"太平"。

至正十五年初，红巾军首领刘福通拥立韩山童之子韩林儿在亳州（今安徽省亳州市）称帝，立国号"大宋"，改元"龙凤"，史称小明王。韩林儿任命杜遵道、盛文郁为丞相，刘福通、罗文素为平章政事，刘福通的弟弟刘六为知枢密院事。

见各地红巾军都在趁机扩大地盘、壮大队伍，郭子兴也不甘于现状。至正十五年大年刚过，郭子兴就召集手下众将商议如何行动。有人建议攻打六合，有人建议攻打庐州（今安徽省合肥市），还有人建议杀回濠州（今安徽省凤阳县）……众人七嘴八舌地议论着，郭子兴都觉得不妥。

一直沉默不语的朱元璋觉得，眼下理应攻取集庆（今江苏省南京市），可队伍暂时还不具备攻取集庆的实力，还是先占领和州（今安徽省和县）为妥，他说："现在，我们既不能西略庐州，也不能北略濠州，最好的目标是攻取和州，为将来南略集庆做准备。"

郭子兴问道："我们应该怎样攻取和州？"

朱元璋说："困守孤城，诚非计。今唯和阳可图，然其城小而坚，可以计取，难以力胜。向攻民寨时，得兵三千，号庐州路义兵。今精选三千勇敢士，椎结左衽，衣青衣，佯为彼兵，以四橐驼载赏物而驰,声言庐州兵送使者入和阳赏赉将士,和阳必纳之。因以绛衣兵万人继其后,约相距十余里,候青衣兵薄城,举火为应,绛衣兵即鼓行而前,破之必矣。"(《明史纪事本末》)意思是,和州城小而坚,不可力胜,唯有智取。我们采取调虎离山之计,派一支万人的队伍穿上绛衣,浩浩荡荡地直奔和州,佯装攻城,然后迅速落败,将城内的元军引出来后,向滁州方向撤退,而且要边撤边战,引诱元军追击。同时,选三千精兵穿着元军的服装,埋伏在距离和州十里的地方,待元军出城追击时,放过元军队伍迅速攻取城池。然后以举火为号,我军撤退的队伍立即杀个回马枪,这样,就可以里应外合攻占城池。

郭子兴听了,既点头称是,也心存怀疑。他怀疑的是,元军真的能出城追击吗?

至正十五年正月,郭子兴按照朱元璋的建议,命二夫人的弟弟张天祐统领大军攻取和州。张天祐命胡大海为先锋,与赵继祖一起率领精兵三千埋伏在半路上;命汤和、耿再成领兵一万引诱元军再做接应。

在张天祐的率领下,一支浩浩荡荡的滁州红巾军向和州进发。

汤和、耿再成率部来到和州城下时,按照事先的谋划,命令将士喊声震天地开始攻城。守城的元军发现攻城的红巾军阵形混乱,只是虚张声势,完全不堪一击。双方交战一段时间后,红巾军队伍一片慌乱。元军士气大振,随即打开城门追击红巾军。红巾军如潮水一般溃败,而元军越战越勇,对红巾军形成了跟踪追击之势。

这时,一起埋伏在和州城外十里处的张天祐、胡大海和赵继祖,见大股元军都出城追击佯装溃败的红巾军,便立即率领三千精兵杀向和州城。守城元军见城外快速而来的队伍穿的是元军服装,以为是自己的队伍得胜而归，毫无防备，自然也没想到收起吊桥，让张天祐所部顺利攻入城中。红巾军蜂拥而上，迅速夺了城头，并在城头举起了火把。撤退的红巾军见和州城头火把燃起，立即掉头反击，元军很快处于两面夹击的境地。

冲入城内的红巾军占领了元军帅府，元军守将也先帖木儿在混乱之中弃城逃跑。城外的元军，除了一部分四散而逃的，大部分都归降了红巾军。

在滁州城内，郭子兴一颗悬着的心还始终没有落地。他觉得，朱元璋的调虎离山计还是很有胜算。如果成功攻取了和州，功劳会记在张天祐的名下，不会让朱元璋再次居功自傲。万一失败了，滁州城还有朱元璋镇守，他也不会出现安全危机。

想着想着，郭子兴还是命朱元璋率两千人马赶往和州，他对张天祐还是有点儿放心不下，朱元璋可以助他一臂之力。朱元璋出发后，一路上意外收降了一千多名四散溃逃的元军士兵。当朱元璋来到和州城下时，发现张天祐、胡大海和赵继祖等红巾军将士站在城头。

捷报传到滁州，郭子兴非常高兴，再次被朱元璋的军事指挥才能和神机妙算所折服。他不得不承认，如果自己谋求早日称王，身边不能没有朱元璋的辅佐。经过冷静的思考后，郭子兴决定任命朱元璋为和州总兵官，掌管和州兵马。

05.整顿军纪树形象

至正十五年（1355年）正月，在朱元璋的建议下，郭子兴派张天祐、汤和等人率军攻占了和州（今安徽省和县），为将来南进攻取集庆（今江苏省南京市）创造了有利条件。为了安抚朱元璋，也是为了让他离开滁州，进一步削弱他的兵权，郭子兴任命他为和州总兵官，统领和州兵马。

朱元璋到和州就任后，不久就发现城内街巷有些凄凉，店铺也大多门窗紧闭，很少看见百姓往来行走，尤其看不见女人的身影。偶尔看见行人，也是神色不宁，行走慌张。朱元璋深感这一现象绝非正常，就问自己的书记官李善长是怎么回事。

李善长知道，问题的根源在张天祐身上。攻打并据守和州的红巾军，大部分是张天祐的部下，这些兵士在和州城内如土匪一般，行为放荡不羁，肆意抢劫偷盗，百姓不堪其苦。李善长壮着胆子说："眼下和州的状况，就是因为红巾军的假仁假义造成的，只有打造一支真正的仁义之师，才能真正救民于水火，受百姓拥戴。"

听了李善长的话，朱元璋立即把张天祐请到帐中说："队伍攻占和州后，城内不断发生百姓钱财被掠、妇女遭到侵犯的恶劣事件，这种野蛮行为，今后必须纠正。只有申明军纪，才能赢得民心。"张天祐听了，有些不屑一顾地说："不是什么大不了的事，以后队伍禁止劫掠就是了。"

张天祐的态度，让朱元璋大为不快。郭子兴让他担任总兵官，可和州城内的兵权却不在他的手中，而是掌握在张天祐的手中。不掌握实际兵权，李善长所说的打造仁义之师就成为一句空话。

跟随张天祐来到和州的这些将士，大多从濠州时就跟随郭子兴，论资历、论年龄都在朱元璋之上。这些人跟郭子兴闲散惯了，都不愿意被谁管着。朱元璋觉得，要给这些人立规矩，首要的是握有兵权，树立权威；其次是言而有信，说到做到。

不久，朱元璋获得了元军要攻打和州的密报。诸将得知这个消息后，纷纷劝说朱元璋掠尽城中的财物，率领队伍撤往滁州。但朱元璋没有采纳诸将的意见，而是决定死守和州。他知道，和州是将来进军集庆的跳板，丢了和州就等于放弃了未来。他立即组织将士维修城墙，做好抵御元军的准备。此时的和州城墙，已经遭受过多次攻守之战，出现非常严重的破损。为了加快维修速度，朱元璋想出了一个分段维修的办法，把城墙分为十段，军中的十位将领每人包修一段，并限定在三天内完成，否则军法处置。朱元璋率先垂范，主动包修破损最为严重的西门城楼。

三天后，除了朱元璋和徐达完成了维修任务外，其他各段都没完工。尤其是几位老将，带领各自的部下还没完成一半，他们显然没把朱元璋的话当回事。

第四天一大早，朱元璋就召集诸将到议事厅议事。当诸将走进议事厅时，发现议事厅的长条凳都撤走了，只有一张主将公案朝南而立。诸将到齐后，朱元璋怒目圆睁地端着一支描金令牌从后堂走了出来。徐达、汤和二将腰系长剑一左一右紧随其后。

朱元璋坐到帅案前，将郭子兴的令牌放在桌子上，令诸将叩头朝拜后说："我这个总兵官是郭大帅任命的，不是我自己封的。军家大事，不能我行我素毫无约束。现在，维修城墙的任务没能按期完成，抗击元军如何能够取得成功？"

徐达、汤和按照朱元璋的命令，立即走出来准备抓人。这时，李善长等人匆匆从后堂跑出来跪在朱元璋面前，连声请求朱元璋高抬贵手放他们一马。

此时，朱元璋见诸位老将吓得脸色苍白地跪在地上，一动也不敢动，便怒气未消地说："看在你们初犯、过去有功的分上，这次暂且记在账上不做军法处置，下次若再不按军令行事，坚决斩首示众，决不饶恕！"

威逼之下，诸将率领下属拼命施工，仅用了一天多时间就完成维修任务。

至正十五年三月，十万元军攻打和州，红巾军利用刚刚维修牢固的城墙来抵御元军的进攻。由于元军始终不能攻破城池，士气渐渐衰落。朱元璋看准时机，率军突然杀出城门，杀得元军惊慌失措，纷纷溃退，确保了和州的安全。朱元璋的大智大勇让张天祐等一众原是郭子兴手下的将领佩服不已，尤其是张天祐，对朱元璋心服口服。

朱元璋知道，郭子兴手下的将领出身比较复杂，纪律很差。他们攻城拔寨，常常是为了抢掠民众，甚至掳人妻女，导致平民百姓妻离子散，各地百姓惧怕红巾军，开始强烈抵制红巾军。朱元璋担任和州总兵官后，谋士范常就非常忧虑地对他说："得到一座城就使百姓肝脑涂地，这样又怎么能成就大事呢？"

朱元璋深知严肃军纪的重要性。为了杀一儆百，他果断地处决了几个作恶多端的士兵。马秀英知道朱元璋杀人整纪的事情后，心情沉重地对夫君说："现在天下豪杰并起，尚不知天命将归于谁。但依我来看，一定要以不杀人为本。对于摔倒的人，我们要扶助他们；对于危难的人，我们要救护他们；对于生计困难的人，我们要救济他们。只有这样，才能积聚人心，人心所向才是天命所归。那些杀人如麻、只知道攻城略地、贪图一时之快的人，上天都会厌恶他们，他们自身都难以保全，还谈什么夺取天下啊？"听了夫人的话，朱元璋不住地点头称是，心中不免又多了几分赞许。

第二天，朱元璋遇到一个士兵带着一个妇人往营地走，便上前细加盘问。那个士兵认识朱元璋，立即承认这个妇女是他掳掠回来的。朱元璋想起了夫人的话，便对那个士兵说："现在队伍讲求军纪，不准私藏妇人。今天可以不杀你，但如果以后再犯必杀不饶！"那个士兵听了，连连叩头谢罪，然后把那个妇人送了回去。随即，朱元璋让李善长将严禁抢掠妇女等纪律条文写成告示，在全城张贴，让军民皆知。

有一天，朱元璋从军营出来，看见一个小孩儿在营门外徘徊，被冻得浑身发抖。朱元璋觉得有些不正常，便走过去问那个小孩儿："你在这干什么呢？"小孩儿说："等我爹。"朱元璋问："你爹在哪儿？"小孩儿说："被官人抓进去喂马了。"朱元璋问："你娘呢？"小孩儿说："也被官人抓进去了。爹和娘不敢相认，只能以兄妹相称，我不敢进去，所以在这儿等着。"

朱元璋把小孩儿交给一个亲兵照看，然后沉着脸闯进门去。这是个王姓将领的家。朱元璋先找到马厩，见一个面黄肌瘦的汉子，他就是孩子的父亲。

朱元璋闯入内堂，见里面有几个年轻妇女，脸上虽然涂脂抹粉，但人人都愁容满面。原来她们都是良家妇女，是被王姓将军抢来的，其中有一个妇女就是那孩子的娘。

朱元璋见王姓将军不在家，便脸色铁青地回到了总兵府，立即叫人将所有将领都召至议事厅。他安排两排亲兵从厅门口一直站到公案旁，而且每个亲兵都腰系长刀，满脸杀气。诸将一进门，

— 61 —

就被厅内的气氛镇住了，不知朱元璋兴师动众要问谁的罪。

当朱元璋铁青着脸跨进堂来后，稍作镇静便说道："诸将刚从滁州来到和州时，干了许多掳人妻女的事情，致使百姓人家夫妇离散。可现在，这支队伍还像先前那样毫无纪律，怎能安抚城中的百姓？军中纪律已公之于众，可有的将领为何还有令不行、有禁不止呢？"

朱元璋稍作停顿，便大声喊道："王得贵，给我滚出来！"

王得贵听到喊声，已经吓得脸色苍白，两腿颤抖，一声不响地站了出来。

朱元璋怒喝道："给我拉出去，斩首示众！"

几个亲兵立即把王得贵拖出去。不多时，一颗血淋淋的人头呈在堂上。

朱元璋余怒未消，说道："你们都给我好好看着，今后如果谁还敢抢掠妇女，让百姓妻离子散，我就叫他像王得贵一样脑袋搬家。今天立一条规矩：凡军中所得妇女，当悉还之。不还者，罪同王得贵。"

朱元璋一通发泄后，自觉目的已经达到，便用劝诫的口吻说道："我知道诸位孤身在外征战，需要有个女人来陪伴。但今后城破，凡所得女子，有夫之妇皆不许擅取，取了这样的妇女则百姓妻离子散，会恨我入骨，坏我大业。而那些无夫未嫁者皆许之。望各位牢记，今后千万不要以身试法。"

诸将惶恐地回到家里，归还了抢掠来的民家妇女，使这些妇女得以与家人团聚。百姓对此奔走相告，和州红巾军队伍的形象发生了根本性的变化，军民关系得到很大改善，许多百姓称和州的红巾军是"仁义之师"。

06. 暂时隐忍稳局势

至正十五年（1355年）三月，朱元璋依靠稳固的城防工事击退围攻和州的十万元军后，城中驻守的一万多红巾军出现了严重的缺粮问题。此时，元世子秃坚不花、元枢密副使绊任马率元军屯驻新塘（今江苏省扬州市西北）一带，民军元帅陈埜先率民兵屯驻鸡笼山（今安徽省和县西北）一带，他们不但阻绝了和州饷道，还对和州构成了威胁。

为了解决缺粮问题，朱元璋决定率领红巾军主动出击，攻击新塘的元军和鸡笼山的民军，打开饷道。

朱元璋命李善长留守和州，自己亲率大军出战。将士们深知此次出战是为了夺取粮食，作战异常勇猛，迅速击溃了新塘的元军，秃坚不花和绊任马带领残部逃往江南。此战朱元璋不仅缴获了大批粮食，还缴获了许多其他物资。

当朱元璋率领得胜之师进攻鸡笼山时，有亲兵来报，说陈埜先率领屯驻在鸡笼山的民军，趁朱元璋攻打元军时偷袭和州，李善长率部奋勇抵挡，陈埜先偷袭不成已经败逃。朱元璋返回和州后，重赏了李善长等有功将士。

一天，濠州的孙德崖率部来到和州，朱元璋立即将孙德崖迎接到总兵府。几句客套话过后，孙德崖说："淮北一带战乱不断，又连续天灾，濠州城现在闹粮荒，所以特来找你借点儿余粮。"因为朱元璋刚刚从元军那里缴获了大量的粮食，就答应了孙德崖的要求。当孙德崖提出要在和州城暂住几个月时，朱元璋没有答应。他觉得，孙德崖不讲信誉，如果他赖在和州，后果不堪设想。再说，如果自己私自答应他在和州暂住，郭子兴也会不满意。朱元璋一边应付孙德崖，一边派人到滁州向郭子兴禀报。

郭子兴得到朱元璋的禀报后，不但不理解朱元璋的用意，反而认为朱元璋与仇敌孙德崖私下结盟。近期，郭子兴的亲兵不断向他报告和州方面的消息，说朱元璋严厉整顿军纪、树立个人威信、提拔任用亲信、不上交战利品等等。郭子兴早就按捺不住了，这次得知孙德崖要留在和州的消息后，立即带领一队亲兵连夜赶到和州，想对朱元璋兴师问罪。

得知郭子兴连夜来和州，朱元璋急忙前去拜见。见到朱元璋，郭子兴满脸怒气一声不吭。而朱元璋跪在地上，也默不作声地作为回应。

过了许久，郭子兴才问道："下面跪者何人？"朱元璋说："回父帅，总兵朱元璋。"郭子兴说："你知罪吗？"朱元璋说："回父帅，若小婿有罪，这家事缓急之间都可办理，但外事还请父帅早早拿定主意。"郭子兴问道："什么事让我拿定主意？"朱元璋站起来说："孙德崖在我这里，父帅若一时忍不住，恐怕就会与他冲突起来，他人多势众，最好防备一下。"郭子兴毫不掩饰地说："这姓孙的，我是早晚要收拾他的！"朱元璋故意表现出很为难的样子，帮郭子兴想主意。经过一番你来我往的交谈，郭子兴终于与朱元璋言归于好。

第二天一大早，孙德崖就来找朱元璋说："你家岳翁来此，我不便在此居住，想马上离开到其他地方去。"

朱元璋说："既然孙元帅已决定，我也不好相留。但现在两军已合在一处，若有一方尽数离去，恐怕有人会不安分的。我担心孙元帅的大军一动，会引起一些麻烦，如果闹出乱子来就不好了。

所以，请孙元帅不妨断后，待大军顺利出城再走不迟。"

孙德崖觉得朱元璋说得在理，便答应照他说的办。于是，朱元璋亲自将孙德崖的前军送出城外近二十里。这时，突然有亲兵来报，说郭子兴与孙德崖各自领兵在城内发生了交战。朱元璋正要赶回城内时，孙德崖的部下怀疑朱元璋使了调虎离山之计将孙德崖困在和州城内，便捉住朱元璋不让他走。

在城内，郭子兴捉住孙德崖，并用铁链锁住了他的脖子奚落责骂着。不久有人来报，说朱元璋被孙德崖的部下抓住。郭子兴大吃一惊，马上说用孙德崖去换回朱元璋。经过谈判，郭子兴先派大将徐达到孙德崖的营中做人质，换回朱元璋；朱元璋回到城里后，郭子兴再放孙德崖；孙德崖回到营中后，再放徐达回城。

放走孙德崖，郭子兴怒气冲冲地对朱元璋说："你为何要用计放走孙德崖？"朱元璋非常坦诚地对郭子兴说："孙德崖虽然得罪过父帅，但毕竟是患难之交，不应置他于死地。他据守濠州，保我桑梓，并没有大的过错，还望父帅宽恕于他。如果杀了孙德崖，孙家兄弟必来寻仇，到时兵戎相见，难免拼个你死我活，以至于两败俱伤。"郭子兴觉得朱元璋的话有道理，也就无话可说了。

郭子兴回到滁州后，郁怒之下得了一种肝逆症，心口添堵，忧闷难舒，从此一病不起。至正十五年三月，五十四岁的郭子兴病故于滁州。

得到郭子兴病故的消息后，朱元璋立即赶回滁州奔丧。郭子兴虽然对朱元璋一直存有猜忌，也一直在压制他，但郭子兴确实是朱元璋命中的贵人，是朱元璋的恩人，郭子兴的红巾军是朱元璋起家的根本。朱元璋做了皇帝后，追封郭子兴为"滁阳王"。

郭子兴死后，郭天叙、郭天爵兄弟认为父亲的队伍应当由他们二人来统领。可他们心里明白，只要有朱元璋在，就轮不到他们，因此想方设法要加害朱元璋。朱元璋一直谨慎提防，对二人的不轨行径不做声张。

有一天，郭氏兄弟邀请朱元璋去南山赏菊。朱元璋虽然知道这又是二人要加害于他，但仍然应允前往。郭氏兄弟携带下了药的酒菜，与朱元璋一同上路。走到半路时，朱元璋偷偷用针在马身上扎了一下，马痛得腾空而起。见朱元璋紧勒缰绳，仰面望天，嘴唇微动，似乎在与人交谈。随后，他突然指着郭氏兄弟大骂道："你们这两个小人，刚才金甲神告诉我，你们在酒中放了毒药，想把我害死，是不是这样？"

郭氏兄弟惊慌失措地说："不可能，怎么可能呢？"朱元璋跳下马，把那坛酒倒出一碗，然后说："不可能就好，那你们兄弟把这碗酒喝下吧！"郭氏兄弟吓得脸色煞白，连连叩头求饶，朱元璋并不想置他们于死地，便放过他们。从此，郭氏兄弟再也不敢加害朱元璋了，他们相信真有神人在护佑着他。朱元璋与张天祐领兵屯驻在和州，而郭氏兄弟领兵屯驻在滁州，双方互不相扰。

至正十五年四月，大宋丞相杜遵道被平章政事刘福通的亲信害死，刘福通继任丞相，并加太保衔，控制了大宋的军政大权。郭天叙便趁朱元璋率将士攻伐匪患严重的山寨之机，派张天祐到亳州找刘福通走门路，请小明王下令将驻守和州的兵权交给他。

张天祐很快就从小明王那儿带回了任命书：以郭子兴之子郭天叙为都元帅、郭子兴的妻弟张天祐为右副元帅，朱元璋为左副元帅。因为元朝尊右，张天祐相当于二把手，而朱元璋相当于三把手。任命书中还规定，以后和州城内的军中文告，均用"龙凤"年号。

看到任命书后，汤和非常气愤地对朱元璋说："总兵，这是什么混账任命？我们不能听亳州的，应该自己说了算。"周德兴也说："大哥，如果我们听亳州的，就没有翻身之日了！"

朱元璋觉得，如果同意在亳州小明王韩林儿的手下做事，永远不会有什么前途可言，因此，也怒火满腔地说："大丈夫宁能受制于人耶！"（《明史纪事本末》）

而徐达劝说道："我以为，我们暂时投靠亳州，并没有什么坏处，至少北方的各路红巾军不会再来找麻烦，我们可以一心一意向江南发展。"

朱元璋想了想，觉得徐达说得有道理，就对汤和、周德兴说："我们投靠亳州只是权宜之计，赵均用和孙德崖不是也投靠了吗？现在亳州的势力很强大，如果我们不服从，亳州就很有可能派兵来攻打我们，这实在是得不偿失。而暂时投靠亳州，亳州就可以为我们阻挡北方的元兵南下，如果我们有危险，还可以向亳州求救。这种只有好处而没有坏处的事情，如果不去做岂不是太傻了？"

汤和、周德兴听了，没再反驳。

朱元璋接着说："小明王兵多将广，又是首义的大教主，我们兵弱将寡，尊奉他为皇帝共抗元兵，也是可以的，何况我们能当上元帅、副元帅也不算亏嘛！"说完，他弯腰捡起被他踩在脚下的那张任命书，掸去上面的尘土，然后小心翼翼地揣进了怀里。

07. 将计就计除老贼

至正十五年（1355年）四月，郭天叙趁朱元璋率将士出征之机，派张天祐通过不正常手段，到亳州从小明王那儿讨回了任命书。任命书虽然封郭天叙为都元帅，但他深知自己在滁州和和州红巾军队伍中拥有的亲信少之又少，个人威望甭说与朱元璋比，就连张天祐也比不上，两地红巾军的实权实际掌握在朱元璋手中。虽然朱元璋被任命为左副元帅，但在郭天叙的心中，真正的元帅是朱元璋，他的元帅、张天祐的右副元帅，都是虚名而已。

郭子兴的二夫人，一直是平衡郭子兴与朱元璋之间关系的重要人物。二夫人认为，郭子兴生前，朱元璋基本都是言听计从，尊重有加，但郭子兴死后，朱元璋能不能翻旧账，谁也不敢保证。二夫人自觉平时与郭天叙、郭天爵兄弟之间的关系不是很融洽，郭氏兄弟与朱元璋的关系更是面和心不和，想以后依靠郭氏兄弟，肯定没有保障。她想来想去，觉得还是依靠朱元璋为上策。于是，她想方设法讨好养女马秀英，以此来拉近与朱元璋的关系。她毅然决定，把亲生女儿许配给朱元璋做妾。而此时，朱元璋不仅有原配正室马秀英，还纳了风水大师郭山甫的女儿郭宁莲为妾，但二夫人根本不在乎这些，她立即操办，很快就让朱元璋第三次成为新郎官。

郭子兴死后，他的旧部大多心甘情愿地归附了朱元璋，愿意听从朱元璋的号令。而滁州、和州两地的兵马合起来，已达十万之众。许多将领都觉得朱元璋仅仅被小明王封为左副元帅不公平，便推举朱元璋为淮西红巾军元帅。作为淮西红巾军元帅，也就拥有了濠州、滁州、和州三地红巾军的调度指挥权。朱元璋欣然接受后，竟让濠州红巾军头领孙德崖极为不满。原来，濠州红巾军刚刚推举孙德崖为淮西义军元帅，赵均用为副元帅，孙德崖在濠州的军事权力已经超过了赵均用。这样，淮西红巾军就出现了朱元璋和孙德崖两个元帅。因此，孙德崖便暗自发力，与朱元璋展开一场淮西元帅的争夺。

孙德崖按捺不住心中的焦躁，就给朱元璋发了一封邀请信，说朱元璋借给他的粮食救了濠州缺粮的急，他非常感激，特在濠州摆设酒席，诚邀朱元璋赴宴以表谢意。朱元璋深知孙德崖是醉翁之意不在酒，摆的是"鸿门宴"，便立即召集众将商议对策。

徐达说："孙德崖一向居心不良，心怀叵测，郭大帅生前就屡次遭到他的迫害，这次元帅千万去不得。"其他诸将也纷纷赞同徐达的意见，强烈劝说朱元璋不可贸然前往。李善长随后说："我已接到可靠密报，说孙德崖近些天一直在筹划谋害主公，这次设宴邀请主公，无疑是一次'鸿门宴'。"

朱元璋说："既然是'鸿门宴'，那我就立即回书推辞掉。"

李善长说："主公，我觉得回书推辞不妥。既然我们已经看穿了孙德崖阴谋，何不来个将计就计，借机除掉这个老贼呢！"

朱元璋觉得李善长说得非常在理，欣然采纳他的建议。随后，朱元璋与李善长又私下进行了详细商议，并将李善长安排在孙德崖身边的内线阮四找来，进行了一番叮嘱，然后让他悄悄潜回濠州。

回到濠州后，阮四就找到濠州红巾军副元帅赵均用说："孙德崖欲摆酒宴谋害朱元帅，赵元帅若能暗中助我等除奸，事成之后朱元帅必有重金酬谢。孙贼死后，所有兵马自然归赵元帅所有，赵元帅日后再也不必屈居人下。"赵均用早就萌生了除掉孙德崖的想法，听了阮四的话，便一口答应下来。

赴宴的那一天，朱元璋按照事先的谋划，只带大将吴祯和五十名精兵跟随在自己的身边见机行事。然后，李善长让徐达和胡大海率三千精兵尾随其后，并让郭兴、郭英二将各领兵千人接应。

孙德崖在濠州城内布置妥当后，出城十里迎接朱元璋。见朱元璋所带队伍不过五十余人，孙德崖内心惊喜万分，觉得朱元璋中计了。

孙德崖下令开席时，朱元璋的身边只留下吴祯，其他随行护卫都被引入了另一个帐内。酒过数巡后孙德崖说："去年我去和州借粮，足下不仅借我粮食，还让我从郭元帅布下的陷阱逃脱，深为感激。现郭元帅已经去世，兵权无人统领，以辈次论，本应由我掌管，可不久前收到公文，才知足下已为统帅，难道不分长幼之序了？"朱元璋说："这是郭元帅旧部共同推戴的，我不过暂时统辖，他日再当另议。"孙德崖说："今日便让给我，不必等到日后了！"朱元璋非常生气，便起座说："这绝不可能！"

听了朱元璋的话，孙德崖朝身边的濠州大将吴通使了个眼色，吴通心领神会，右手持刀、左手持杯，上前说道："诸位请看，末将手中二物，宝刀一口、玉杯一只，都是唐时西域进献来的绝世珍宝，分别为'昆仑斩王刀''夜光常满杯'。此刀斩铁如泥，此杯精美绝伦，末将现将此杯献给朱将军细品，并舞刀助兴。"说完，吴通将酒杯放在朱元璋面前，并原地拉开架势舞起刀来，一时刀鸣嗖嗖如鬼吐风，白光闪闪似魔送影。

吴祯一个箭步冲上去说："这位老兄好刀法，小弟来跟你切磋一番！"吴祯挥动马刀，很快将吴通逼退。孙德崖终于按捺不住喊道："众将何在？"话音刚落，就见帐后跳出几十名刀斧手，二话不说就朝朱元璋杀去。朱元璋持剑跃起，将孙德崖挟持为护盾，吴祯挥动马刀，将帐内孙德崖的亲兵砍得七零八落。

看到吴祯奋勇拼杀，而自己被朱元璋当成了护盾，吓得孙德崖魂飞魄散。这时，孙德崖的儿子孙和举刀砍向朱元璋，被孙德崖一声喝住："情势不妙，不可莽撞！"孙和立即住手。吴祯厉声对孙德崖说："你以前来到和州，我主帅以礼相待，没想到你今天借宴会之名，设下伏兵，引诱我主帅来到这里，想要杀我主帅。试想我主帅应邀而来，人尽皆知，今天要是有什么不测，你不仅不会有好下场，还会玷污了一世英名。"孙德崖忙问："将军意欲何为？"吴祯说："只要送我主帅出城，万事皆可罢休。"

孙德崖还被朱元璋控制着，只得满口答应。吴祯将孙德崖从朱元璋的手中揪过来，护着朱元璋且战且退，很快来到城门口。这时，徐达、胡大海的大军已到达城外。孙德崖见状觉得自己的危险更大了，就猛地从吴祯手里挣脱出来，拔腿就往城里跑。可孙德崖没跑几步，就听赵均用站在城门上高喊："朱元璋杀回来了，赶快关闭城门！"

孙德崖听到赵均用的喊声，顿觉大势已去，一切都完了。正在踌躇之时，被后面追赶上来的胡大海一斧劈倒，气绝身亡。孙和、吴通等濠州将领见孙德崖被杀，率领出城的士卒全力拼杀。这时，徐达从侧翼包抄而来，手握一杆丈八金头红缨枪，拦住孙和的去路，交战几个回合后，孙和被徐达挑落马下。吴通被胡大海拦住，双方交战几个回合后，吴通深感不是对手，只好缴械投降。

朱元璋下令班师时，徐达说："大帅为何不乘势杀进城去？"朱元璋说："赵均用早有准备，如果攻城，代价太大。再说我们早有约定，不会斩杀他的人马，作为红巾军，还是少使诈毁约为好。"

徐达叹息道："这让赵均用捡了一个大便宜。"

孙德崖父子被除掉后，赵均用又处死了孙家上下十几口人，孙德崖势力就此土崩瓦解。从此，朱元璋成为了真正的淮西红巾军元帅。

08. 渡江攻取采石矶

至正十五年（1355年）五月，濠州红巾军元帅孙德崖为了实现独霸淮西红巾军大权的目的，在濠州设宴意欲除掉朱元璋，结果却在宴席当天发生的乱战中，被朱元璋的手下大将胡大海斩杀。

回到和州后，朱元璋越发觉得地域较小的和州及交通不便的滁州不可久留。朱元璋当初建议郭子兴攻取和州，就是想以和州作为跳板，为将来攻占集庆创造条件。和州南临长江，北面是大宋小明王红巾军的占领地盘，发展空间完全被限制，因此必须尽快想办法在长江南岸建立新的根据地，向着占领集庆的目标迈进。

朱元璋深知，从和州出发，过长江上南岸再到集庆，处处都有元军重兵把守，目标的实现不可能一蹴而就。为此，朱元璋和他手下的谋士，制定了一个渡过长江，稳扎稳打南进占领富庶之地的策略。

朱元璋的第一个目标就是率领队伍过江。要想渡过波涛滚滚的长江，就必须有足够的船只。由于朱元璋的红巾军没有渡水作战的经验，对士兵进行这方面的训练，便成为了朱元璋的首要任务。训练开始后，有一个叫常遇春的人总是躲在暗中观察着。常遇春，字伯仁,出身于一个贫苦的农家,幼年开始随人习武,长大后力大过人,精于骑射,能熟练使用各种兵器。后来常遇春投奔到绿林大盗刘聚门下,跟随他拦路抢掠,打家劫舍。起初,常遇春觉得挺新鲜,能大碗喝酒,大块吃肉,又能分得银两。可数月之后,他就觉得刘聚走的不是正道,也没有长远目标,便决心离开他另寻出路。当他听说和州的朱元璋为人仗义豪侠,而且爱护百姓,志在天下,就决定投奔朱元璋。他偷偷地观察朱元璋的队伍,果然像传说的那样纪律严明,更坚定了投奔的信心。

可当朱元璋听说他曾是绿林大盗,便非常冷漠地问道:"你是不是挨饿了想到我的队伍里讨口饭吃?"常遇春说:"我在刘聚手下打家劫舍,不愁衣食,只因刘聚甘于为盗,胸无大志,而朱元帅却是个贤明之人,因此前来投奔,愿效犬马之劳。"朱元璋问道:"你能随我渡江作战吗?"常遇春说:"元帅剑指何处,我就打到何处,渡江之日甘为先锋。"朱元璋听言,心中大喜,就将他留在军中。

不久,胡大海又向朱元璋引荐了一个叫邓友德的人。他的父亲叫邓顺兴,曾经是濠州红巾军的军师,被元兵斩杀。他的哥哥也是红巾军中的一员猛将,因病而死。他接替父亲代任军师后,多次打败元军。他听说朱元璋要过江谋求更大的发展,就来投奔朱元璋甘愿为其效力。朱元璋听了胡大海的介绍后说:"看来他的勇略胜过他的父兄,那我就把他的名字改成'愈'吧!"邓友德当即拜谢朱元璋赐名。朱元璋的心里非常高兴,就任命邓愈为管军总管。管军总管高于万户、低于元帅,是朱元璋当时能够任命的最高职位。

渡江所需的士兵训练得差不多了,找船成为最为关键的问题。

朱元璋率领李善长、冯国用、徐达、汤和等红巾军重要将领，去江边勘察渡江的地点，并寻找船只。他们站在岸边放眼望去，偌大一条江上竟看不到一艘船。原来，为了防备占据和州的朱元璋渡江，元军不仅封锁了航道，还抢走了所有船只，沿江几十里都很难找到可载人的船只。

至正十五年六月，就在朱元璋为船只发愁时，巢湖水师廖永安兄弟及俞廷玉父子派人来找朱元璋，表示愿率巢湖水师的千艘船只归附朱元璋。朱元璋得到这个消息，惊喜地喊道："天助我也！"

巢湖水师属于徐寿辉天完国红巾军，号称百万水师。巢湖水师由三支分队组成：廖永安与哥哥廖永坚、弟弟廖永忠三人统领一支；俞廷玉和他的三个儿子俞通海、俞通源、俞通渊四人统领一支；有着"李扒头"之称的李国胜、有着"双刀赵"之称的赵普胜二人统领一支。天完红巾军将领左君弼投降元军后，意欲招降巢湖水师，却遭到了廖永安、俞廷玉、李国胜的坚决抵制。于是，左君弼便联合元军一起攻打巢湖水师，三支水师因此被困在巢湖内。由于水师严重缺衣少食，廖永安、俞廷玉、李国胜等巢湖水师的主要将领便决定归附朱元璋。

朱元璋立即命胡大海率军去救援巢湖水师。胡大海率部来到巢湖口，与水师大军从两面夹击左君弼及元军，很快将其击溃，巢湖水师顺利归附朱元璋。随后，船队扬帆起航，驶往和州。

巢湖水师到达和州后，朱元璋任命廖永安、张德胜、俞通海、李国胜等水师将领为红巾军水军统帅，任命常遇春为先锋，准备千帆竞发驶向对岸的采石矶（今安徽省马鞍山市西南）。采石矶又名牛渚矶，与集庆（今江苏省南京市）燕子矶、岳州（今湖南省岳阳市）城陵矶并称"长江三大名矶"。攻取采石矶，成为朱元璋南略集庆的第一战。

　　船队正要出发时，忽然雷声隆隆，随即就下起了倾盆大雨。朱元璋准备暂缓进发时，先锋常遇春说："大雨之时，可以攻击对岸元军一个出其不意，一举突破元军防线。"朱元璋觉得常遇春说得很有道理，便下令船队出发，奔向对岸的元军大船。

　　元朝大将蛮子海牙见红巾军水军船队驶来，立即命士卒上船迎风抵挡。巢湖水师的船轻捷灵巧，进退若飞，而元军的船只船高身重，进退不灵，让蛮子海牙顾此失彼，苦于应对。

　　眼看水战无法取胜，蛮子海牙急忙下令元军掉转船头撤离。不久，天气云开日出，红巾军船队千舟飞驶，冲向对岸。

　　元军大将蛮子海牙退到岸上已是严阵以待。朱元璋亲自指挥队伍向采石矶发起强攻。红巾军将领郭英率先挺身而出，带领一队长枪手奋勇冲锋，不久就被强大的元军击退。胡大海见郭英败退下来，又率部奋勇而上，但采石矶方向乱箭飞来，圆木滚石飞落，不久，胡大海也被元军击退。常遇春见郭英和胡大海都败退下来，马上点选五十名勇士，大喊一声"跟我冲"后，便奋勇当先地冲入敌阵，迅速斩杀了数名元兵，其余勇士紧随其后占领了一块有利地形。朱元璋马上高举令旗，船上立即战鼓喧天，红巾军的喊杀声惊天动地。一阵冲杀后，元军据守的采石矶被红巾军占领。

　　战斗结束后，朱元璋见常遇春的脸上溅满了鲜血，伸手替他擦去血迹后激动地说："常将军今天奋勇争先，万夫莫敌，攻克采石矶位居首功，本帅特拜你为总管府先锋。"

　　从此，常遇春一直在朱元璋的大军中担任前锋攻城拔寨，为大明王朝的建立立下了赫赫战功。

第三章　连战连捷，巩固壮大根据地

01. 夺取经略太平城

　　至正十五年（1355年）六月，朱元璋率领红巾军顺利攻下了长江南岸的采石矶（今安徽省马鞍山市西南），走出了南略集庆最为坚实的一步。

　　朱元璋手下的红巾军部众，大多来自淮西地域，没见过江东[①]一带的繁荣富庶。这些将士攻占采石矶后，看见这里的米店一家挨着一家，几乎所有的百姓家里都储备着足够的粮食，这在淮西地区是很少见的。这次渡江，红巾军将士都以为朱元璋是为了抢夺粮食，因为将士的家眷门人都留在和州，没有随军出征。他们赶跑了元军，争相抢夺元军的粮食物品，然后准备运回和州。

　　朱元璋见将士们将注意力都集中在了抢夺粮食物品上，不免为军心不稳而担心，立即召集徐达、胡大海等统兵大将商议对策。朱元璋非常着急地说："此次成功渡江并顺利攻占采石矶，为我

---

① 江东：也称江左，长江下游芜湖至南京段为西南至东北走向，因此，这一段的长江南岸地区称为江东，也指三国时吴国的全部地区。

们南略集庆开了一个好头。现在，如果我们抢了点儿粮食物品就回去，元军肯定会杀个回马枪，这江东还是没有我们的立脚之地。若此次失去采石矶，我们想再渡江夺回来可就难了。请各位将军赶快下令，所有将士放弃返回和州的念头，准备进攻下一个目标。"

徐达看了看诸将，说道："大帅说得对，可眼前的事情确实有些不好办。弟兄们过去吃不饱饭的时候太多了，这到手的粮食物品谁肯轻易丢弃呢？"诸将都默默点头，一致赞同徐达的看法。听了徐达的话，朱元璋非常严肃地说："现在，我们如果只贪图这点儿粮食，南略集庆的大业必将半途而废。"徐达想了想，而后说道："大帅，我们可以先去攻取太平（今安徽省当涂县），如果太平被我们攻占，就拥有了立足江东的资本。可眼下将士们早已归心似箭，他们肯定抵触出战。"朱元璋的表情渐渐变得轻松一些，对徐达说："攻取太平正是我所考虑的。至于怎样号令将士出战，本帅自有办法。"

随后，朱元璋把胡大海、常遇春二将叫到自己的身边，跟二将耳语一阵，朱元璋的脸上浮现出微微的笑意。

当天夜里，胡大海、常遇春二位将领各带一队人马，悄悄来到江边，将停靠在江边的千余只舟船的缆绳全部砍断。没有缆绳束缚，那些舟船顺流而下，转眼之间就消失在了波浪之中。

第二天一大早，朱元璋就召集红巾军大小将领到江边巡视，说是为渡江返回和州做准备。可大小将领跟随朱元璋来到堤岸时，只见江面空荡荡的，不见一艘舟船，纷纷惊讶地私语起来。这时，朱元璋也故作惊讶地说道："诸位将士，我们的舟船都哪里去了？快给我搜查！"

常遇春趁机说道："大帅，眼下没有船只，我们暂时无法渡

— 77 —

江返回。与其在此干等,耗尽粮草,不如去攻打太平,再多缴获一些粮食物品。"

徐达接着说:"太平离采石矶很近,我愿意与诸将一同出击,攻取太平城。"

听了常遇春和徐达的话,朱元璋非常严肃地说:"将士们,我们在采石矶缴获的粮食物品,只能供队伍用上二三个月。干大事者不谋小利。要想成就一番大事业,就不能斤斤计较眼前的蝇头小利。现在,我下令各军出征,攻取太平。如果我们能够长久占据太平城这块富裕之地,就不愁腰缠万贯,到时,将士们都可以把家眷接过来,过上安逸享福的生活。眼下,我们何必去计较这点儿粮食物品呢?"朱元璋说完这番具有煽动性的话语后,稍作停顿又说道:"前有州曰太平,子女玉帛,无所不有。若破此一州,从其所取,然后方放汝归。"(《皇明本纪》)朱元璋的话,极大地激发了将士们的斗志。

当天中午,朱元璋下令将士们饱餐一顿,然后集结各路大军浩浩荡荡地直取太平城。

太平属于路①一级的行政区。据守城池的元军看到红巾军前来攻城,不敢出城交战,只想坚守待援。朱元璋一声令下,各军架梯悬索发起猛攻。元军守将见根本不是红巾军的对手,平章完者不花、万户万钧、达鲁花赤普里罕忽里等人星夜弃城而逃。太平总管靳义见城破兵败,便出东门投水自尽;太平守将纳哈出没来得及逃跑,就被红巾军俘虏。

---

① 路:元朝行政区划分为行省、路、府、州、县,路设总管府,置达鲁花赤一员,总管、同知各一员。

红巾军将士攻占太平后，都在盘算着天亮时一定大捞一把。当将士们怀着无限的希望进入梦乡时，朱元璋立即把李善长、冯国用等谋士召来，迅速起草了一份告示，然后誊写十几份在城内张贴出去。

第二天早晨，当将士们兴高采烈地涌向街巷准备抢掠时，却发现城中到处张贴着元帅府令，上面写着："进城红巾军掳掠者杀！聚众生事者杀！夜不归营者杀！"将士们还发现，大街小巷都有元帅府的巡逻队在四处巡查。严苛的"三杀令"，让将士们不得不打消了抢掠的念头。

朱元璋一面严明军纪，严禁抢掠；一面抚慰百姓，确保稳定。当朱元璋得知太平总管靳义忠心赴死后，连连赞叹他为忠义之士，立即命人准备好棺木厚葬靳义。太平城里的大富翁陈迪见家中财富丝毫未损，连忙捐献了一批金银财帛用以劳军。朱元璋得到陈迪的捐献，又叫人打开太平府的官库，搬出库藏的官银，加在一起奖赏给攻城的将士。将士们得到奖赏后，心里得到了极大的安慰，都由原来的闷闷不乐变得笑逐颜开。

为了庆祝红巾军顺利攻占太平城，慰劳在征战中立功的将领，朱元璋摆酒席与诸将开怀畅饮。大家喝得非常尽兴时，水军头领李国胜走到朱元璋的面前，诚恳邀请朱元璋明日到水师营中赴宴。朱元璋非常高兴，满口答应。

朱元璋深夜回到住处时，亲兵来报，说廖永安、廖永忠两位水师大将请求接见，有要事相告。朱元璋知道两个人深夜求见，事情一定非同小可，便立即让亲兵请他们进来。

廖氏兄弟进来后，向朱元璋报告说李国胜想趁朱元璋赴宴之机斩杀他。他们还说，李国胜认为红巾军成功渡江并夺取采石矶之战的胜利，全是水军的功劳，但水军得到的赏赐却和其他队伍一样，心里非常不满，因此决定谋杀朱元璋。

朱元璋听了，忽然想起孙德崖设宴谋害他的事，便神情自若地对兄弟二人说："红巾军的每个将领都是非常有本事的人，对本帅不服气是情理之中的事，说明他们对本帅还不够了解，原因在于接触时间比较短。"说完，朱元璋就不再提及李国胜蓄意谋杀的事。廖永忠的心里很着急，生怕朱元璋上李国胜的当。但廖永安看到朱元璋谈笑自如的样子，觉得朱元璋已经有了足够的心理准备，报信的目的已经达到，便拉了弟弟一把说："永忠，太晚了，我们告辞吧，别影响元帅休息。"朱元璋把兄弟二人送到门口时说："这事不要跟任何人说，你们的忠心一定会有回报。"

第二天晚上，朱元璋如期赴约，他只带了耿炳文一人来到江岸大战船上赴宴。席间，主宾推杯换盏，气氛非常热烈。没多久，朱元璋就显得醉意朦胧地说："你想把本帅灌醉是不是？来，咱们来较量一下，看看谁的酒量好。"

李国胜愣住了，虽然不知朱元璋是真醉还是假醉，但他心虚，便立即喊道："来人，大帅醉了，快扶他上岸！"兵卒听到李国胜的行动暗号后，立刻一拥而入，准备一起下手。此时，只见耿炳文拔出马刀挡住兵卒喊道："看谁敢进来！"李国胜见状，慌忙喊道："快再来人啊！"

话音刚落，所来的人却是朱元璋的亲兵，这些人不由分说将李国胜五花大绑起来。李国胜被绑后，只见红巾军谋士冯国用走进来说："大帅受惊了！这个叛贼怎么处置？"

朱元璋双目怒视着李国胜说："想暗害本帅，不知你这个李统帅还有没有话要说？"

冯国用说："你不是水军统帅吗？今天就把你扔江里去，有本事爬上来就算你活命。"他一声令下，五花大绑的李国胜被抛进江中，再也没活着回来。

02. 建立太平元帅府

至正十五年（1355 年）六月，朱元璋渡过长江攻占采石矶后，一鼓作气又拿下了太平城（今安徽省当涂县）。对此，朱元璋深感欣慰，因为自己南略集庆（今江苏省南京市）的目标又迈进了一步。占领太平后，朱元璋边严明军纪安定人心，边拜访贤人义士以礼相待。看到朱元璋率领的红巾军抚民亲民，与以往的义军有着明显区别后，城中的贤人义士都纷纷求见朱元璋表达慰问之情。

有一个叫陶安的老人带着全家老小来拜见朱元璋。朱元璋得知这个人非常有学问，在太平城有着很高的声望，就兴致勃勃地与他讨论起天下的时事。陶安非常诚恳地说："集庆是帝王之都，形胜称最，乘此占领，作为根基，然后分兵四出，所向必克。古语云'天与弗取，反受其咎'，明公应迅速出兵攻占集庆，然后方能成就大业。"朱元璋听后，心里非常高兴，感觉这个人确实是个识时务的俊杰之才。

至正十五年七月初，朱元璋扩大自己声誉的时机已经成熟，便将太平路改名为太平府，并正式在太平府建立太平兴国翼元帅府，自任为"太平兴国翼大元帅"，任命陶安的侍主李习为太平知府，李善长为元帅府都事，陶安为参赞幕府，潘庭坚为帅府教授，客居太平的儒士汪广洋为帅府令吏。

得知朱元璋建立太平兴国翼元帅府后,江南元军将领蛮子海牙受朝廷之命,率领元军攻打太平。水军方面,蛮子海牙联合亲元义军元帅康茂才部开到采石矶附近的江面,截断朱元璋所部水上归路;陆军方面,蛮子海牙联合亲元义军元帅陈埜先部从陆路展开进攻,在陆路打击朱元璋所部。朱元璋得到密探报告后说:"诸位将领,我们应该怎样应对蛮子海牙?"

徐达首先说:"蛮子海牙已经连败两次,这次定是为报仇而来。我们应该先打败他的前军,挫其锐气。"邓愈接着说:"末将愿率领手下众将,依徐将军所言,破其前军,挫其锐气!"随后,李善长又献上一计说:"可派一员猛将绕到敌后,潜伏于襄城桥,等城中将士将陈埜先击退,再突然杀出,将其全歼。"

朱元璋采纳了诸将的建议,命徐达、邓愈二人率领几百精兵潜伏于襄城桥下,命常遇春率水师迎敌,命汤和、郭英、郭天叙、张天祐率领步卒在城门正面阻击敌军。

朱元璋刚刚部署完毕,元军前锋陈埜先就率领水路两军共两万人来攻打太平。陈埜先已与朱元璋多次交手,没占过便宜,深知朱元璋的厉害。这次他又抱着侥幸心理而来,心想,若能取胜就可以提升在朝廷中的地位。但是,阻击他的是两位久经沙场的大将汤和、郭英,二将各带一支人马从城门杀出。陈埜先根本没想到红巾军会主动出击,措手不及之中慌忙迎战。双方交战约半个时辰后,陈埜先见自己的队伍伤亡惨重,便忙下令后撤,以等待蛮子海牙率领的元军主力到来。陈埜先率部刚靠近襄城桥时,一支队伍拥着一员器宇不凡的大将杀出,此人就是邓愈。陈埜先惊诧之时,又见桥对面另一支队伍也拥着一员不同凡响的大将杀出,此人就是徐达。这两支红巾军浩浩荡荡地杀过来，陈埜先的队伍顿时乱了阵脚。为了保住性命，陈埜先只得手持长枪与邓愈交战。可交战不到十个回合，陈埜先就被邓愈用矛打落在地，并被红巾军生擒。

元军主帅蛮子海牙听说陈埜先被生擒，立即宣布撤军。

朱元璋见陈埜先是个勇士，可以为己所用，就劝说陈埜先依附于他。陈埜先早知朱元璋的英明果断，便说："只要我的部下得到保全和优待，我愿意向明主投降。"朱元璋答应了陈埜先的要求，因而顺利地收服了陈埜先，并授他以千户之职。

蛮子海牙撤军后，太平城得以保存，城中十多万军民为之振奋。

随后，朱元璋乘胜出击，接连攻占了芜湖（今安徽省芜湖市）、溧水（今江苏省南京市溧水区）、溧阳（今江苏省溧阳市）和句容（今江苏省句容市）。而接下来的目标，就是攻占集庆。

最初，朱元璋命张天祐统率红巾军攻打集庆。而此时，降将陈埜先请战说："在下承蒙主帅不杀之恩，愿意率领旧部为主帅效忠，前去进攻集庆。"朱元璋觉得应该给陈埜先一个立功的机会，同意陈埜先率部攻打集庆，但最终以失败告终。

至正十五年八月，朱元璋命郭天叙、张天祐率邵荣、赵继祖等嫡系大将在集庆外围作战，为攻打集庆做准备。红巾军率先在方山地区攻克了元将左答纳识里的营地，驻守此地的元军四处逃散。

至正十五年九月，郭天叙、张天祐率军从集庆东南的溧水、句容一带进攻集庆东城门。此时，降将陈埜先出现了摇摆。他跟随郭天叙、张天祐出征后，暗地嘱咐部下表面上装装攻击的样子，自己率领几千部下屯驻于板桥一带，偷偷与近邻的元将福寿取得了联系。同时，他又派人向朱元璋建议说："集庆城池，右环大江，左枕崇冈，三面据水，以山为廓，以江为池，地势险阻，不利于步战。依在下看来，不如采取长久围困之计，我军南据溧阳、东捣镇江，据险阻以绝其粮道，假以时日，集庆城就可以不攻自破。"

李善长马上对陈埜先的建议提出疑问说："陈埜先狡诈，难道他想要我们打持久战？"

朱元璋对陈埜先早就有所提防，便派人质问他为何要舍全胜之策，而采取迂回之计。

而此时，郭天叙急于抢先得到集庆，然后在集庆自立为王，他迫切向朱元璋求战，随后与张天祐率军直抵秦淮河。

为了防范张士诚的的红巾军，元军在集庆东面设有重兵把守，统军主帅是福寿。张天祐和郭天叙知道福寿是一个身材普通的蒙古将领，以为福寿统领的这支元军没有什么战斗力，心里有些许轻敌。两军交战时，福寿率领元军表现异常凶猛。福寿手持大刀奋勇拼杀，红巾军无人能挡。郭天叙与福寿交手，仅几个回合就知不是福寿的对手，便招呼张天祐联手与福寿交战。张天祐与福寿杀了十几个回合后，也觉得不是福寿的对手，便回马撤走。可走了不远，迎面遇到降将陈埜先。张天祐大喜过望，以为陈埜先是来接应的，不料陈埜先挺枪过来，对着他一顿猛刺，张天祐毫无防备，被刺中咽喉栽到马下身亡。

与福寿交战的郭天叙见张天祐被杀，勒马转身便逃，结果马被石块绊了一下，福寿趁机追赶过来，一刀劈下了郭天叙的脑袋。随后，福寿与陈埜先合兵一处，将红巾军杀得大败，伤亡近两万人。

郭天叙、张天祐所部见主帅阵亡，纷纷往溧阳方向奔逃，而陈埜先率部穷追不舍。当陈埜先追到葛仙乡（今江苏省句容县葛村镇）附近时，队伍已是人困马乏、饥渴难当。葛仙乡民兵头目卢德茂得知这一情况后，迅速组织起五十多人，穿着青衣埋伏起来，准备对陈埜先所部发起袭击。卢德茂假意带领几个村民持酒肉出村相迎。陈埜先不知是计，仅带十几个人先行进村。当他们走到离村子不到一里的地方，五十多个青衣民兵从道路两边杀出，持枪便刺，陈埜先所率的十几个人全部丧命。

朱元璋得知郭天叙、张天祐战死的消息后，表情无限悲戚地说："天叙呀天叙，我叫你别去，你偏不听，这可如何叫我向家人交代呢？"说着便放声大哭起来。在场的将领和郭子兴的旧部听了，也都情不自禁地哭了起来。李善长、徐达等人赶紧上前劝慰朱元璋，说郭天叙、张天祐之死不是元帅的错，而是他们不懂用兵咎由自取。朱元璋停止哭声说："这也是因为我不知兵，指挥有疏漏啊！"

对于朱元璋来说，郭天叙、张天祐及陈埜先被斩，无疑清除了心头的巨大隐患，此后，他便可以放心而专注地攻取集庆城。

03. 如愿占领集庆城

至正十五年（1355年）九月，朱元璋利用郭天叙急于攻取集庆而自立为王的心理，让他与张天祐率领红巾军进攻集庆，结果双双战死，等于变相清除了埋藏在他身边的隐患，同时又除掉了叛贼陈埜先，解除了他心中的疑虑。更重要的是，通过这次攻城，朱元璋摸清了守城元军的虚实。这次攻打集庆城，对于朱元璋来说，可谓一举三得。

郭天叙和张天祐死后，朱元璋接管了原属于郭子兴的全部人马。此时，元朝中丞蛮子海牙的水军，还在采石矶一带的江面上控制着红巾军南北两岸的联系。红巾军的家属都在和州，由于得不到在南岸征战的消息，家属们一直是人心不安。

至正十六年二月，朱元璋命红巾军水军将领常遇春率军进攻蛮子海牙的水军。为了与元军的大船对抗，朱元璋命人铸造了一批火炮，并将它们装到大船上，从而增强了远程作战能力。常遇春知道蛮子海牙水军实力强大，便避敌锋芒，设疑兵来分散元军兵力。元军见红巾军两处出击，只得一分为二加以应对，结果遭到常遇春主力的两面夹击。蛮子海牙凭借水军船大兵多的优势，对红巾军水军横冲直撞。起初，蛮子海牙赖顺风便于击射，压制了红巾军的进攻，而相持了半日后，风向转变，常遇春率领的红巾军顺风发射炮弹纵起火来，风助火势霎时间就把蛮子海牙的船缆烧断，船板也被烧着了。常遇春见状，指挥战船聚拢，红巾军将士乘势跃上元军大船，一阵乱砍乱剁，元军大败，约万人被俘虏，蛮子海牙改乘小舟率余部逃往集庆城内。至此，采石矶一带实现了南岸和北岸的通航，既稳定了南岸的军心，也稳定了北岸家属的心。

至正十六年三月初一，朱元璋亲率大军再次攻打集庆。三月初三，红巾军首先攻打陈埜先的儿子陈兆先所部。朱元璋统率大军来到集庆西南三十里的方山，屯驻在这里的陈兆先所部未做抵抗，营寨就被红巾军攻破，获得降兵三万六千多人。陈兆先的部将由于先前跟随陈埜先叛变，担心朱元璋会杀了他们，因此人心惶惶。为了安抚降军，朱元璋从中挑选五百名壮士作为自己的贴身卫队，由冯国用率领。晚上，朱元璋在这些贴身卫士的护卫下解甲酣睡直到天亮。降将们见朱元璋如此信任他们，立刻打消了顾虑，与红巾军一起投入攻打集庆的战斗中。

张士诚的队伍得知朱元璋前来攻打集庆，也趁机从南面向集庆城发起了猛烈攻击。

至正十六年三月初十，朱元璋令冯国用率五百降兵为先头部队，急行军至蒋山（今江苏省南京市玄武区紫金山，也称钟山）对元军发动突袭。这些降兵因受到了朱元璋的信任和重用，人人奋勇当先，一鼓作气攻占了蒋山。由此，红巾军形成了居高临下之势，集庆城已指日可得。

此时，朱元璋又命常遇春的水军主力从东南面增援。元朝中丞蛮子海牙率领的水师虽然逃到了集庆城内，但离开舟船已经失去了战斗力，集庆城内实际只剩下福寿所部在孤军作战。福寿率领元军拼死抵抗，誓不投降，攻城之战打得异常惨烈。常遇春的水军同时发动了强大的攻势，福寿所部渐渐支持不住，西门和南门先后被红巾军攻破。

红巾军攻破城池后，福寿仍不放弃抵抗，指挥元兵展开巷战。元军部将劝福寿尽快逃走，可他下定决心誓与城池共存亡。几个元兵甚至想拖着他走，都被他拒绝。最终，福寿被红巾军乱刀砍死。

集庆之战，元朝平章阿鲁灰、参政伯家奴及集庆路达鲁花赤达尼达思等人战死，御史王稷、元帅李宁等三百多人被俘；元军都元帅康茂才，苗军元帅寻朝佐、许成、刘哈剌不花，水军元帅叶撒及阿鲁灰部将完都等人率众归降红巾军。同时，多次与朱元璋红巾军交手的元朝中丞蛮子海牙投奔了张士诚。

朱元璋率领红巾军攻占集庆后，亲自召见元朝官吏和士绅代表，对他们说："元王朝腐败，导致干戈四起，我来到这里是为了替民消乱，保一方平安，你们不要担心害怕，希望你们像以前那样，各司其职、各尽其能地为百姓效力。我将礼用有才能的贤士，废除不好的旧政，不使官员贪暴殃及老百姓。"

朱元璋不仅对元朝官员十分宽大，对被俘的元兵也给予了厚待，尤其下令厚葬了元御史大夫福寿，以旌其忠。朱元璋的这些做法，让集庆城内的官吏军民都甚感欣慰，人心安定下来，城内的秩序迅速恢复。

随后，朱元璋将集庆路改为应天府，并设立元帅府，任命廖永安为统军元帅；任命赵忠为兴国翼元帅，镇守太平；并任用了夏煜、孙炎、杨宪等十余人。此时，朱元璋已拥有水、陆两军十万余人，每个方面军称为"翼"，领军将领称为元帅。此后，红巾军每攻克一个较大的城池，都设一翼，由各翼元帅行使军政大权。朱元璋还建立了帐前总制亲军都指挥使司，由亲信冯国用统率，下设前、后、左、右、中五翼，兵力为三万人，将亲信猛将精兵都划归这一系统。

至正十六年四月初的一天，红巾军中传出一个惊人的消息，徐达将军因纵军掠夺被抓起来，并说第二天午时三刻开刀问斩。

第二天上午，朱元璋将全军将士召到校场上，让刽子手将徐达押上断头台，由朱元璋亲自监斩。

午时一到，元帅府执法官宣布："徐达身为统兵大将军，不知管束将士，军中屡次发生欺压百姓、抢夺民财的事情，败坏红巾军的名声。为严明军纪，对徐达斩首示众！"

红巾军众将士一听，都吓得脸色惨白，一时不知如何是好。元帅府都事李善长硬着头皮给朱元璋跪下，为徐达求情："徐大将军作战英勇，屡立大功，当下军务紧急，正是用将之时，望元

— 88 —

帅宽恕于他！"

众将见状，也纷纷跪下为徐达求情。朱元璋腾地站起来，假装怒气冲冲地说："我们起兵是为了什么？"

众将士异口同声地回答："替天行道，除暴安民！"

朱元璋点点头说道："大家说得对，我们起兵反元，就是因为元朝官府欺压百姓。如果我们推翻了元朝，反过来又欺压百姓，不就和元朝官府一样了吗？"

李善长见朱元璋语气有所缓和，又乘机哀求道："徐大将军跟随元帅多年，战必胜，攻必克，劳苦功高，这一次就原谅他吧！"

朱元璋佯装沉吟半晌，然后指着徐达喝道："这次就饶了你，以后若再发生欺压百姓之事，定斩不饶！"说完，朱元璋拂袖而去。

徐达被松绑后，又恢复了大将军的威风，他当场宣布："以后打仗，一不许烧房；二不许强抢；三不许欺凌百姓；四不许调戏妇女。违者斩首示众！"

从此以后，徐达成了严于治军的典范。据《明史·列传》记载，徐达与士卒同甘共苦，"善拊循，与下同甘苦，士无不感恩效死，以故所向克捷"。据《明太祖实录》记载：徐达"与士卒同甘苦，士卒不饱不食饮，不营定不就帐。伤残疾病者，亲慰问，给医药。至有违令扰民，必戮以徇"。

过了几天，朱元璋带领徐达等诸将游览集庆城，不由心生感慨道："应天险固，古所谓长江天堑，真乃形胜之地也，而且这个地方仓廪实、人民足，我们今天既得此地，若诸位继续同心协力，何愁功业不成？"

站在一旁的徐达回应说："建功立业非偶然，今得此地，大概也是天授明公了！"

亳州的小明王韩林儿得知集庆城被朱元璋率领的红巾军占领后,封朱元璋为枢密院同佥,不久又封他为江南等处行中书省平章,封李善长为左右司郎中,以下诸将均晋升为元帅。占领集庆城后,朱元璋开创霸业的目标变得越来越清晰。到至正十六年七月,朱元璋置江南行中书省,自己兼总省事,行中书省下设参议、左右司郎中、都事,同时置行枢密院、理问所、提刑按察司、营田司等机构。在应天府,朱元璋已将军事、政治、经济等各方面的机构逐渐建立起来。此后,红巾军每占领一个地方即置行省,行省最高长官为平章政事,负责总揽军政事务。

04. 攻占镇江和常州

朱元璋占领集庆路并将其改称为应天府后,遂建立相应的政权机构,江南形势发生很大变化。在应天府东部,元将段武、平章定定(字伯安)据守镇江(今江苏省镇江市),青衣军首领张明鉴占据扬州;在应天府南部,元将别不花、杨仲英据守宁国(今安徽省宣城市),元将八思尔不花据守徽州(今安徽省歙县),元将石抹宜孙据守处州(今浙江省丽水市),元将石抹厚孙据守婺州(今浙江省金华市),元将宋伯颜不花据守衢州(今浙江省衢州市)。

此时,朱元璋清醒地意识到,要想使应天府成为自己成就霸业的大本营,必须将占领区域逐步向周边扩展,当务之急就是占领应天府的东北门户镇江。

就在朱元璋渡江攻城拔寨的同时，张士诚率领的苏北红巾军于至正十六年（1356年）二月渡江，首先攻占了常熟，进而攻占了平江（今江苏省苏州市），并改平江为隆平府，随后将大周迁都于此。张士诚定都隆平府后，改建承天寺作为王宫，置省、院、六部等中书机构，以李行素为丞相、张士德为平章、蒋辉为右丞、潘元明为左丞、史文炳为枢密院同知、周仁为隆平太守，并在承天寺中树碑录功。随后，张士诚乘势出击，不到两个月就接连占领了昆山、嘉定、崇明、松江、常州、湖州等地，东南许多富庶之地都成了张士诚的天下。

徐寿辉率领的蕲黄红巾军也东山再起，将天完国迁都于汉阳（今湖北省武汉市汉阳区），意图南略。

朱元璋的应天府处于张士诚的大周和徐寿辉的天完之间，既要面对强大的元军，也要面对实力不俗的地主武装，更要面对张士诚和徐寿辉两支红巾军。尤其是张士诚，一直致力于经略江南，朱元璋占领应天府后，必然与张士诚形成争斗的局面。

朱元璋认真分析了当前形势后，充分认识到如果张士诚攻取镇江，应天府的东北门户就会洞开，张士诚的红巾军就可以随时进攻应天府，因此，抢在张士诚之前攻占镇江至关重要。于是，朱元璋令徐达为统帅，汤和、张德麟、廖永安等大将各领兵马协同作战。队伍出征前，朱元璋叮嘱道："自起兵以来，我从来没有妄杀一人，现在命你们领兵前往，自然要好好体会本帅爱护百姓、优待俘虏的心意。你们要严格约束部下，城下之日不得焚掠、不得杀戮，有犯令者，处以军法；纵之者同罪，罚无赦。"

进攻镇江的红巾军大军出发后，朱元璋又觉得应该跟自己的盟友张士诚打个招呼，免得发生误会。于是，他派杨宪出使隆平，

— 91 —

劝说张士诚不要只顾争地盘，争得太多不容易守住，关键是既要守得住，又要治理好。朱元璋在给张士诚的亲笔信中写道："昔隗嚣称雄于天水，今足下亦擅号于姑苏，事势相等，吾深为足下喜。睦邻守境，古人所贵，窃甚慕焉。自今信使往来，毋惑谗言，以生边衅。"（《明史·列传》）意思说，从前隗嚣在天水称雄，现在足下也在姑苏擅立国号称王，你们事势相等，我深为足下高兴。守境睦邻，与邻邦保持友好，这是古人崇尚的美德，我心里十分钦慕。希望今后我们能够互通信使，不要被谗言迷惑，致使在友邻边境生出事端。

张士诚看到朱元璋的书信后，觉得朱元璋是在有意贬低他，心里非常愤怒，不但不回信，还扣压了使者杨宪，决定等待时机教训一下朱元璋。

据守镇江的元军根本不是红巾军的对手，朱元璋派出的徐达等几员大将很快就攻占了镇江，元军守将段武、平章定定等被红巾军斩杀。按照朱元璋的嘱咐，徐达等几员大将率领红巾军从仁和门入城时，军容非常整齐，城中秩序井然，百姓出入自由。朱元璋闻讯后，心里非常高兴，随即将镇江路改为江淮府，又增设了淮兴、镇江翼元帅府，令徐达、汤和为统军元帅。几天后，又增置秦淮翼水军元帅府，以俞通海为元帅，镇江由此成为了朱元璋水陆共治的战略要地。

至正十六年六月，朱元璋派邓愈攻占了广德（今安徽省广德市）。

张士诚得知朱元璋占领镇江的消息后，怒气冲天，立即决定发兵夺取镇江。至正十六年七月初三，张士诚的水军进抵镇江。

朱元璋令徐达率领三万大军迎击张士诚所部。双方交战不久，张士诚的水军就被徐达、汤和、俞通海的水军击溃。随后，朱元璋令徐达率部直取常州（今江苏省常州市境内）。

张士诚根本没想到朱元璋会反戈一击，急忙派三弟张士德率数万大军增援常州。结果，骁勇善战的张士德中了徐达的埋伏，负伤被捉，其部下四散逃窜。

张士德被俘后，张士诚非常沮丧，觉得来硬的不是朱元璋的对手，就派使臣孙君寿到应天府向朱元璋求和，表示愿意每年给朱元璋提供二十万石粮食、五百两黄金、三百斤白银，然后罢战弭兵，和睦相处。

但朱元璋根本不给张士诚面子，而是狠狠地敲诈了张士诚一笔。他在给张士诚的书信中提出："馈粮五十万石，当即班师。"张士诚被气得暴跳如雷，当即严词拒绝。而后张士德拒绝进食，最终被饿死。

张士诚担心守将吕珍守不住常州，立即令儿子张虬为先锋、四弟张士信为元帅、吕升祖为副将、赵得时为五军都督，共同统兵十万驰援常州。

至正十六年八月，由于从镇江收降的队伍中出现叛军，烧毁了粮草，导致徐达所部被困在牛塘谷。朱元璋得知消息后，立即令常遇春为元帅、吴良为先锋，领兵五万支援牛塘谷；令汤和为元帅、胡大海为先锋，率部夺取常州城。

由于张士诚不断地向常州增兵，常州城始终没有被朱元璋的红巾军攻破。

至正十六年十二月，徐达孤注一掷，把红巾军的几员战将都派上战场。派汤和、胡大海、郭英、张德胜四员大将继续围困常州；派常遇春、俞通海领兵一万，抄捷径到牛塘谷口埋伏；派赵德胜、廖永忠领兵一万，劫张士诚部将李伯升的老营；派邓愈、华高领兵一万，冲左突右地扰乱对方防线及后勤补给。不久，常州城中出现粮食恐慌，守城主帅吕珍屡次出城掠食都被徐达击退。至正十七年三月，围困了长达八个月之久的常州城，最终被徐达率领的大军攻占。

占领常州后，朱元璋改常州路为常州府，任命廖永安为行枢密院同佥、任命俞通海为行枢密院判官、任命常遇春为中翼大元帅、任命胡大海为右翼大元帅。

05. 夺取长兴和江阴

至正十七年（1357年）三月，朱元璋从张士诚的手中夺取了常州，让张士诚派大军攻取朱元璋占领的集庆（今江苏省南京市）变成了"偷鸡不成蚀把米"。从此，双方兵力在江南东线一带摩擦不断，而在南线一带争夺更为激烈。

朱元璋在督战徐达攻取常州期间，又将征战的目标锁定在了长兴（今浙江省长兴县）和江阴（今江苏省江阴市）。朱元璋觉得，长兴和江阴是江南的两个战略要地。长兴扼守太湖西口，是张士诚陆路通往西部的要道，占领了长兴就相当于阻断了张士诚步兵西进之路。江阴是长江岸边的交通要道，占领了江阴就相当于阻断了张士诚水师西进之路。只要占领长兴和江阴，就可以把张士诚的步兵和水师捆住，无法对朱元璋红巾军控制区构成威胁。

至正十七年二月，朱元璋派大将耿炳文、刘成攻打长兴。长兴守将是张士诚手下的骁将赵打虎。听说耿炳文领兵来攻，赵打虎带领三千铁甲军出来迎战。耿炳文与赵打虎势均力敌，两人斗了一百余回合不分胜负。当天天色已近黄昏，赵打虎提议双方暂时休战，回营寨各自休整明天再战。

第二天，耿炳文与赵打虎先是各自下马，手执武器步战了四五十个回合，不分胜负。随后，两人把手中的兵器一扔，开始空手格斗。一阵拳打脚踢之后，年轻气盛的耿炳文顺势将赵打虎扑倒在地，然后又把他扛起来摔出老远，摔得赵打虎两眼直冒金星。他的手下忙冲过来，把他抬回营去。耿炳文并未追击，鸣金收兵。

赵打虎受伤后，连夜率部撤到湖州。没有了赵打虎的抵抗，耿炳文顺利攻占了长兴，张士诚所部的水军守将李福、安答失蛮等率部归降。通过长兴之战，耿炳文缴获战船三百多艘。朱元璋随即将长兴改为长安州，设立永兴翼元帅府，封耿炳文为总兵都元帅。耿炳文纳儒士温祥卿于幕下，协助他防守长安州。

至正十七年四月，朱元璋采纳冯国用的建议，令徐达、常遇春等大将率军南下，攻打元军驻守的宁国。守卫宁国的元将是别不花，手下只有一名悍将叫朱亮祖，而负责协防的守将杨仲英、张文贵等人并没什么本事。

徐达率部攻打宁国城时，朱亮祖出城迎战，手中的一支长枪上下翻飞，令徐达的部下难以抵挡。徐达所部攻打多日，宁国城依旧岿然不动。心中焦虑的常遇春率众攻城，结果被朱亮祖属下射中左臂。常遇春咬牙将箭拔出，继续沿着云梯往城上爬。他手下的士兵受到鼓舞，都置生死于度外，纷纷争先恐后地往城墙上爬。朱亮祖立即命令守城元兵将滚烫的桐油当头浇下，登城的士兵都被烫了回来。徐达担心伤亡太大，急忙鸣金收兵。

朱元璋听说攻城将士受阻，星夜赶赴宁国。第二天一早，朱元璋将吴祯、周德兴、华云龙、耿炳文等四员大将叫到身边，嘱咐一番后让他们随驾出征。随后，他又对唐胜宗、陆仲亨等大将嘱咐一番，让他们带上几千步兵做先头部队。

两军对阵后，吴祯首先与朱亮祖交战几十个回合，然后转身便逃。朱亮祖随后追赶，周德兴提刀接战，战了一会儿也纵马便逃。华云龙再战，战了一会儿也纵马便逃。耿炳文出战时，朱亮祖对朱元璋实行的车轮战非常愤怒，将耿炳文追进了朱元璋的阵内。朱元璋随即让四将合力围攻，朱亮祖一人战四将渐渐有些体力不支，开始且战且退。就在朱亮祖快要回到城中时，唐胜宗和陆仲亨忽然杀出拦在马前。二人左右开弓夹击朱亮祖，对他的战马一顿乱砍，战马最终被砍倒，朱亮祖也摔倒在地。朱元璋的红巾军将士一拥而上，将朱亮祖捆起来。这是朱亮祖第二次被朱元璋俘虏，第一次是在太平之战中被朱元璋俘虏，但他随后又叛归朝廷。这一次朱亮祖大声对朱元璋说："你要是放了我，我就为你尽力，否则就杀了我，不必多言！"朱元璋亲自为朱亮祖松绑，从此他成为朱元璋的一员得力大将。

至正十七年六月，朱元璋派吴良、赵继祖、郭天禄等大将，率军攻打张士诚占领的江阴。张士诚听说朱元璋的红巾军前来攻打江阴，立刻派兵至秦望山加强江阴外围的防守。

在向江阴发起进攻前，吴良、赵继祖首先派行军总营王忽雷夺取秦望山。王忽雷率部奋勇冲杀，一举占领了秦望山这个制高点。第二天，王忽雷从山上放起火炮，江阴城中顿时陷入一片火海，吴良、赵继祖、郭天禄等大将率部趁势架起云梯杀进城中。

至正十七年七月，朱元璋派邓愈、胡大海率领红巾军攻打徽州，元军守将八思尔不花趁夜潜逃。朱元璋随后将徽州改为兴安府。胡大海率领红巾军一鼓作气,攻克了休宁城(今安徽省休宁县)。随后,朱元璋又派徐达、常遇春从张士诚手中夺取了常熟(今江苏省常熟市)。

至正十七年十月,朱元璋派常遇春从天完国红巾军手中夺取了池州(今安徽省池州市);派缪大亨从青衣军元帅张明鉴的手中夺取了扬州。

就在朱元璋地盘迅速扩大之时,张士诚却遭到了致命性的打击。至正十七年八月,元廷命归附朝廷的红巾军首领方国珍,率领五万大军进攻昆山征讨张士诚,张士诚命史文炳、吕珍率七万水师迎战,结果大败而归,方国珍七战七捷后直抵昆山城下。张士诚损兵折将后,只得派使者向元廷请降。元廷接受了他的请降,封他为太尉。张士诚实力的削弱为朱元璋加快夺取张士诚所占地盘形成了军力上的优势,而张士诚归降朝廷后,也让朱元璋攻打张士诚更加名正言顺。

06. 略施小计得池州

就在朱元璋与张士诚在江南东线及南线一带为抢夺地盘而不断交战之时,徐寿辉的天完国出现了严重的内讧。至正十七年(1357年)八月,天完国丞相倪文俊意欲除掉徐寿辉而自立为王,结果事情败露,只好率部从汉阳(今湖北省武汉市汉阳区)逃往黄州(今湖北省黄冈市黄州区)。驻守黄州的天完国大将陈友谅,是倪文俊一手提拔的亲信大将。五年前的至正十二年，陈友谅就成为倪文俊属下的领兵元帅，为倪文俊攻下了近百座城池，斩杀俘获元军数十万。但让倪文俊没想到的是，陈友谅借机斩杀了倪文俊，不仅兼并了他的军队，还自封为天完国的平章政事，一跃成为在天完国内部地位仅次于徐寿辉的二号人物。

陈友谅的父亲虽然是个平民百姓，但看得较远。为了改变儿子的命运，他省吃俭用供陈友谅读书。一天，一个江湖术士看到陈友谅家的祖坟后，说："风水很好，当出贵人！"就是术士的这句话，让陈友谅暗喜万分，更加发奋读书，后来学有小成，在县衙里当了一名小吏。

徐寿辉起兵反元时，不满足于当一辈子小吏的陈友谅马上投笔从戎，加入红巾军。起初，陈友谅在倪文俊手下当一名文书，后来就成了倪文俊手下的领兵元帅。陈友谅斩杀了倪文俊后，取代了他的位置。

至正十八年正月，陈友谅率部从汉阳顺江东下，攻打安庆（今安徽省安庆市）。安庆是由汉阳通往应天的要塞，由元朝淮南行省左丞余阙率领元军驻守。余阙进士出身，曾做过元朝的翰林修撰，参加了由丞相脱脱主持的《辽史》《金史》《宋史》的编写工作，是个地道的文官。元末时期，他弃文从武为朝廷镇守安庆。陈友谅攻打安庆时，余阙率部拼死抵抗。正月初七，安庆被陈友谅所部攻破，余阙自刎而死，他的妻子和一儿一女投井自尽，城中千余兵民也自焚而死。安庆之战，成为元朝末年守城军民为朝廷殉难的悲壮战例。

此前的至正十七年七月，朱元璋派常遇春从天完国红巾军手中夺取了池州（今安徽省池州市），并斩杀了天完国红巾军守将洪元帅，这成为陈友谅与朱元璋交战的充足理由。

陈友谅攻占安庆后，随即就将攻击的目标确定为池州。陈友谅深知，池州是天完红巾军南进的必经之路，必须从朱元璋的手里夺回来。至正十八年四月初，陈友谅派手下猛将赵普胜率军攻打池州。赵普胜曾于至正十五年六月在巢湖口归附过朱元璋，后来又归附了徐寿辉成为陈友谅麾下。赵普胜突袭池州，擒杀了朱元璋手下大将赵忠，而后又袭扰太平。朱元璋派徐达等大将迎战，双方开始了长达一年的交战，互有胜负。

至正十九年四月，朱元璋派行枢密院判官、水军元帅俞通海率水师突袭赵普胜的栅江大营，再次夺回池州。赵普胜又调兵遣将，不惜代价将池州夺了回去。陈友谅占据池州一带，相当于控制了长江中游两岸，给占据长江下游一带的朱元璋带来很大的威胁，尤其直接威胁到应天府的安全。

至正十九年重阳节，朱元璋率领文官武将一同登览钟山。望着秋天美丽的景色，文官武将无不心潮澎湃，一路观赏风景，一路纵论天下。与一行文武大臣形成鲜明反差的是朱元璋，他只是默默地迈着步，一言不发地思考着什么。走着走着，他忽然将文官武将招呼到他的身边，对他们极目巡视一番，然后开口说道："诸位，应天确实是一个虎踞龙盘的地方，我们能够在这里安身，是何等的幸运！但是，眼下的应天可谓是危机四伏，北有朝廷重兵，南有方国珍，西有陈友谅，东有张士诚，我们这叫四面受敌啊！如果我们苟且偷安，到头来必将死无葬身之地。从当前的处境考虑，我们不能仅仅据守应天，而应以此为立足点，全力向周边扩展，这样才能自保。诸位今天的心情都不错，你们觉得今后应该采取怎样的扩展方略？"

大将邵荣说:"主公,元朝无道,凌辱汉人,天下英雄举义都是为了推翻元朝统治,我们可乘大宋小明王北伐之余威,再举重兵北伐,直捣元大都(今北京市境内)和元上都(今内蒙古锡林郭勒盟境内),若成功必令群雄敬服,主公便可称王称帝,号令天下。"

朱元璋听了,摇了摇头说:"此办法不妥。元朝廷虽然荒淫贪暴,人心尽失,但兵多将广,我们目前还不具备与之抗衡的实力。更何况元朝即使退出政治舞台,天下也未必能够迅速一统,实现太平。"

李善长说:"主公,我们应该重点往西征伐扩展,因为西部一带实力较强的军队只有徐寿辉的天完红巾军,而且西边的地盘较大。"

朱元璋又摇了摇头说:"现在天完红巾军由陈友谅主掌兵权,他将天完国扩展的目标放在了江南的富庶之地,而且占据湖广、江西各州县,地广粮足,并占据应天上游,已得地利。我们如果与他公然相争,一定是两败俱伤。"

徐达说:"主公,我们的将士大多都是淮西人氏,可乘大宋丞相刘福通北上征伐之际,也举兵北上,夺取淮北之地。"

朱元璋还是摇了摇头说:"现在,淮北、淮西、豫东都是刘福通的地盘,你身为大将,为何如此不明大义事理呢?我既已奉大宋的龙凤年号,理应臣服小明王,如果我们去攻打刘福通,就是犯上作乱,就变成了乱臣贼子,就得被人人诛之。刘福通在北面与元军激战,挡住了元军主力,我们借机得以休养生息,然后再谋求发展。"

冯国用说:"主公,现在天下大势尚不明朗,敌友难分,而我们又羽翼未丰，所以不一定要急于去跟谁争胜负，无端树敌，而是要选择我们的急需之地和必争之地去争，以经营要地为目标。比如占领上游的池州、东南的处州（今浙江省丽水市）等，从而跳出张士诚的所占区域向外围扩展。"

朱元璋听了，面露微笑地说："诸位所说都有一定道理，可惜没有着眼全局，统筹大势。我们因义而不能攻刘福通，因力而不能攻陈友谅，因远而不能攻方国珍，除此之外，唯有张士诚与我们比邻而居，尽占江南富庶之地，近而易攻。不久前他投靠了朝廷，这就给了我们充足的攻打理由，我们可以名正言顺地去攻打他。但在相当长的时期内，我们都必须以据地为主，而不图打败谁。要由近及远，先弱后强，削弱对手，从而拓展地盘，发展自己。"

朱元璋的一番话，让在场的文官武将无不茅塞顿开，从心里赞佩朱元璋的远见卓识。朱元璋变得心情大好，与文官武将一起来到山中道观内，一边饮酒，一边赏菊。酒至半酣之时，朱元璋不觉诗兴大发，便作了一首《咏菊》：

百花发时我不发，我若发时都吓杀。
要与西风战一场，遍身穿就黄金甲。

这首诗的意思是：春天百花齐放的时候，菊花却不开，等到秋天菊花盛开以后别的花早都凋谢了。这盛放的菊花要与秋风战上一场，落在地上的花瓣像是给大地穿上了黄金甲一样。

重阳节过后，朱元璋心生一计，派亲信携重金到安庆，劝说陈友谅让出池州，并使离间计说池州守将赵普胜有自立之心。赵普胜不知道自己被人算计，几次接待陈友谅来使时，都扬扬自得地大夸自己的功劳，摆出了舍我其谁的架势。陈友谅反复琢磨着朱元璋使者的话，疑心越来越重，进而动起了除掉赵普胜的念头。

至正十九年九月下旬，陈友谅以与赵普胜会师为名，率领大军从江州（今江西省九江市）来到安庆。赵普胜没有任何心理准备，跨上陈友谅的战船快步上前见礼。就在他跪下的一刹那，脑袋被砍落在地。

赵普胜被斩杀后，朱元璋派徐达、俞通海在贵池（今安徽省池州市境内）、青阳（今安徽省青阳县）一带设下埋伏，打了陈友谅一个措手不及，一举夺取了池州。

同时，朱元璋派常遇春率军攻克了衢州（今浙江省衢州市），俘虏了元将宋伯颜不花。朱元璋随后改衢州路为龙游府。至正十九年十一月，朱元璋派胡大海攻占处州，元将石抹宜孙败逃。至此，朱元璋江南政权的辖区得以巩固和扩大。

07. 九字良策明方向

到至正十九年（1359年）底，朱元璋与归附朝廷的红巾军两大首领张士诚、方国珍，在江南区域形成了三足鼎立之势。朱元璋控制浙西较为贫穷的四个府，张士诚控制浙北较为富庶的四个府，方国珍仍控制浙东沿海旧地。

对待占据的城池和地域，朱元璋在方式、方法上与张士诚和方国珍有着明显的不同。张士诚和方国珍都侧重于守得住，而朱元璋不仅重视守得住，还非常重视精心治理，确保社会稳定和百姓平安。

为了守好江阴（今江苏省江阴市），朱元璋封吴良为常州枢密分院院判，专门负责镇守并治理江阴，从而在张士诚的眼皮底下钉了一颗钉子。朱元璋嘱咐吴良说："江阴是我们的东南屏障，你一定要约束士卒，谨守城池，切记不要与外界结交，不要接纳逋逃，不要贪图小利，不要与敌争锋。你的主要任务就是保境安民、固守城池。"吴良谨记朱元璋的嘱咐，严格训练部队，每天晚上都睡在城楼上，事必躬亲，从不懈怠。闲暇时，他延请儒士讲授经史，并兴学校、开屯田、安民心。吴良镇守江阴十年，将江阴城整治得如同铁桶般牢固，深得军民的爱戴，也牢牢地扼住了张士诚的咽喉。

朱元璋派邓愈镇守徽州（今安徽省歙县），即兴安府。朱元璋嘱咐邓愈，让他每到一地都查访名儒。至正十八年冬，当邓愈得知名儒朱升很有学问时，便快马传书报告给朱元璋。朱升，字允升，学者称枫林先生。幼年时，曾跟随著名学者陈栎学习朱子之学。朱子就是南宋大儒朱熹。至正四年，朱升登乡贡进士第二名，后出任池州学正①，秩满隐居于家乡石门山，闭户著书不辍。

朱元璋接到邓愈的报告时，正准备率领十万大军攻打婺州（今浙江省金华市）。亲征婺州，目的有三个：一是显示对婺州势在必得的决心；二是显示迅速解决浙西问题的决心；三是为了给盘踞于浙东的方国珍等部以强大的威慑。朱元璋得知邓愈寻访到了多位名儒后，心里非常高兴，也非常急切地要见到这些名儒。于是，

---

① 学正：文官官名，掌执行学规，考校训导。元除国子监外，礼部及行省、宣卫司任命的路、州、县学官亦称学正。

朱元璋决定先赴徽州拜访名儒，率军攻打婺州延缓几日。

到了婺州，朱元璋不顾途中劳累，立即让邓愈把唐仲实、姚琏等诸位名儒请来，向他们了解民情。

朱元璋说："自天下丧乱以来，老百姓多失生业，人人都渴望天下能够大治，就如一个渴极了的人对于水的盼求一样，这些我们都是知道的。"

唐仲实说："回主公，自从大军克复此地，老百姓也算是得到了归属。"

朱元璋又问："邓愈将军在这里修筑城防，老百姓有什么怨言吗？"

唐仲实说："很有怨言。"

朱元璋说："筑城是为了大家的安全，老百姓怎么会有怨言呢？一定是邓愈过于心急，才激起百姓不满。如果是这样，那从今天起停止修筑城防。我听说您博古通今，必然熟谙古今成败兴亡的缘由，如汉高祖、光武帝、唐太宗、宋太祖、元世祖这几位英武君主，他们的方法是怎样的呢？"

唐仲实说："主公如此抬举，鄙人十分惶恐。这几位君主都不滥杀无辜，故能一统天下，此为常理。若要谈论戡乱治平的大道，恐怕还是枫林先生最有见地。"

听到唐仲实这样评价朱升，朱元璋决定像刘备请诸葛亮出山那样去拜见朱升。第二天天还不亮，朱元璋便在邓愈陪同下，微服赶往朱升的家乡石门山。

朱元璋一行来到石门山后，见石门山上有一个大户人家正在上梁，周围的人非常多。房屋的中柱上贴着一副很有趣的对联，上联是"竖柱喜逢黄道日"，下联是"上梁正遇紫微星"，横批是"吉星高照"。朱元璋上前询问道:"上梁的这个日子是谁定的?"主人说:"这个日子是朱老进士定的,梁上的对联也是他写的。"

随后,朱元璋在山人的指引下来到了一间茅庐前。他跳下马,整了整衣冠,便亲自去叩柴扉。朱升的夫人开门答礼说,先生人在石门。

朱元璋牵着马,步行来到石门,远远就看见一个四十多岁的儒士从屋里走出,衣冠虽然整齐,可一只靴子却忘了穿,光脚套一只布袜踏在地上像是未察觉。他一边迎出门来一边说:"早知明公会来,却未料到会亲临石门。不曾远迎,还望恕罪。"

朱元璋立即谦恭地拱手说道:"朱先生学问天下皆知,万人敬仰,即便是三顾茅庐,也不足以表明我心之诚,何况只是到了这并不偏远的石门。"

朱升闻言十分感动,连忙跪拜说:"早知明公兴仁义之师,所向无敌,迂儒何其仰慕。今日有劳明公远道来访,得慰仰慕之情,真是三生有幸,荣耀之至!"

朱元璋赶紧扶起朱升说:"乱世虽然豪杰群起、英雄辈出,却少有高瞻远瞩、定鼎天下之谋士,皆不知修法度以明军政,所以不能成功。而朱先生若肯走出石门,定有挥洒经天纬地之才的机会。"

朱元璋与朱升并肩步入室内便直奔主题,向他请教夺取天下、安定邦本之计。

朱升分析了一番天下大势,然后非常凝重地说:"我思虑日久,已为明公想好了一策,概而言之,仅九个字而已。"

朱元璋听说朱升已经为他想好了九字良策,不由得心潮澎湃,激动不已,遂洗耳恭听。

朱升说:"这九个字就是:高筑墙,广积粮,缓称王。"

朱元璋抑制住心头的激动,恭敬地问道:"请教先生,这'高筑墙'是不是要我建立自己的根据地,建筑好防御工事,巩固自己的管辖地区,苦练内功,增强实力?"

朱升点点头说:"明公果真英明,所见极是。"

朱元璋说:"这'广积粮'是否要我准备好应付长期战争的物质条件,多存粮草,以备日后之需;兵马未动,粮草先行;手中有粮,心中不慌?"

朱升敬佩地点点头说:"英明,英明!"

朱元璋说:"这'缓称王',是否要我继续臣服小明王,不要另立旗号,以免树大招风,成为众矢之的,而是韬光养晦,暗中发展壮大自己?"

朱元璋的话音刚落,只见朱升"扑通"一声跪倒在地,连连叩头说:"真乃明主啊,天下苍生之大幸啊!"

朱元璋喜出望外,赶紧扶起朱升。从此,朱升成为朱元璋的参谋,后来成为明朝开国谋臣,官至翰林学士,也是元末明初著名的军事家和文学家。

离开石门山回到徽州后,朱元璋在率领十万大军攻打婺州时,朱升又悄悄地送给朱元璋十四个字:"杀降不祥,唯不嗜杀人者,天下无敌。"

朱元璋亲临婺州前线后,将劳苦功高的大将胡大海由枢密院判封为佥枢密院事,然后命人前往婺州招降,但守城的元军不肯投降。朱元璋并不急于攻城,而是想出了一个围城打援的计策。朱元璋命手下将士首先攻打援军,从而切断了婺州与外围的联系。随后,石抹宜孙被胡大海赶跑,婺州城里随之人心浮动。不久,朝廷枢密院同金宁安庆、都事李相打开城门向朱元璋大军投降。朱元璋命大军冲入城中后，浙东廉访使杨惠、婺州达鲁花赤僧住等元将宁死不降，均被斩杀，南台侍御史帖木烈思、院判石抹厚孙等元将被俘。

攻占婺州后，朱元璋将婺州改为宁越府，后来又改为金华府，并将其地置浙东行省。在省门两边树起了两面大旗，朱元璋在上面写下了一副对联，上联是"山河奄有中华地"，下联是"日月重开大宋天"。旗旁又各立一柱，上面也篆刻着朱元璋写的一副对联，上联是"九天日月开黄道"，下联是"宋国江山复宝图"。显然，朱元璋已公开举起了复宋的旗帜。

08. 经略金华根据地

至正十九年（1359年）初，朱元璋处理完宁越府（今浙江省金华市）的相关事务后，带着朱升回到了应天府。随后，他就召集文武百官共商经略江南浙东之策。

此时，朱元璋已经围绕应天府建立了一定规模的根据地，但他深知，要想使已经建立的根据地得以巩固和扩大，就必须有相应的措施加以保证，既重视政权的建立，又重视政策的出台，在抓好军事行动的同时，也要抓好民事管理。因此，朱元璋对文武百官说："元朝君主失道，天下一片混乱，中原群雄割据，民怨四起，生灵涂炭。我们都曾经是濠州（今安徽省凤阳县）的平民百姓，那时进不能向上发展，退不能自保安定。过去，我们起兵只是为了谋求生存而已，但自渡江以来，我们已经有了救民之心。现在，基业虽然初创，但欲扫平天下救民于水火，还需诸公同心协力。如果我们能够如愿夺得天下，诸公个个都是开国功臣，必被封妻荫子，何愁得不到富贵？诸公一定知道，现在天下之强当属陈友谅，天下之富当属张士诚，而我们既不强又不富。因此，我们必须一边向浙东富庶之地进军，一边做好对现有地盘的治理，招贤才，设机构，立法度，安民心，固邦本。"

朱元璋的话让在场的文武百官群情振奋，随即纷纷发表意见，最终确定了一边治理浙西、一边挥师东进的发展策略。

宁越为军事要冲之地，东西南北四通八达。朱元璋巡视了宁越周围地形后，决定把宁越作为夺取江浙地区的根据地。

有一天，朱元璋接到探子密报，说一位叫黄一夫的亲兵在一家商铺强拿了一双袜子和一双布鞋，商铺老板敢怒不敢言。朱元璋听了勃然大怒，立即下令将跟随他多年、为人勤谨，且让他非常满意的黄一夫抓至中军帐内。

见到朱元璋后，黄一夫早已吓得面无血色。

朱元璋气愤地质问道："你跟随我多年，应知军纪如山，为何掠劫商铺财物？"

黄一夫哆哆嗦嗦地讲明了事情的原委。原来，黄一夫家中的老父亲病重，手中仅有的几两银子都捎回了家中。如今自己脚上的鞋袜都已破烂不堪，但一直无钱购买，便从商铺取了一双鞋袜。他原以为这只是小事一桩，但看见朱元璋愤怒的脸色，才知大事不妙，吓得连连告饶。朱元璋让黄一夫脱下鞋袜，见鞋袜前后都磨出了洞，里面还湿漉漉的。时值隆冬，朱元璋不禁心中一动，没想到在外征战多年的兵士竟是这般寒苦。但他还是含泪说道：

"尽管事出有因，但法不容情，我不得不拿你这颗脑袋来号令三军。你怨我恨我都随你，但我对谁都无法网开一面。"黄一夫被拉出去斩首后，朱元璋命帐中亲兵在城内及军营张贴告示，同时，又悄悄派人为黄一夫家中送去了五百两银子。

由于兵荒马乱，朱元璋的队伍也会闹粮荒。于是，他采纳一个叫王宗显的人提出的"屯田"建议，在军中推行。他下令负责应天府保卫的队伍大量种植蔬菜，这一办法既可以磨炼士兵吃苦耐劳的精神，又可以让他们有所收获。为了推广"屯田"制，朱元璋还派康茂才为营田使，到城池驻军中进行监督指导，促进"广积粮"策略的创新落实。

临行前，朱元璋再三叮嘱康茂才说："我们设官都是为了老百姓好，而不是去妨害他们。如果官吏出现扩建馆舍、迎来送往之类的扰民、害民举动，那绝不是我的本意，你要好好体会我的一番苦心啊！"

至正十九年十一月，朱元璋下令设立管领民兵的万户府一职，他说："古来就讲究寓兵于农，有事则战，无事则耕，耕作的闲暇则讲武事。而今兵争之际，当因时制宜，在已经平定的郡县中，民间自然不乏武勇之才，应当对他们精加简拔，编入地方军队中。设立民兵万户府，正是为了统一领导他们。"

为了树立一个榜样，从而扩大自己的影响，朱元璋选定将宁越府建成一个军事行动与民事管理共同推进的模范区。因此，朱元璋将宁越府改为金华府，除设置金华翼元帅府这样的军事机构外，还选拔金华七县的富民子弟来充当自己的宿尉，名叫"御中军"。其实，御中军有明显的充当人质的意思，目的是为了防止富民煽动作乱。

朱元璋早知金华地区人才济济，因此他宣布："贤人君子有能相从立功业者，吾礼用之。"就这样，范祖干、叶仪等名儒被朱元璋召至帐下。

朱元璋面见范祖干时问道："敢问先生，治道当以何为先？"

范祖干举起手中的《大学》说："不出乎此书。帝王之道，自修身齐家，以至于治国平天下，必上下四旁均齐方正，使万物各得其所，而后可以言治。"

朱元璋说："圣人之道，所以为万世法。我自起兵以来，号令赏罚一有不平，何以服众？来日武定祸乱，文致太平，想是贯彻此道无疑了。"

后来，胡大海又向朱元璋推荐了饱学之士宋濂。宋濂，初名寿，字景濂，号潜溪，别号龙门子、玄真遁叟等。朱元璋将宋濂请来后，任命他为五经师[①]。

不久，朱元璋又将名儒许元、叶瓒玉、胡翰、吴沉、汪仲山、李公常、金信、徐孳、童冀、戴良、吴履、张起敬、孙履等十三人召入自己的幕府，每天轮流叫两个人与他共同进餐，为他讲解经史、敷陈治道。

朱元璋在全力攻打张士诚所占城池时，对距离较远的方国珍则采取安抚拉拢之策。在治理金华府期间，朱元璋派出主簿蔡元刚、儒士陈显道前往庆元（今浙江省宁波市）诏谕方国珍，确保与方国珍平安相处。方国珍本身就是一个素无大志的人，对自己能够控制东南沿海渔盐资源区域已是心满意足，因此与朱元璋并无纷争。

[①] 五经师：教授五经的学官。

当陈友定和张士诚觊觎方国珍的地盘时，深感威胁的方国珍便派使者奉书拜见朱元璋，表示愿合兵共灭张士诚，同时奉送黄金五十斤，白金一百斤，金织、文绮百段。但朱元璋没有答应方国珍的请求。不久，方国珍又派使者拜见朱元璋，说如果联合打败张士诚，愿将自己占有的温州（今浙江省温州市）、台州（今浙江省台州市）及庆元（今浙江省庆元县）三路献给朱元璋，并以次子方关作为人质。

朱元璋深知方国珍是一个首鼠两端的人，对朝廷更是时降时叛。于是，朱元璋将人质和金银物品都退了回去，而且让使者带话说："我正四方征讨，所需的是文武贤才，所用的是谷粟布帛，至于宝玩并不是我所喜欢的。你既诚心结盟，便应推诚相交，当如青天白日，明明白白，何必互相怀疑而要用儿子作为人质呢？"

其实，朱元璋根本不打算与方国珍合作，也不想马上与方国珍为敌，而是用这种办法稳住方国珍。稳住方国珍后，朱元璋派自己的外甥李文忠和大将邓愈攻取建德后，一路将败退的元军追击至淳安（今浙江省淳安县），共缴获战船三十艘，俘虏元军三千人。元朝江浙行省左丞杨完者从杭州率领苗军攻打淳安，被李文忠和邓愈击败。李文忠率兵乘胜东进，攻占了浦江（今浙江省浦江县）。杨完者再次率领苗兵数万人攻打浦江，被李文忠击退。杨完者败退到杭州后，元军发生内讧，杨完者被杀，为朱元璋攻夺杭州清除了一大障碍。随后，他的部将黄宝、蒋英等率三万驻守桐庐的苗兵投奔了李文忠。

第四章 幸得奇才，精心策划开新局

01. 喜得谋士刘伯温

至正十九年（1359年）十一月，朱元璋派红巾军大将胡大海攻打处州（今浙江省丽水市），元朝将领石抹宜孙败逃。朱元璋大军不仅占领了处州，还如愿得到了谋士刘伯温。

刘伯温，名基，字伯温。他博学多才、智谋高超，是一位超凡之人。元武宗至大四年（1311年），刘伯温出生于南田（今浙江省文成县），父亲刘爚曾任遂昌（今浙江省遂昌县）教谕①。据明朝南京兵部尚书张时彻所撰的《诚意伯刘公神道碑铭》记载："年十四，入郡庠②，师受《春秋》，未尝执经诵读，而默识无遗。辩决疑义，出人意表。为文辄有奇气。诸家百氏，过目即洞其旨。"意思是，十四岁时入郡庠读书，从师习《春秋》，未曾诵读过，就已经熟记如流，而且还能根据文义阐发精深奥妙的道理，能言

---

① 教谕：官名，元朝于县儒学及医学置。儒学由任满并考试合格之直学选充，任满后考查合格者再升学正、山长。

② 郡庠：府学，地方官办学校。

前人所未言。老师见此大为惊讶，以为他曾经读过，便又试了其他几段文字，刘伯温都能过目而识其要。

在郡庠读书期间，刘伯温结识了紫虚观道士吴梅涧。吴梅涧是个仁德长者，热情好客；少年刘伯温聪颖过人，谦逊懂礼，两人结成了忘年交。他们同游紫虚山水，吴梅涧不但为刘伯温介绍处州的风土人情，还常以酒饭菜肴招待他，让刘伯温深为感动。

元顺帝至顺四年（1333年），刘伯温到大都（今北京市境内）参加会试，中三甲第二名进士，深得名流赏识，被称为"诸葛孔明之俦"。（后）至元二年（1336年），被任命为高安县丞。后来，刘伯温又先后担任江西行省掾史、江浙儒学副提举、行省考试官、行省都事、行枢密经历①、行省郎中、处州路总管府判②等官职。但无论担任什么职务，身负不世奇才的刘伯温始终与人不相和睦。

至正十二年，浙东一带匪盗群起，其中势力最大的是海盗方国珍。刘伯温被朝廷起用为正七品江浙行省元帅府都事，帮助当地政府平定方国珍。江浙行省左丞帖里帖木儿主张招安方国珍，而刘伯温认为方氏兄弟首乱，不诛无以惩后。方国珍十分害怕，以重金贿赂刘伯温，但刘伯温不为所动。于是方国珍派人到京城以重金贿赂朝中大臣，终被招安。至正十三年，刘伯温因方国珍一事被朝廷扣上"伤朝廷好生之仁，且擅作福威"的帽子，不仅被罢官，还被羁管于绍兴。

在被羁管期间，四十二岁的刘伯温纵情山水，写下了不少关

---

① 经历：官名，元朝置于枢密院、诸大都督府、通政司、都察院等衙署，执掌出纳文书等事宜。

② 总管府判：官名，参决民政或兼捕盗之事。

于绍兴的游记,享受了一生中一段难得的轻松时光。但至正十六年春,刘伯温离开绍兴,出任江浙行省枢密院经历,与枢密院判官石抹宜孙等同守处州。

来到处州后,刘伯温虽然守土功大,但朝廷仅封他为处州路总管府判,没有兵权。据明朝学者过庭训所著的《本朝分省人物考》记载:"敕书至,基于中庭设香案,拜曰:'臣不敢负世祖皇帝,今朝廷以此见授,无所宣力矣。乃弃官归田里。'"他弃官归田隐居南田山下,不是他不愿为朝廷效力,而是他觉得朝廷不重视他,让他无法干一番惊天伟业。

刘伯温辞官不到一年,朱元璋就攻占处州,元朝守将石抹宜孙败逃。朱元璋任命孙炎为处州总制官,并派孙炎请刘伯温出山。

至正二十年春,孙炎拜访了隐居在青田县武阳村的刘伯温,表达了请他出山为朱元璋效力的意愿。

刘伯温虽归隐乡间,但对天下大事了然于胸。此时,北方打着小明王旗号的数支红巾军遭到元军围剿,已经锋芒不再。朝廷派出最凶狠的两支军队,一支由扩廓帖木儿率领,另一支由孛罗帖木儿率领,对刘福通所部的红巾军加以围剿,大宋辖区迅速缩紧,已呈强弩之末。南方的张士诚虽已归降朝廷,但并非真心归附,而是权宜之计,手握重兵,坐拥杭州、绍兴、江淮、徐州等要地,地盘依然很大。天完国的徐寿辉和陈友谅看似珠联璧合,实则貌合神离,陈友谅暂时屈居于徐寿辉之下,迟早将取而代之。方国珍虽然实力最差,但眼下还是不可小觑。朱元璋以大宋名义打着小明王旗号行事,不声不响地发展壮大自己,手下谋士及战将如云,已将应天府作为称王之地。

早在十几年前,刘伯温在淮北云游时,就曾与朱元璋有过一面之缘，对这位放牛娃的奇貌印象极为深刻，从他身上感受到了天子之气。如今，刘伯温更加感受到朱元璋必成大器，理所当然应该辅佐于他。但刘伯温觉得，自己毕竟曾是朝廷官员，君虽无道，臣不改节。旧主犹在，却又投奔新主，无异于背叛。因此，孙炎第一次拜请被刘伯温婉言拒绝。

孙炎知道，要请刘伯温出山，非下一番苦功不可。因此，他第二次拜请刘伯温时，不仅带上了刘伯温的两个好友叶琛、章溢，还带上了胡深的亲笔信。胡深虽是武将，却颖异有智略，通经史百家之学，也是刘伯温的好友。刘伯温看完胡深的信后，长舒一口气说："看来大家都已归于一处，现在就剩我一个人了。"于是，他将自己的一把宝剑送给孙炎。几天后，孙炎还回了宝剑，并附了一首题为《宝剑歌》的诗："宝剑光耿耿，佩之可以当一龙。只是阴山太古雪，为谁结此青芙蓉。明珠为宝锦为带，三尺枯蛟出冰海。自从虎革裹干戈，飞入芒砀育光彩。青田刘郎汉诸孙，传家唯有此物存。匣中千年睡不醒，白帝血染桃花痕。山童神全眼如日，时见蜿蜒走虚室。我逢龙精不敢弹，正气直贯青天寒。还君持之献明主，若岁大旱为霖雨。"刘伯温看完诗后，觉得孙炎、宋濂、叶琛、章溢、朱升、胡深等人都投奔了朱元璋，心甘情愿地为朱元璋效命，我为什么不能呢？思索良久，刘伯温终于答应与朱元璋见面。

至正二十年二月，朱元璋在应天府接见刘伯温。见到刘伯温后，朱元璋问道："先生能作诗吗？"刘伯温回答说："吟诗作对，是读书人的雕虫小技，我略知一二。"朱元璋便指着手中的斑竹筷子，让刘伯温即兴赋诗。刘伯温随口吟道："一对湘江玉并看，二妃曾洒泪痕斑。汉家四百年天下，尽在留侯一借间。"刘伯温引用"借箸"的典故来自比张良,既紧扣了咏筷这一题目,又气势雄伟,胸中的抱负和非凡的才情一览无余。朱元璋听后,不由心中大喜,对刘伯温的印象更为深刻。

朱元璋随后问道:"我已经招降方国珍,并派常遇春、胡大海两支大军去攻打张士诚,先生认为胜负会如何?"

刘伯温说:"方国珍归降主公不过是一时之计,屡降屡叛于他是家常便饭,切莫当真。天时地利人和都在张士诚身上,主公想胜他并不容易。连年灾荒,朝廷无粮,而张士诚占据杭州富庶之地,粮饷丰厚,他就可以以此挟持朝廷供给他兵力,此为天时;隆平府(今江苏省苏州市)、杭州为江浙重地,地位历来显要,此为地利;张士诚与江浙行省左平章识达识帖木儿相互勾结,朝廷任其呼风唤雨,此为人和。天时地利人和皆集于他一身,自然占据上风。"

刘伯温的一席话,让朱元璋更加觉得刘伯温是一个具有远大抱负的儒生,对天下大势看得极为透彻。他当即赐刘伯温上座,并从容与他论经史,并咨以时事,刘伯温无不应对如流。朱元璋越听越感兴趣,最后恳切地说:"我为天下屈先生,先生幸不弃我!如有指陈,愿安受教。"

不久,刘伯温就向朱元璋呈上《时务十八策》。朱元璋看过《时务十八策》后,不禁拍案叫好,由衷地赞叹说:"先生不愧是举世无双的高才,不愧是我的张子房!天底下也只有先生能想出如此妙计,先生的建议甚合我意。"

随后,朱元璋非常开心地问道:"我在想给先生一个什么样的职位,才不会委屈先生呢?"

刘伯温非常谦卑地说:"在下不求高位,只求能伴随主公左右,为主公出谋划策、解忧去愁，在主公需要在下之时助一臂之力。"

朱元璋说："我想将先生留在身边，当我的军师，在中军参与谋议，不知先生意下如何？"

对朱元璋的重用，刘伯温深感欣慰，便满口答应下来。就这样，朱元璋帐下多了一位重量级的幕僚。后来，刘伯温尽其所能地表现出了在政治、军事等方面的卓越才华，被誉为大明王朝的开国第一军师。

02. 打强防弱新策略

正至二十年（1360年）三月，朱元璋令常遇春、胡大海等率军攻打杭州。本来，朱元璋派两员大将攻打杭州志在必得，但没想到久攻不下，而且队伍损失惨重。为了避免出现更大的损失，朱元璋只好将常遇春、胡大海召回应天府，修整队伍等待战机。

杭州之战失利后，朱元璋召请刘伯温分析商议对策。刘伯温说："现在攻打杭州，无异于螳螂捕蝉、黄雀在后啊！谁先去抢杭州这块肥肉，谁就会成为螳螂。不过，若让主公放弃夺取杭州，定然会舍不得。但要想把杭州这块肥肉抢到手，就必须先除掉黄雀。"

朱元璋说："先生所说的黄雀，可是陈友谅？"

刘伯温说："主公圣明，正是此人。"

朱元璋说："可是，如果我们先攻打陈友谅，与先前制定的打弱防强的作战方略相悖啊！"

其实，朱元璋也曾经考虑过先攻打陈友谅，但他之前制定的方略是打弱防强,首先抢占富庶之地,将这些富庶之地经营成牢固的根据地,作战方略先是攻打张士诚,后再攻打陈友谅。近两年,朱元璋与张士诚在交战时很少吃败仗,朱元璋认为自己制定的作战方略是正确的。刘伯温的一番话,让朱元璋觉得刘伯温刚刚出山,不了解东线作战的实际情况,提出先除掉陈友谅的建议有些不合时宜。

可朱元璋率先攻占杭州的决心坚如磐石,他命令所有将领加紧训练队伍,随时做好攻占杭州的准备。

陈友谅趁朱元璋攻打张士诚之际,统率队伍进军江南,而且略地千里,不到半年就占领江西全境,随后又攻占襄阳(今湖北省襄阳市)、信州(今江西省上饶市西北),并派邓克明进兵福建。此前,朱元璋始终没想过跟陈友谅硬碰硬,一直抱着人不犯我、我不犯人的态度彼此相安无事。

正至二十年闰五月,就在朱元璋准备再次发兵攻打杭州时,陈友谅挟徐寿辉率水师数万东下,进攻朱元璋的领地太平城(今安徽省当涂县)。陈友谅还暗地拉拢张士诚与他合作,共同夹击朱元璋。朱元璋迅速发兵增援太平,但军队还没出发,就传来了太平城失守的消息。

太平之战,朱元璋手下的黑将军花云和养子朱文逊均战败被擒。陈友谅下令将花云吊在大船的桅杆上,发乱箭射死,太平知府许瑗、院判王鼎也都殉节。朱元璋的养子朱文逊下落不明,有的人说他也可能尽忠了。

陈友谅占领太平后,杀死天完国王徐寿辉,自立为帝,改天完为"汉",改元"大义"。陈友谅封邹普胜为太师,封张必先为丞相,封张定边为太尉。汉国成立后,陈友谅决定亲率水陆汉军进攻朱元璋的核心领地应天府。

朱元璋得知陈友谅欲亲率大军攻打应天府，立即召集文官武将商议对策。面对极度紧张的局势，一些人早就焦躁不安起来，有的主张撤离，有的主张归附，只有极少数人主张据险阻击。刘伯温只是静静地听着，始终没提出自己的观点。

当朱元璋将刘伯温请入内室时，刘伯温极其愤怒地建议说："主公，请速将主和、主退的人斩首，以免扰乱军心。"

朱元璋问道："刚才众将都纷纷议论，发表观点，而先生为何一言不发呢？"

刘伯温说："请赐臣宝剑，先斩主和、主退之人，我再说话也不迟。"

朱元璋说："我想先听听先生的意见，然后再赐你宝剑也不迟。"

刘伯温说："主公刚刚在应天府立足，陈友谅就亲统汉军来袭，如果主公想图谋天下，就必须与陈友谅决一雌雄。自古以来，都是胜者为王、败者为寇，在此关键时刻，主公不能有半点儿犹豫，绝不能允许部下胡乱发表意见！"

朱元璋问道："先生一定是主战派，看来先生已是胸有成竹了？"

刘伯温说："主公，此战是大势所趋。不战则亡，撤离必垮，这样大局将无可挽回。现在，主公应该打开府库，奖赏将士来鼓舞士气，并开诚布公地征求抗击陈友谅汉军的建议，以此来稳定军心，只有这样，主公的王业才可以建立起来。"

见朱元璋有些犹豫，刘伯温接着说："主公，我已看好了我们与汉国的气脉，敌衰我旺，只要坚定信心，此战一定能够打败陈友谅。"

朱元璋点头称是后，刘伯温信心十足地说："陈友谅凭借夺取太平城的胜利，浩浩荡荡地沿江而下，而我军士气不高，迎战必败。陈友谅是江南最强者，他骄横一世，无一日忘却应天，如今拥重兵而来，必欲与我军决一雌雄。不过，他表面看起来气势汹汹，内心还是胆怯的。他杀了天完国王徐寿辉自立为汉王，属不仁不义、不忠不孝之举，必然导致内部不满，士气不振，兵未举就已输我一筹。他劳师伐远，而我军则以逸待劳后发制人，又胜他一筹。主公若能倾府库，开至诚，士心必固，此又先胜一筹。此三者是抵御强敌的要旨，而且我军在自己的地盘上，可选择有利地形，埋下伏兵，用计诱敌深入，便可一举退敌。"

听了刘伯温的话，朱元璋信心大增。但怎样才能把陈友谅的大军引入伏击圈呢？正在朱元璋与刘伯温商议诱敌良策时，忽然亲兵来报，说大将康茂才有要事求见。朱元璋忽然眼前一亮，对刘伯温说："诱敌之计就在康茂才身上。"

康茂才原是陈埜先的部下，智勇双全，因陈埜先兵败被俘后，康茂才始终感谢朱元璋的不杀重用之恩。康茂才是徐寿辉的同乡，与陈友谅也颇有交情。得知陈友谅欲率部攻打应天府，康茂才觉得此时正是报答朱元璋不杀之恩的大好时机，因此主动前来请战。

朱元璋看到康茂才主动请战，便说："康将军的忠心和勇气实在可嘉，但这次陈友谅倾巢而出，其锋正锐，其气正骄，硬碰不是办法，所以得请将军唱一出戏。"

康茂才非常疑惑地说："唱戏？末将不会唱戏啊！"

刘伯温笑着说道："康将军，不是要你登台唱戏，而是要你在战场上使一计谋。主公定下诱敌之计，而诱敌的主角就是你。"

朱元璋问道："康将军与陈友谅有旧交情，能否以诈降诱他前来？"

康茂才沉思片刻说："末将在蕲州（今湖北省蕲春县）时，陈友谅趋奉徐寿辉，常来我家做客。我家门房老仆康福与他相识，现在老仆仍跟随在我身边，待我修书一封，让老仆送去，说我在大帅处受到歧视，欲重投旧友，他必定不会怀疑，即可诱他前来。"

朱元璋高兴地说："好，有劳康将军了。"

随后，刘伯温又与康茂才一起详细谋划了一番。

第二天，朱元璋在中军帐将宝剑赐给刘伯温，并下令诸将拜刘伯温为军师，有不服者斩之。看到朱元璋态度异常坚决，诸将无不肃然听命。

刘伯温接过宝剑，趁机给诸将打气说："眼下陈友谅居西，张士诚居东。陈友谅包饶州、信州，跨荆州（今湖北省荆州市）、襄阳，几乎占据了江南的半壁江山；而张士诚仅拥有沿海之地，南不过会稽，北不过淮阳，且首鼠窜伏，暗地里反叛朝廷，表面上则依附朝廷，仍采取守势，胸无大志，不可能有什么作为。天下之强虽莫过于陈友谅，但他劫君而胁迫其下，名号不正，徐寿辉的旧部皆敢怒而不敢言，离心离德。陈友谅本人剽悍轻死，野心勃勃，因四处征战已是军心疲困，外表看似强大，其实易于打败。"

朱元璋听了，内心很受震撼，对刘伯温大加赞赏。

刘伯温又说："俗话说，攫兽先猛，擒贼先强。今日之计莫若先伐陈友谅，伐陈友谅时，张士诚必袖手旁观，乐观虎斗，东方无虑。若先图张士诚，则陈友谅地据上游，且时刻都在惦记应天，必袭出我方侧背，使我们腹背受敌，陷入危险境地。若先伐西，灭掉陈友谅，张士诚势单力薄，一举可定。然后，我们再北向中原，则王业可成。"

听了刘伯温的透彻分析，朱元璋忽然觉得茅塞顿开。他终于悟出了自己昔日策略的失误之处。过去，他只看下游富庶，而张士诚势弱，陈友谅势强，因而确定了打弱避强的策略。可让他没想到的是，在大军攻打张士诚时，陈友谅竟然乘虚而入。他终于彻底地明白了，过去攻打张士诚，西部总会发生战事，使自己陷入腹背受敌的境地，正像刘伯温所说的那样：螳螂捕蝉，黄雀在后。如今，集中力量率先攻打陈友谅，并无大志的张士诚会按兵不动，不会出现腹背受敌的状况。于是，大彻大悟的朱元璋采纳了刘伯温的建议，重新确立了"打强防弱"的策略，将攻击重点转向了汉王陈友谅。

03. 龙湾之战获全胜

正至二十年（1360年）六月，自封为汉王的陈友谅挟攻占太平城的余威，欲举兵东进，目标是攻取朱元璋的核心领地应天府。在太平城发兵之前，陈友谅派使者给张士诚送去一封亲笔信，邀请张士诚夹击朱元璋。但正像刘伯温所分析的那样，张士诚本无争夺天下大志，且对朱元璋心有怯意，不愿发生战端，遭受挫折，便婉言拒绝了陈友谅的邀请。

陈友谅并不在意，因为他根本没把张士诚放在眼里，认为有没有张士诚的联手不影响他与朱元璋的战局，汉军独自打败朱元璋易如反掌。

一天，陈友谅坐在太平府大堂上，正满怀喜悦地与文武大臣商量攻打应天府事宜，忽有亲兵来报，说皇上的旧友康茂才派个老头儿来送密信，这个老头儿说也与皇上相识，老头儿在府外请求拜见。

陈友谅听说是康茂才派来的老头儿，而且送来密信，便立即下令召见老头儿。

老头儿走进太平府大堂后，双手捧上书信。陈友谅一眼就认出此人是旧友康茂才的老仆康福，一边拆信一边说："这么多年了，康福为何还是这般寒酸啊？想必你家主人在朱和尚那边混得不如意吧？你瞧瞧寡人，还是当年那个渔家小子吗？如果老朋友混得不好，他完全可以到寡人这里来，寡人保他荣华富贵。"

康福听了，立刻哭泣起来，向陈友谅诉说康茂才投靠朱元璋后的悲惨境遇，说后悔当初投奔了朱元璋，可现在后悔已经晚了。

陈友谅说："怎么会晚呢？我大汉国的门永远向老朋友敞开。你家主人已经在信中表明了投奔之意，倒也是个识时务之人。我亲自给他回信，让他按回信中所说的去做，那就为我大汉立下首功了。康福，但不知茂才他现在人在何处？"

康福说："康相公现在是江东桥的守将。"

陈友谅问："江东桥是一座什么桥？"

康福说："江东桥只是一座小小的木桥。"

陈友谅在信中约定，三天后他与康茂才在江东桥会面，以"老康"为暗号。

康茂才在给陈友谅的信中说，自己在朱元璋处终日惶恐，惴惴不安，故打算做陈友谅的内应，请汉军速来攻打应天府。信中还把应天城中的兵力部署一一详告，并劝陈友谅兵分三路，各攻一门。他愿在城外江东桥相候，亲自来接应他，打开城门，直捣朱元璋帅府，生擒朱元璋作为见面礼。

　　康福走后，陈友谅的太师邹普胜将康茂才的信详细看了一遍，大生疑惑之心。随后，又把信让太尉张定边看了一遍，两人在一起议论了一番，然后跪奏道："皇上，康茂才投降朱元璋多年，事实是否如他信中所说尚不得知，因此不可轻信。今日来信投降，恐怕其中有诈。"

　　陈友谅大笑道："老康是个本分人，我是了解的。如果前两年他来投靠倒是不可信，现如今寡人贵为一国之君，他来投靠完全在情理之中。他不来投靠寡人，又去投靠谁？难道守着朱和尚一起等死吗？"

　　太尉张定边说："兵者，诡道也。朱元璋诡计多端，且谋士众多，不得不防啊。"

　　张定边虽是陈友谅的结拜兄弟，对陈友谅忠心无贰，但此时的陈友谅哪里听得进张定边的劝谏，便不耐烦地说："我三十万大军水陆并进，势不可当。朱和尚除去各府驻军，总共才不到十万人马，就算有诡计，又能奈我何？"

　　陈友谅随即点齐二十万人马，亲率百余艘大船从太平顺流而下，目标直指应天府。陈友谅水师分前中后三路，熄灯灭火，趁着夜色悄悄向应天府进发，而后方的太平城仅留三千人防守。

　　陈友谅的战船进入内江后，航道越来越狭窄，只够三船并进。此时，陈友谅的太师邹普胜觉得不妙，劝说陈友谅小心提防。陈友谅虽然认为康茂才是自己的老朋友，绝不会骗他，但还是觉得邹普胜说得有道理，便传令自己的弟弟"五王"率轻舟数十只，掉头驶向长江边地势较为开阔的龙湾，在那里登岸立栅，以便在这一带站稳脚跟，并掩护中路主力登岸，而他自己则驱战船继续驶向江东桥。

此时，朱元璋得到康茂才的情报后，已经派李善长带人撤掉了秦淮三汊河段那座木质的江东桥，而是在更窄的地方改建了铁石桥。千余人忙活了两个昼夜，桥总算是修成了。同时，又在进入内河的新河口龙湾附近修筑了比较坚固的工事。朱元璋和刘伯温预料到陈友谅在内河受阻后，必定会拿比较适合大部队登陆的龙湾作跳板，因此在这一带埋伏了重兵。

陈友谅亲率三万先头部队于三更时分到达江东桥后，派亲兵去桥上接头。那个亲兵走到桥上，按约定暗号连呼三声："老康，老康，老康！"可四周静静的，没人回应。陈友谅心中有点儿慌，又派亲兵查看是不是那座木桥。那亲兵回报说："陛下，这江东桥不是木桥，而是新改建的铁石桥。"

陈友谅一听，连呼上当，大骂康茂才道："这条该死的老狗，老子要亲手宰了他！"陈友谅深知，眼前如果是木桥，他的战船可以撞垮桥梁直达城墙下，而现在眼前的桥是铁石桥，战船无法通过，只有登岸。因此，陈友谅立刻下令三万精兵登陆。由于天黑，加上命令下达得又比较突然，船队乱成一团。

正在这时，附近山上突然几声炮响，四周立即涌现出无数灯笼火把。陈友谅正在惊惧之时，喊杀声已漫山遍野席卷而来。陈友谅知道自己深陷重围，后撤已经来不及了，只好一边挥刀抵挡箭矢，一边下达就地阻击的命令。

汉军队伍上岸后，很快乱了阵脚，纷纷向江边后撤。这时又是几声炮响，只见火光中常遇春、冯胜率军从左右两面杀出。已经失去指挥的汉军士兵无法抵挡朱元璋大军的左右夹击，三万精兵转眼间死伤大半。

陈友谅拿出看家本领，挥舞大刀率领余众杀出一条血路，逃至新河口。此时天已大亮，陈友谅登船后立即前往龙湾与弟弟"五王"会合，并下令所有主力战船驶往龙湾登陆立栅。

此时，朱元璋率徐达、邵荣所部坐镇于紧靠长江边的庐龙山（今江苏省南京市狮子山）上，将陈友谅大军的一举一动都看在眼里。汉军主力的数十只战船停在江湾边，士兵都在陆续登岸。当身边的部将要求出击时，朱元璋看了看天色不慌不忙地说："快要下雨了，大家先吃饭吧，待会儿下了雨，凉爽时再打也不迟。"

约莫过了半个时辰，汉军中路主力刚刚登岸完毕，士兵们个个已是汗流浃背。饥肠辘辘的陈友谅下令埋锅造饭，待吃饱后再向城内发起进攻。忽然，一阵狂风吹起，霎时间大雨倾盆而下。

下雨时，朱元璋的军队都在用膳，而陈友谅的部队则到处躲雨。大雨一停，朱元璋将红旗举起，命令部队攻打龙湾营栅。陈友谅以为是朱元璋的主力，忙披挂上阵。汉军一看皇帝上阵了，都紧跟着杀出。但这只是朱元璋的一次试探性进攻，双方混战了一阵便各自撤回，汉军已被搅得手忙脚乱。

随后，朱元璋将黄旗举起，命令主力部队进攻。只见徐达、邵荣各自率部出击，而张德胜、朱虎的水军也向龙湾逼近，陆军和水军形成两面夹击之势。陈友谅见形势不妙，急忙下令队伍向新河口撤退。因为新河口水深，可以乘大船逃走。让陈友谅没想到的是，此时江水却不可思议地退潮了。已经登岸的几万汉军水师，因大船搁浅已经无法撤退了，而后援的水军又无法靠岸，只能眼睁睁地看着陈友谅与朱元璋的大军拼杀。由于朱元璋已事先在新河口修筑了工事，那些滞留在河滩、堤岸上的汉军，任由朱元璋的军队斩杀。

张德胜、朱虎的水军所乘的都是小船，轻便如燕，可以从汉军的大船间随意穿梭行进，很快将龙湾滩头的汉军团团围住。冯胜、常遇春又从内河岸上追杀过来，形成夹击之势。

龙湾之战，汉军被杀死、淹死了五万余人，被俘虏了两万余人，被缴获巨船百余艘、其他战船数百艘。而被困于内河和龙湾滩头未能逃走的张志雄、梁铉、俞国兴、刘世衍等汉军将领，不得不举手投降。

陈友谅见大势已去，便挥刀奋力砍杀，抢了一只快船冲出重围，并冒险溯江而上，向江州（今江西省九江市）逃去。

04. 乘胜出击打江西

朱元璋取得龙湾之战的胜利后，又派大军乘胜追击败逃的陈友谅所部。在朱元璋的指挥下，徐达、冯胜、张德胜、朱虎、廖永忠、华云龙等率部一鼓作气，先后收复了太平、采石矶、池州、安庆（今安徽省安庆市），第一次实现了对陈友谅的碾压式打击。

同时，朱元璋又派自己的外甥李文忠攻占了严州（今浙江省建德市境内），封李文忠为同金行枢密院事驻守严州。严州虽然是个小城，但它靠近安徽、江西，地理位置非常重要。不久，朱元璋又派胡大海攻克了信州（今江西省上饶市）。朱元璋大军可谓是攻无不克。

连续取得与陈友谅交战的胜利后，刘伯温担心朱元璋被胜利冲昏头脑，就劝说朱元璋对陈友谅不能急于冒进，必须稳扎稳打。

他说:"陈友谅的水军非常强大,而我们的水军无论是装备方面,还是人数方面,都很有限,做这方面的准备需要时间,与他决一死战的最佳时机还没有到来。眼下,主公还应先从占领江西地区徐而图之,逐渐蚕食陈友谅的地盘,在条件具备时再与他决战。"朱元璋听了,点头称是。

小明王得知朱元璋接连取得了与陈友谅交战胜利的消息后,立即加封朱元璋为吴国公,并任命邓愈为中书省参政兼佥行枢密院事,总制各翼军马;任命枢密院同知邵荣为中书省平章政事;任命枢密院同佥常遇春为参知政事。至此,朱元璋手下的大将几乎都被小明王加了官。

陈友谅在龙湾惨败后,很快在江州(今江西省九江市)站稳脚跟。他迅速整顿并召集人马,决心报被朱元璋羞辱的一箭之仇。

至正二十年(1360年)夏初,陈友谅命大将李明道反攻信州时,李明道被坚守信州的胡大海打败后成为俘虏。李明道兵败后,陈友谅率部去打安庆。在采石矶附近,陈友谅所部与徐达、张德胜所部进行了激烈的交战,张德胜被杀,陈友谅随后占领了安庆,并派手下大将张定边驻守安庆。

得到安庆被攻占的消息后,朱元璋令胡大海把陈友谅属下的降将李明道送往应天府,目的是向李明道了解陈友谅所部的内部情况。据李明道交代,陈友谅杀死徐寿辉自立为帝后,手下将士不仅离心离德,而且擅权者居多,政出多门,政令不一,让人无所适从。陈友谅内心多疑,连赵普胜这样的骁勇之将都不信任,因而被他斩杀,对他忠诚的心腹少之又少。看似队伍庞大,但顶用的将士没有几个。

得到李明道提供的情报后,朱元璋立即召集文官武将商议攻略江西之策。经过商议，朱元璋决定举起为徐寿辉报仇的旗号征伐陈友谅。朱元璋命水师招募新兵并加紧操练，做好出击准备。

至正二十一年六月，朱元璋亲率徐达、常遇春等诸位大将，以李明道为向导溯江而上，发兵征伐江西。站在新打造的龙骧巨船之上，朱元璋充满了必胜的信心。船上树起的两面红底大旗上，绣着"吊民伐罪，纳顺招降"八个斗大的金字，紧跟后面的近百艘大小船只乘风而上。

四天后，船队到达安庆时，受到汉军张定边所部的阻击。张定边有勇有谋，攻守得法，朱元璋率部从中午打到日落也没能攻破城池。

见朱元璋有些焦躁，刘伯温便在一旁劝说道："主公切勿焦躁。安庆城墙高池险，若久攻不下对我方极为不利。再说，安庆并不是我们现阶段徐图之地，与其在此苦战，不如连夜移师江州。陈友谅以为我们必下安庆，已派重兵把守安庆，其老巢必定空虚，正好打他个措手不及。"

刘伯温的话让朱元璋很快冷静下来，说道："先生高见，传令各军掉转船头快速西进，直取江州。"朱元璋又派人在长江南岸的树上挂了很多灯盏，以迷惑对岸的张定边，然后悄悄驶离安庆直奔江州。

朱元璋行进至小孤山（今江西省彭泽县北部）时，收降了汉将傅友德、丁普郎所部，然后进驻湖口（今江西省湖口县），并打败了陈友谅的江面巡逻水军，并招降了所有败军。

第二天一早，陈友谅刚刚醒来就有亲兵报告说朱元璋率大军前来攻打江州。陈友谅非常吃惊地说："是不是见鬼了，难道他朱和尚一大早就长了翅膀从安庆飞到江州来了？昨晚他不是在安庆城下与张定边激战吗？"陈友谅立即跑到外面登高查看，见远处的江面上白茫茫一片都是朱元璋的战船。他正疑惑之时，城下鼓角震天而起，喊杀声也随之而来。

陈友谅连忙下令部署防务。江州地势险要，是一座坚城，朱元璋率部一连攻城两天，江州城仍然岿然不动。第三天傍晚，朱元璋下令收兵，召刘伯温商议破城之法。

朱元璋带着刘伯温来到龙骧巨船上，登上舵楼四下眺望。东边的江面上风平浪静，预示着陈友谅还没有从安庆呼叫援军。城头灯火点点，往来士兵步履从容，显然城内的防御无懈可击。城的东南方向有一段城墙深入湖中，说明那里的湖水很浅。刘伯温看到那段城墙，顿时眼前一亮，便对朱元璋说："主公是否应该派人过去看看？"朱元璋立即明白了刘伯温的用意，不禁敬佩地说："先生真是心细之人！"

朱元璋立刻叫来大将廖永忠，让他带几个水性好的人摸到那边的城墙下，搞清城墙的高度和湖水的深浅。侦察的士兵返回后，朱元璋马上派人到山中砍来几十根笔直的杉木，连夜赶制了十几架一丈多高的梯子，然后架在大船的舵尾处。

第二天天刚蒙蒙亮，十几艘搭着天梯的大船便悄悄驶向东南方向的城墙。十几艘船在伸入湖中的城墙下停靠，天梯刚好与城墙同样高。船上的将士顺着天梯登上了城墙，城墙由此打开了缺口。

一阵喊杀声惊醒了陈友谅，几个亲兵立即给他披上衣服，拖着他和妻儿快速往外跑，然后跳上一艘快船，沿着通往长江的人工小河逃往武昌（今湖北省武汉市武昌区）。朱元璋攻占江州后，沿岸驻守的汉军非降即逃。

至正二十一年十月，朱元璋率部在江州稍作休整后，便兵分两路出击。一路由徐达、常遇春等大将率领继续西进，追击败逃的陈友谅；一路由他亲自率领水军主力顺流而下，反攻安庆。此时，已归顺朱元璋的徐寿辉旧部于光等大将率江西赣江的水军，在江州城下与朱元璋会师。朱元璋的水军一举击毁陈友谅水军战船八十余艘，顺利攻克安庆城。西进的徐达、常遇春等将领率军进驻沌口（今湖北省武汉市汉阳区西南），随后分兵占领了南康（今江西省庐山市境内）等县。

朱元璋攻取安庆后，南康、蕲州（今湖北省蕲春县）、黄州（今湖北省黄冈市）、黄梅（今湖北省黄梅县）、广济（今湖北省武穴市）、兴国（今湖北省阳新县）等地守军都相继归顺朱元璋。随后，朱元璋又命赵德胜、廖永忠、邓愈等分兵四出，攻打并占领了瑞州（今江西省高安县）、临江（今江西省樟树市）、浮梁（今江西省浮梁县）、乐平（今江西省乐平市）。一路上，朱元璋龙骧巨船上悬挂的"吊民伐罪，纳顺招降"八个大字，深得军心和民心。

不久，陈友谅手下驻守龙兴（今江西省南昌市）的江西行省丞相胡廷瑞写了一封亲笔信，派外甥康泰向朱元璋请降。他在信中写道："恳请大元帅，在投顺后仍让罪官保存原有军队，则罪臣立即率部来投。"

朱元璋在回信中说："我对归顺之人皆诚心相待，按其才能任以官职，兵少的将领拨兵给他统领，位卑的将领给他授予高爵，乏财的将领则赐以厚赏，从无彼此之心。这便是我待士之法，所以十年以来，四方豪杰贤士纷纷来投，我又怎会调散你的部属，使人自疑，而辜负你来归之心呢！"

胡廷瑞举部来投时，朱元璋亲自前往龙兴受降。在龙兴新城门外，朱元璋见胡廷瑞率众出迎，便跳下马来缓步前行，与他们一一握手言欢。胡廷瑞属下见朱元璋如此宽厚，悬着的心顿时都落地了。朱元璋在庆祝仪式上称赞胡廷瑞说："他灼见天道，即率你们来归，实为你们之福。"朱元璋还亲自到胡廷瑞家中拜见其母，并奉上厚礼一份，让胡廷瑞内心非常感动。朱元璋随即将龙兴路改为洪都府，任命胡廷瑞继续任江西行省丞相。

至正二十一年十一月，已故苗军元帅杨完者余部全部投降朱元璋，徐寿辉的旧部欧普祥等人举袁州（今江西省宜春市）投降朱元璋。对在采石矶溃散的汉军余部，朱元璋采取安抚政策，促使他们纷纷来降。随后，余干（今江西省余干县）、吉安（今江西省吉安市）、龙泉（今江西省遂川县）、南康（今江西省星子县一带）守将相继来投。此时，陈友谅已经陷入了众叛亲离的境地。

05. 软硬兼施平叛乱

至正二十二年（1362年）春，留守金华（今浙江省金华市）的胡大海意外遭到苗军降将的谋杀。

按照朱元璋"吊民伐罪，纳顺招降"的策略，胡大海招降了苗军元帅杨完者手下的诸多将领共守金华，但不久他们就密谋暴动。蒋英、李福、刘震等苗将设套请胡大海观看兵士弓弩射击演练。胡大海不知有诈，在前往观看时，被蒋英猛然用铁锤击中，顿时脑浆崩裂。随后，蒋英又将胡大海的儿子胡关住和郎中王恺等人斩杀。典史李斌得知胡大海被杀，悄悄揣着官印逃至严州（今浙江省建德市境内）向守将李文忠告急。李文忠立即派何世明、郭彦仁等诸将前去平乱，坚守信州（今江西省上饶市）的大将张德济也奔赴金华增援。

金华发生苗将暴动后，处州（今浙江省丽水市）也紧跟着发生了苗将暴动。处州留守大将耿再成正在陪客人喝茶时，被苗将李佑之、贺仁德等人刺死。随后，都事孙炎、知府王道同等也被诛杀。耿再成的儿子耿天璧立即派人到严州向李文忠求援。

朱元璋闻讯后极为震惊，担心衢州（今浙江省衢州市）也会发生同样的暴动，便立即召刘伯温等人商议对策。刘伯温说："叛贼不过是乌合之众，不必太过担忧，而且严州有李文忠将军在，可就近赴援，平定叛乱绰绰有余。如果担心衢州有变，在下愿前去镇抚。"朱元璋采纳了刘伯温的建议，并选派一支精干队伍由刘伯温差遣。刘伯温赶到衢州后，守将夏毅说："先生只管放心，衢州不会发生暴乱。"刘伯温说："这就好，但要防患于未然。"

半个月后，金华叛将蒋英等人战败，投靠了张士诚，处州叛将李佑之等人则被李文忠部将和耿再成的儿子耿天璧等斩杀，叛乱很快得以平息。朱元璋随即任命李文忠为浙江等处行中书省左丞，总制严州、衢州、信州、处州军马；命耿天璧袭父职留守处州。

至正二十二年秋，金华、处州的暴乱刚刚平定不久，洪都（今江西省南昌市）又发生了陈友谅的旧部祝宗、康泰等人的叛乱。洪都守将邓愈舍命砍杀，最终捡回一条性命逃回应天府，而"浙东四杰"之一的洪都知府叶琛不幸被叛军杀害。

朱元璋得到禀报后，立即下令攻打武昌的徐达回援洪都平息叛乱。祝宗、康泰等人听说徐达率大军前来平叛，吓得连夜弃城出逃。祝宗刚逃出城门，就被徐达手下的将士抓住杀了头，而胡廷瑞的外甥康泰逃到应天府向朱元璋请罪。

第四章 幸得奇才，精心策划开新局

朱元璋询问刘伯温应该怎样处置康泰和邓愈。刘伯温说："康泰的舅舅胡廷瑞光明磊落，多次警告康泰不要举叛旗，无奈逆子难教，这次叛乱与胡廷瑞无关。康泰并不是跟随主公多年的故旧，对主公并不了解，是带着对旧主的一片忠诚降而复叛，说明康泰是一个仗义之人。更何况此次反叛的主谋是祝宗，康泰只是随从，应该免康泰一死，让他军中效力，戴罪立功。"朱元璋采纳了刘伯温的建议，下令卸去康泰镣铐。康泰立即给朱元璋、刘伯温叩头谢罪而去。

见邓愈被押进大堂，刘伯温又说："这次平定叛军，邓愈英勇无畏，奋力拼杀，终因众寡悬殊，金华被破。但邓愈自从投奔主公后，转战南北，开拓了大片疆土，忠心可鉴，功大于过。如果兵败一次就被砍头的话，那我们的将士恐怕早就都人头落地了。应该将邓愈松绑释放，让他戴罪立功。"刘伯温的话正合朱元璋的心意，当场下令释放了邓愈。

平定了金华、处州、洪都的暴动后，左右司郎中李善长向朱元璋建议说："这三地的叛乱教训实在深刻，今后对降将必须严加提防，至少不能让他们担任队伍的主帅。"

可朱元璋没有采纳李善长的建议，反而责怪他说："如果降将不能担任队伍的主帅，常遇春就不能担任主帅，康茂才就不能担任主帅，许许多多的人都不能担任主帅。你想想，我在濠州（今安徽省凤阳县）起兵时只有几十个人，如今我手下将士已达上千人，而且大部分是降将，若不让他们统兵打仗谁来统兵打仗？若想一统江山，不招降各路英才猛士怎么能行？如果时时提防他们，让他们知道了，谁还会真心来降？"朱元璋的话，让李善长心服口服，惭愧不已。

其实，朱元璋深知并不是所有降将都忠心耿耿，有些人归顺只是被迫的，对这些人，确实既要用之，也要防之，对降将的控制也从来没放松过。他曾在渡江南下前，把跟随队伍出征的所有将领的妻子儿女都留在和州，由妻子马秀英来管理，其实就是用他们来做人质。占领应天后，他又把这些家眷统统留在应天，并制定了一个政策："与我取城的总兵官，妻子俱要在京住，不许搬取出外。"（明·刘辰《国初事迹》）

朱元璋严禁将领私底下结交文人名士，以此避免文武勾结图谋不轨。他提出，凡来投顺的儒士，一律由他亲自考查任用。对所攻克的城池，皆令将官来镇守，不允许儒士在左右议论古今，只设一吏管办文书事务。他得知自己的外甥李文忠在婺州任用了屠性、许元等许多儒士来干预公事，便立即派人将这些儒士带到应天府，将干预公事的屠性、孙履等人斩首示众，将王祎、王天锡、许元等儒士发充书吏。

即使朱元璋采取多种策略来控制降将，但还是发生了金华、处州、洪都三地的降将暴乱。他觉得，这些降将之所以举行暴动，根本的原因还是他不够强大，要想杜绝此类暴动的发生，就必须采用一切手段拓展地盘，迅速增强自己的实力，这就叫"力强人附，力弱附人"。他深知，当他拥有了天下最强的实力，敢于叛变的人就自然而然地少之又少。

对于已经攻取的战略要地，朱元璋都是派自己的亲人来镇守。任命自己的外甥李文忠为浙东等处行中书省左丞，坐镇金华，统率衢州、处州、信州、严州、诸全（今浙江省诸暨市）的兵马；任命自己的侄儿朱文正为大都督府大都督，坐镇洪都，掌握江西防守大权。朱元璋自己则坐镇应天府，统领军政一切事务，朱元璋的政权格局初见雏形。

06. 将计就计杀叛将

朱元璋平定金华、处州的苗军降将叛乱和洪都的陈友谅降将叛乱后，准许刘伯温回老家南田（浙江省文成县西北）为去世的母亲丁忧。

刘伯温在南田丁忧时，被元廷封为江浙行省左丞相、衢国公的方国珍写信给刘伯温，对刘母的去世表示慰唁。刘伯温在给方国珍复信时，极力夸奖朱元璋的仁义德行以及军事才能，劝说方国珍及早归附朱元璋。看到刘伯温的复信，方国珍非常高兴。过去，他就曾多次萌生过归附朱元璋的想法，但都没能真正实现。这次有刘伯温做中间人，方国珍感觉时机已经成熟，就立即派人前往应天府，给朱元璋送上一份大礼表示归附之意。

朱元璋收到方国珍的大礼后，非常高兴。他觉得，有时候把敌人变成朋友比消灭敌人更有价值。方国珍归附后，自然加大对张士诚的牵制力度，他就可以集中精力地打着小明王的旗号征讨清剿陈友谅了。于是，朱元璋马上给刘伯温写了一封信，在对他进行了一番夸赞和慰问后，表示自己准备去援救被元军围困在安丰（今安徽省寿县）的小明王，请刘伯温提出应对策略。

原来，小明王的大宋都城汴梁（今河南省开封市），于至正二十二年（1362年）八月被元将察罕帖木儿攻陷，小明王韩林儿只好跟随大宋丞相刘福通退守亳州。由于元廷一直把刘福通率领的红巾军当成主要的征讨对象，围剿力度一直不减，致使刘福通所部已是穷途末路。小明王退守亳州后，察罕帖木儿率领元军紧跟而来，刘福通再次战败，无奈之下又带着小明王和残兵败将，于至正二十三年初退至安丰，让占据应天的朱元璋紧急救援。

刘伯温给朱元璋回信，不赞成他去救援小明王。原因之一，如果出兵救援小明王，就等于宣告与刘福通联盟，使自己也成为元廷讨伐围剿的对象，从而招来元军的大规模围剿。原因之二，安丰是淮西藩蔽，若要得淮西，必取江南，而陈友谅的汉军必从江西来夹攻。陈友谅虽然已经遭到重创，但他的实力仍然很强，随时都有可能进行反扑。坐山观虎斗的张士诚见我军与陈友谅大军在争战中损兵折将，必然蠢蠢欲动，极有可能帮助元军攻打刘福通。原因之三，我军内部已出现数次叛乱，现在军心有所动摇，不像以前那样上下一心，同仇敌忾。

但刘伯温的书信没能说服朱元璋放弃救援小明王。至正二十三年三月，朱元璋亲率徐达、常遇春等将士驰援安丰。朱元璋率领大军赶到安丰时，城池已经被张士诚和庐州（今安徽省合肥市）守将左君弼联手攻陷，并斩杀了刘福通，小明王不知去向。

随后，徐达、常遇春与张士诚的部将吕珍、泸州守将左君弼杀得不可开交，朱元璋大军没取得任何优势。就在这时，元军主帅察罕帖木儿在攻打益都（今山东省青州市）时，被大宋小明王手下的降将田丰、王士诚合谋刺杀。得知察罕帖木儿被刺杀的消息后，张士诚和左君弼所部顿时军心动摇，无心作战。朱元璋抓住时机，一边命徐达率领大军进攻庐州，一边亲率大军寻找营救小明王。找到小明王后，朱元璋立即派人将他护送到滁州暂住。此时，张士诚派手下将士偷袭应天府，应天府仅有几千人马驻守，

— 137 —

让朱元璋非常着急，立即率军返回增援。早已预感应天府将要遭到攻击刘伯温，已从老家赶回到了应天府加强防守，让张士诚大军望城兴叹，确保了应天城安然无恙。

朱元璋返回应天府后，更加敬佩刘伯温的战略眼光和神机妙算，后悔没听刘伯温的话执意去驰援安丰。如果不是察罕帖木儿被田丰、王士诚合谋刺杀，这次出征的后果不可想象。从此，朱元璋更加重视听取和采纳刘伯温的建议。

朱元璋率部回到应天后，刘伯温立即帮他整顿军队，扩充军备，开始全员备战。朱元璋非常高兴，对刘伯温说："兵不贵多而贵精，多而不精，徒累行阵。近闻军中募兵多冗滥者，吾特为戒之，冀得精锐，庶几有用也。"（《明太祖宝训》）朱元璋要求手下将士一定要抓紧作战间隙，苦练精兵。为迅速改变许多人不能打仗的状况，他经常突然出现在各支部队中，当场举行阅兵，检验和考核队伍的训练状况和作战技能。对那些不重视部队训练且所属队伍作战技能很差的将领，则当场予以惩罚。

此时，朱元璋的红巾军队伍依然打着大宋政权的旗帜，职务为仪同三司江南等处行中书省左丞相。担任大宋中书省平章政事的邵荣，是个怀有野心的人。邵荣的职位略低于朱元璋，可他不甘心居于朱元璋之下。朱元璋的队伍连续发生降将暴动时，邵荣也暗自筹划举兵暴动。

有一天，朱元璋受邵荣之邀到三山门外邵荣的兵营中去阅兵。可刚一出门一阵龙卷风就将亲兵手中的绣龙大旗卷上了天空，让朱元璋顿生一种不祥之感，随即命令打道回府，然后派亲兵去邵荣兵营打探内情。几个亲兵发现，在邵荣兵营的几座帐篷里，埋伏有大量带刀士兵，立即返回禀报给朱元璋。朱元璋正在疑惑邵荣为什么要暗害他时，又有亲兵来报，说邵荣兵营的元帅宋国兴有急事求见。

朱元璋觉得宋国兴作为带兵元帅，一定知道点儿内情，便作了一番布置，准备诱使宋国兴说出实情。宋国兴被带进来后，朱元璋满脸杀气地拔出宝剑，厉声喝道："宋国兴，你可知罪？"宋国兴见朱元璋没去阅兵场，预感他们的预谋败露了，随即便跪倒在地。见状，朱元璋又喝道："你若把今日之事如实交代，可饶你一死。"宋国兴早被吓得魂飞魄散，很快就将邵荣、赵继祖等人筹划发动叛乱的事交代得一清二楚。

原来，邵荣、赵继祖等人早就不甘居于朱元璋之下，便想效仿陈友谅的做法趁阅兵之际除掉朱元璋，然后取而代之。

这一次，朱元璋还是将计就计，让亲兵告诉邵荣说，昨天因府中有急事需要处理，未能前去阅兵，但阅兵不能免，推迟到明天上午照常举行，他要亲自检阅并进行赏赐。

第二天一早，邵荣、赵继祖等人亲率一千人迎接朱元璋。朱元璋只带了三百多名亲兵，根本没引起邵荣、赵继祖等人的注意。可当邵荣、赵继祖等人接近朱元璋时，瞬间就被朱元璋的亲兵捉拿。此时，那些埋伏在营帐四周的士兵见到朱元璋的令牌，都乖乖放下手中的武器跪地求饶。

面对邵荣、赵继祖二人，朱元璋故作痛心地问属下幕僚："我一直把邵荣当心腹，没想到他今天却干出这等忤逆之事，你们为我计议，应如何处置？我打算看在濠州乡人的份儿上，将他终身监禁，听任生灭。"

此时，常遇春非常愤慨地说："主公，乡情当然要念，但主公是天下人之主公，而不仅仅是濠州同乡之主公，故主公对此事宜绳之以法。邵荣等人穷凶极恶，图谋造反，罪不容诛。若主公不忍杀之，我们也义不与他们同生于天地之间！"

朱元璋听后不免心中大喜，因为这些话都说到了他的心坎上，但他口中还是故意说道："常将军之言固然有理，但我总舍弃不下濠州与我共同起事之人。这是我不能克服的弱点，有碍于大业。往后必当力戒，做天下人之主公，为万民垂范。"

所有文官武将都听出了朱元璋话语的真正意思，就是必杀发动暴动的邵荣、赵继祖二人。于是，汤和站起来说："虽然法不容情，二人罪当凌迟，但我们毕竟是血肉之躯，对同乡、兄弟之情怎么也难以割舍，请主公给他们留个全尸吧！"

朱元璋当即下令，将邵荣、赵继祖二人缢杀。随后，将邵荣、赵继祖手下部众划分到各将手下。

07. 都城遭袭成转机

陈友谅举兵东进向朱元璋发起了强大的攻势，起初连战连捷，大军直逼朱元璋的核心根据地应天。但在遭受连湾之战的失败后，一败再败，结果是"偷鸡不成蚀把米"，自己地盘上的城池不断被朱元璋统率的红巾军所占领，最终在武昌（今湖北省武汉市武昌区）驻扎下来。但他并不甘心就此罢休，而是筹划寻机夺回失地，重振雄风。

至正二十三年（1363年）三月一天早朝上，陈友谅问手下大将、江国公张定边："应天恃强侵占了江西的大量地域，此仇不可不报，寡人日夜思虑。此前下诏命你们招兵买马,不知现在共得多少人马?"

张定边回答说:"主公虽失江西,但江北两淮、蕲州(今湖北省蕲春县)、黄州(今湖北省黄冈市)等几个地方储备了不少兵力。现在诸路百姓无以为食,听说主公招兵,都想来讨口饭吃。群雄、草寇来投伏者,计有六十余万人。"

陈友谅说:"人马虽多,但盔甲、器械、舟船、橹櫓等物品装备已经准备停当了吗?"

张定边说:"臣与陈英杰百计经营,已经全部准备妥当。"

陈友谅说:"粮草充足吗?"

张定边说:"以臣估算,估计有一百三十余万担,非常充足。"

陈友谅说:"这就好!既然兵马、装备、粮草都已十分充足,那我们就马上发兵收复江西失地,然后攻占应天,以报被朱和尚羞辱之仇。"

听了陈友谅的话,丞相杨从政说:"臣认为,此仇不可不报,但应天君臣智勇足备,不可轻敌。如今,吴王张士诚与朱元璋有不共戴天之仇,而且张士诚的三吴①之地粮多将众,现在主公想要收复失地,并攻取应天,不妨修书一封,派一个能说会道的人前往吴国,晓以利害,让张士诚发兵与主公形成夹击之势共讨朱元璋。主公再派两个人,一个前往浙东游说方国珍,一个前往闽、广游说陈友定,让他们共同发兵攻打应天。这样一来,他朱元璋的军队不得不去抵挡来自东南之敌,主公统领大军取占应天就变得易

---

① 三吴:指吴郡、吴兴和会稽,即今江苏南部、浙江东部地区,包括江苏省的苏州、无锡、常州和浙江的湖州、杭州、嘉兴等地。

如反掌。"

陈友谅采纳了杨从政的建议，立即派邱士亨前往苏州、孙景庄前往温州、刘汝前往福建分别去游说张士诚、方国珍和陈友定。

至正二十三年四月，陈友谅亲统大军从武昌出发，帆樯如林，战旗如云，号称六十万大军，涌江蔽空而下，连家属百官也随军出征，可以说是举国出动，彰显汉军志在必胜。

陈友谅攻打的第一个目标是洪都（今江西省南昌市）。驻守洪都的大都督府大都督朱文正得到陈友谅亲率大军来攻的消息，与几位大元帅进行了紧急商议，然后命邓愈守抚州门，赵德胜守官步、士步、桥步三门，薛显守章江、新城二门，牛海龙等守琉璃、澹台二门，而他自己率精锐两千人居中节制，往来策应。

四月二十七，陈友谅亲自督兵攻打洪都的抚州门，坚守抚州门的邓愈率领将士与汉军激战，双方甚至展开了肉搏战。危急之时，朱文正亲临一线督战，他麾下的猛将李继先、牛海龙、赵国旺、许珪、朱潜等先后战死。朱文正、邓愈率领万余人马抗击陈友谅的十几万大军，洪都城始终如铁桶一般牢固。

陈友谅在抚州门攻城未果后，休兵数日后转而在新城门攻城。镇守新城门的薛显提刀冲杀，异常勇猛，不多时就将陈友谅的部将刘进昭砍成两段，刘进昭所部纷纷败退。

陈友谅猛攻数天没有得手后，又下令转战水上，进攻洪都的水关。朱文正安排在水关防守的精兵见汉军靠近，在木栅的缝隙中刺出长矛进行阻击，汉军不敢近前，始终未能攻破水关。

洪都久攻不下之后，陈友谅只得分兵去攻打周边的城镇，先后攻陷了吉安（今江西省吉安市）、临江（今江西省樟树市），招降了原来的部将李明道，斩杀了宁死不降的曾万中，并将刘齐、朱叔华、赵天麟等三将押到洪都城下斩首示众，以此来震慑洪都的守城将士。

随后，陈友谅向洪都发动了第三轮进攻，重点攻打宫步、士步两门。坚守宫步、士步两门的赵德胜亲自在城墙上巡视，给手下将士鼓气。一天，他正站在城墙上给守城将士训话时，竟被忽然飞来的一支冷箭射中，气绝身亡。但赵德胜的死激发了守城将士的斗志，陈友谅最终没能从宫步、士步两门攻破城池。

朱文正统率大军守城已达两个多月，损失惨重。由于陈友谅汉军的层层包围，洪都城与外面断绝了联系，成了一座孤城。为了向朱元璋禀报求援，朱文正诈称愿意纳款，利用休战机会，暗中派千户张子明偷越水关赴应天府告急求援。

六月十五，张子明扮作渔夫模样混出洪都城，夜行昼止，半个月后终于到达应天府。

朱元璋闻听前线将士在非常困难的情况下仍坚守城池，心中无比敬佩，但他手下的红巾军主力正在庐州与张士诚所部作战，并且应天府也需要防守，一时难以分兵支援洪都。无奈之下，朱元璋对前来报信的千户张子明说："你回去告诉文正，让他再坚守一个月，我一定让陈友谅有去无回。"

可张子明返回时，不幸在湖口（今江西省湖口县）被汉军捉获。陈友谅让他到洪都城下，对朱文正说应天无暇来援，让他快点儿投降。张子明假意答应了陈友谅的要求，可当他被押到洪都城下时，却对朱文正高声喊道："朱都督听着，子明奉命去应天求援回来了，主公令我传谕，再坚守此城几天，便是全功，大军不日即到！"陈友谅恼怒不已，立刻拔刀斩杀了张子明。

张子明被杀，再次鼓舞了守城将士的士气。之后，陈友谅指挥大军多次攻城，朱文正手下的守城将士始终毫不退缩，确保城池不失。

六月底，朱元璋飞骑急令徐达、常遇春诸将率部从庐州撤回应天。七月初六，朱元璋亲率徐达、常遇春、冯胜、廖永忠、俞通海诸将统率十几万水陆大军，号称舟师二十万，在龙江扬帆西进。朱元璋这次起兵西进，刘伯温、陶安、夏煜等文官也随同前往。

显然，朱元璋已经做好了生死决战的准备。他命戴德率一支队伍屯驻江北泾江口，另派一支队伍屯驻于紧靠湖口的南湖嘴，这两支队伍就像一把锁紧紧地锁住了鄱阳湖北出长江的门户，从而断绝了陈友谅的归路。同时，朱元璋又派人传谕信州（今江西省上饶市），派兵驻守洪都东南的武阳渡，防止陈友谅水军从南面逃脱。万事俱备后，朱元璋只管等待收网捉拿陈友谅的时机。

08. 施火攻重创汉军

至正二十三年（1363年）七月，朱元璋统率舟师二十万驶进鄱阳湖时，陈友谅还在全力围攻洪都城。得知朱元璋亲率大军前来增援，陈友谅不但没有丝毫的惊慌，反而很高兴。在陈友谅的心里，朱元璋根本不值一提，朱元璋前来增援，正是汉军消灭他的大好时机。陈友谅率领的汉军虽然已连续征战了将近三个月，但粮草依然充足，后勤保障没有后顾之忧。

进入鄱阳湖后，朱元璋采纳了刘伯温提出的移师湖口之策，就是将战船全部移往湖口，封锁鄱阳湖通向长江的水路通道，对陈友谅的汉军形成了关门打狗之势。

七月二十，朱元璋的红巾军与陈友谅的汉军在康郎山（今江西省余干县西北鄱阳湖东南岸，又名康山）水域相遇。

陈友谅的汉军舟船较大，通体红漆，几十艘连在一起在阳光下一片火红。陈友谅坐在一艘大船的楼头，从容指挥着大小舟船排列阵势。

朱元璋的舟船却只有几艘大船，而且分为十一支船队，每队都配备火铳、长弓、大弩。作战时，可先发火铳，再射箭，最后是白刃厮杀。朱元璋的舟船虽小，但在湖中可以轻便快捷地穿梭往来。眼见汉军船队越来越近，朱元璋再次提醒手下诸将说："两军相斗勇者胜，陈友谅久围洪都，现在见我大军到来退兵迎战，势必会有一场死战。诸将应全力迎战，有进无退，消灭陈友谅就在今日！"

但见两军船队相距越来越近，朱元璋静静地等待时机。突然，朱元璋的座船上响起两声号炮，红巾军的十一支船队炮响之后，一起飞速冲向汉军舟船。

徐达的战船冲在最前面。在火炮、箭弩的掩护下，徐达战船直接冲向陈友谅汉军舟船，很快万千火器齐射，汉军舟船纷纷火起。转眼之间，两军船队的百十条火龙搅在一起，炮声震天，箭矢如雨。

在朱元璋的督战下，徐达率部奋力杀敌一千五百余人，缴获了一艘三层巨船；俞通海乘风发炮，接连击中汉军舟船，致使二十多艘汉军舟船起火沉没。

但是，不久风向又发生调转，陈友谅的汉军处于顺风，而朱元璋的红巾军处于逆风。顿时，徐达的战船笼罩在大火之中，队伍处于危险境地。朱元璋见势不妙，忙遣人驱船去救。没想到，朱元璋的座船被汉军骁将、太尉张定边发现，立即指挥多艘快艇前来偷袭，想一举活捉朱元璋。

朱元璋的座船在躲避汉军檑石炮火袭击时，意外撞到浅滩上搁浅。张定边见状欣喜若狂，急令几只快船前来围攻。危急时刻，朱元璋手下的大将韩成涉水走上朱元璋的座船，与朱元璋互换了衣服，然后站在船头高声喊道："诸将速来救驾！"说完，便纵身跳入湖中。

见此情景，张定边愣住了。就在张定边愣神之时，刚刚赶来的常遇春抓住时机，张弓搭箭朝他射去，张定边被射中右臂。随后，俞通海和廖永忠的船队也疾驶而来，将张定边包围，火铳、箭矢铺天盖地向他飞去，顿时身中数十箭，只得下令且战且退。

俞通海下令掉转船头，全速向朱元璋的座船驶去，将朱元璋营救出来。

朱元璋刚刚脱险，陈友谅亲自率领的几艘巨船又赶来了。朱元璋手下大将陈兆先、程国胜率领船队进行拦击，但根本不是陈友谅巨舰的对手，陈兆先的座船很快就被击沉，程国胜也身中数箭而死。朱元璋见状，下令暂时收兵，决定明日再战。

回到湖口营帐后，朱元璋召集文官武将共同商议克敌策略。刘伯温首先分析说："水军是陈友谅恃骄的最大资本，但不管它多强大，总会有破绽。我们以己之长，克敌之短，才是制胜之道。"

刘伯温的话音刚落，郭兴建议说："主公，不是将士们不肯出力，而是我们实在打不过敌人的巨船，依我看，非用火攻不可！"

刘伯温说："郭将军说得对。汉军舟船不仅庞大，而且数只相连，规模优势非常明显，但也最容易被纵火攻击。虽然现在是晴朗无风，但主公不要太忧虑，应先叫人备好燃料才是。"

朱元璋知道这是刘伯温在告诉他火攻的时机很快就会到来，便立即派人做好火攻的准备。

七月二十二一大早，朱元璋的红巾军与陈友谅的汉军在广阔的湖面上摆出了交战的阵势。朱元璋激励诸将说："今日之战一定比昨日更为惨烈，全军上下一定要奋勇争先，不准退却，如果有怯敌退却、不遵号令者，当场必斩！"说完，朱元璋就下令击鼓出击。

此时，陈友谅的战船占据了上风的位置，朱元璋的小船十分被动。交战不久，朱元璋手下的大将张志雄、丁普郎、余昶、陈弼、徐公辅等人也相继战死，队伍损失惨重。陈友谅的船队摆出了一个个由数艘战船组成的攻防自如的方阵，像一座座浮动的堡垒，如小山一般向朱元璋由小船组成的船队撞来，将一艘艘小船撞毁，船上的将士不是死亡就是落入水中。

就在朱元璋的船队阵形已乱，残船败兵纷纷后退之际，忽然刮起了东北风，这可让朱元璋惊喜不已。刘伯温似乎早有预料，口气非常沉稳地说："主公，下令吧！"

随着朱元璋的一声令下，几艘渔船飞一般向汉军方形船队驶去。汉军见状，纷纷放箭，而且矢密如雨，但射中的不是朱元璋的红巾军，而是头戴铁盔的草人。此时，渔船上的敢死队员已经点燃了火药，然后渐次跳到后面的船上撤退。敢死队点燃的七八艘火船先后撞上汉军的几个方形船队，船上的火药发出了阵阵爆炸声。霎时间，湖面上变成了一片又一片的火海，船上的汉军纷纷跳入水中，溺亡者不计其数。留在船上的汉军将士，只能在痛苦中被烧死。

朱元璋实施的这场火攻，一举烧毁了陈友谅的八个方形船队，损失了共计数十艘大船及数百艘其他类船只。尤其是陈友谅的五弟、有着"五王"之称的陈友仁，被朱元璋的手下大将郭英刺死。眼见自己的水军损失惨重，陈友谅简直无法忍受，发誓第二天一定要与朱元璋一决胜负。

09. 流矢射死陈友谅

至正二十三年（1363年）七月二十三，天刚放亮，几乎一夜未眠的陈友谅就向朱元璋发起了挑战。这一次，陈友谅的汉军来势迅猛，而且处于上风。朱元璋立即布阵迎战，并对手下诸将说："陈贼昨日大败气沮，亡在旦夕，此番垂死挣扎并不可怕，只需挫其锋芒，汉军必退。"

朱元璋的座船是一艘涂着白漆的大船，这是为了便于朱元璋指挥作战而特设的，汉军很容易就认出来。陈友谅表面上集中炮火全面猛攻朱元璋的船队，但暗中派出一支战斗力极强的火炮船队，从侧面绕过去攻击朱元璋的座船。

正在两军交战正酣时，刘伯温突然大喊一声："主公，快换船！"随即，刘伯温拉着正在惊诧中的朱元璋跳上旁边的一只快船。就在二人立足未稳时，只听轰隆一声巨响，朱元璋的座船已经被炮弹击中，损毁严重。

朱元璋看着眼前的刘伯温，内心倒吸了一口冷气。

陈友谅见朱元璋的白船被炮弹炸毁，非常开心地说："朱和尚，没想到你也有今天！"可正在他得意之时，却见朱元璋乘另一艘大船督兵杀来，惊慌之中，他赶紧跑下舵楼指挥汉军进行应对。

朱元璋的手下大将廖永忠、俞通海等人率领六艘快船冲入汉营，攻击汉军船队。此时，陈友谅担心中计，不敢轻举妄动。汉军的船队被红巾军的六艘快船一冲，顿时阵形大乱。朱元璋见状，挥动令旗命主力船队立即冲杀过去，两军再次展开了面对面的交战。双方水军大战两个多时辰后，陈友谅的汉军大败而逃。

当天，朱元璋"移舟泊柴棚，去敌船五里许，数遣人往挑战，敌不敢应"（《明太祖实录》）。意思是，朱元璋移舟泊于柴棚，这里距离汉军营地只有五里地，朱元璋几次派将领前去挑战，陈友谅始终不予应战。

七月二十三鄱阳湖一战后，双方都遭受了巨大的伤亡，暂时停战进行修整。

朱元璋的船队停泊在鄱阳湖北岸的左蠡（今江西省都昌县西北），陈友谅的汉军船队停泊在了与左蠡隔湖相对的渚矶。

一天晚上，朱元璋正在用膳时，厨子面露难色地对朱元璋说："主公，剩下的粮食不多了。"朱元璋听了，立即意识到问题的严重性。正在这时，有亲兵来报，说朱升求见。朱升见到朱元璋后说："臣下来见主公，是想让主公尽早筹粮，以免粮尽而影响军心。"

朱元璋马上意识到朱升必有筹粮之策，便让他快快讲来。朱升说："陈贼举全国之兵而来，人多粮少，必不能持久。我们须守住南湖嘴，切断他由武昌输送粮草之路，待他粮尽力疲，进退两难，前后受敌，就一定能打败他。"

朱升走后，朱元璋的心中已经有了具体的谋划。他随即下令将所有船只都涂成白色，和他的座船颜色一致。

朱元璋刚吩咐完毕，又有亲兵来报，说陈友谅的左金吾、右金吾二位将军率部来降。朱元璋心中大喜，立即下令设盛宴款待二位将军。

宴席上，二位将军说，在他们率部来降之前，陈友谅召集诸将商量对策。右金吾将军献计说："我军屡屡失利，舟师行动不便，已被朱元璋困死湖中。我建议焚舟登陆，南走湖南，尚可保全实力。"而左金吾将军反驳说："胜败乃兵家常事，我军虽战败几次，但舰船兵马犹众，数倍于朱军，只要大家坚定信心，就有取胜的可能，哪里就到了焚舟逃跑的地步！"

陈友谅遭受严重的挫败后，曾说："还是右金吾将军说的焚舟南撤有道理啊！"

左金吾将军听到这句话后，担心陈友谅会秋后算账杀了他，就决定率部归附朱元璋。而右金吾将军见大势已去，也干脆率部来投。

朱元璋了解了陈友谅军中的详细情况后，开始筹划与陈友谅的决战，促其加速灭亡。他暗中命令朱文正劫持陈友谅的粮草，命令常遇春、廖永忠去南湖嘴横截湖面切断汉军归路，命令一支水军在长江两岸树立木栅，从而阻断陈友谅的退兵。

一切布置妥当后，心情大好的朱元璋，与博士夏煜及两个侍从微服私访至一个名叫"不惹庵"的寺院。因为住持问朱元璋的姓名，但没有获得回答，朱元璋只在寺院的墙壁上留下了一首题为《不惹庵示僧》的小诗："杀尽江南百万兵，腰间宝剑血犹腥。山僧不识英雄汉，只管哓哓问姓名。"意思说，我杀尽江南的百万雄兵，腰间佩戴的宝剑还沾着血腥，你们这些山里的和尚不认识英雄霸主，只聒噪地问我的姓名。这首诗淋漓尽致地展现了朱元璋的恢弘气魄和豪放性格。

七月二十七，陈友谅经过反复权衡，最终决定从鄱阳湖突围，返回武昌，并将湖口西面的南湖嘴作为突围地点。此时，陈友谅的主力战船还尚存百余艘。但是，船队在南湖嘴突围时，遭到了朱元璋船队的强有力阻击。突围不成的陈友谅，只好折返湖口，再次下决心与朱元璋拼死一战。

七月二十八，朱元璋的红巾军与陈友谅的汉军又在湖口展开了一场激烈的交战。这一次，陈友谅将汉军的巨船拉开一定的距离，避免船体相连。但是，巨船由于过大，运转不灵活，遭到了朱元璋小型舟船的围攻。

陈友谅本想重点攻打朱元璋的白色座船，结果发现朱元璋所有的战船都变成了白色，很难判断哪一艘是朱元璋的座船。无奈之下，陈友谅只好指挥战船与朱元璋的战船纠缠在一起，战斗异常激烈。

双方战至黄昏时，一个亲兵带着一个降将向朱元璋禀报说："陈友谅已中流矢而死。"原来，陈友谅为了减小目标更好地保全自己，悄悄地离开自己的楼船，换乘到一艘快船上，结果被流矢射中眼睛，并贯穿头颅而死亡。

得知汉王陈友谅已经死亡，朱元璋部下的将士无不欢呼雀跃。随后，朱元璋命主力战船继续追击汉军舟船，杀得汉军几乎全军覆没，汉国太子陈善儿、平章姚天祥等人均被俘获，朱元璋得汉军将士五万余人。

混战之中，汉国太尉张定边等人"乘夜以小舟载友谅尸，及其少子理，走武昌。九月，理僭称皇帝，改元德寿。"（《新元史》）虽然汉国没有灭亡，但实力上已大不如前，甚至已是穷途末路了。

第五章　一鼓作气，东征西讨奠国基

01. 赏罚分明整军纪

至正二十三年（1363年）七月末，陈友谅的汉军在鄱阳湖被朱元璋的红巾军击溃，陈友谅在交战中被流矢射死后，红巾军大将常遇春等人立即建议朱元璋乘胜追击，直捣汉国老巢武昌（今湖北省武汉市武昌区）。但朱元璋没有采纳，他说："穷寇勿追。我们如果乘胜追击，直捣武昌，就将汉国的残兵败将逼上了绝路，他们必会拼死决战，交战一定相当惨烈，损失也一定相当惨重。我们不如网开一面，先让他们回去，我们的队伍也趁机休整一下，然后再去征伐他们。"

朱元璋首先命各路大军打扫战场，清点汉军俘虏和缴获的汉军器械，然后带领刘伯温、朱升等诸位文臣，到康郎山（今江西省余干县西北鄱阳湖东南岸，又名康山）凭吊阵亡的红巾军将士。

朱元璋离船登上康郎山时，那里已经安放了无数死难将士的棺木。他和诸位文臣默默行进，抚棺叹息，悲伤不已。鄱阳湖之战，朱元璋红巾军的万千将士葬身湖底，许多将士连尸首都无法找到。

即使是康郎山棺木中的三十六位战死的大将，也不都是完全的尸首。朱元璋在奠祭仪式上不禁潸然泪下，让周围的将士也不禁伤心哭泣。为了寄托对韩成、丁普郎等三十六位死难大将的无限哀思，朱元璋下令在康郎山修建了忠臣庙。忠臣庙建成后，虽饱经风雨沧桑，经受过二百多次水灾和二十多起火灾，但历经十五次重建，依然长留人间。

奠祭完毕后，朱元璋一行又匆匆赶往洪都，慰问在洪都城内坚守了三个多月、确保城池不失的朱文正、邓愈及众多将士，还到为守城战死的赵德胜、为求援遇难的张子明及被叛将杀害的知府叶琛等人墓前祭奠。他随即下令为赵德胜、叶琛、张子明等人立祠塑像，要求地方官按时祭祀，以此来表彰忠烈，激励后人。

随后，朱元璋在洪都召集各路将领汇报战果，并召集文官武将讨论此次战胜陈友谅强大汉军的原因。在场的文官武将无不称颂朱元璋智勇超常、决策英明、战术灵活，尤其是临危从容、指挥若定，堪称用兵如神，这就是鄱阳湖之战取得胜利的主要原因。

朱元璋听了，笑着说道："你们所言都有道理，但没有说到要害处。古人说，名不正则言不顺。陈友谅弑君自立，胁迫部下，以权驭下，因此人心不合，上下猜疑，难以服众。从战略上说，陈友谅勇而无谋，既不善于捕捉战机，又不懂得积蓄力量，舍应天而去攻洪都，全师围困，八十六天仍攻打不下，既丧失了时机，又打击了军心士气。他战前没有谋划，以不怕死的状态，打到哪里算哪里，很容易让他的将士在战场上送死，几场战役下来，兵力损耗殆尽。而我军虽征途千里，却将士一心，满怀锐气，去对付汉军那久疲之众，可以说是我逸彼劳，主客异势，人和在我。故人倍其勇，又能待时而动，动则威，威则胜。这才是我胜陈败的原因所在。"

在洪都，朱元璋举行了一场非常盛大的庆功宴会，对韩成、丁普郎、陈兆先等三十六位死难大将给予了最高封赏，并厚赐了死难将士的家属；对筹粮有功的朱升，提供军需物资贡献巨大的富户金旭、刘文给予相应的奖励；对在战场上表现突出的各军将士都进行了论功行赏。同时，也对作战中思想动摇、胆怯畏敌的将领毫不留情地加以训斥，并根据情节轻重或予降级、或予记过。无论是训诫，还是降级、记过，都令人口服心服。

在战场上，常遇春总是控制不住杀人的习性。鄱阳湖之战接近尾声时，他依然杀得兴起，把一个已经投降的汉军将领一剑刺死。庆功宴会上，朱元璋大声呵斥了常遇春，并将他的功劳降低一个等级，以示惩处。朱文正在坚守洪都及平定江西的作战中战功卓著，但他却淫逸无度，多次抢掠民妇，还纵容亲信抢掠部下妻女。庆功宴会上，朱元璋不仅宣布不给赏赐，还说若屡教不改，今后将加以严惩。

庆功宴会上，朱元璋特别称赞了刘伯温，他说："刘先生曾劝我不要支援安丰，但我没有听从先生之言，几乎酿成大祸。假如陈友谅趁我军北上、应天空虚之时顺流而下，直捣我方应天城，将使我们陷入进无所成、退无所守的境地，必然危害大局。陈友谅不攻应天而攻洪都，采取这个下下之策，完全丧失了用兵的最佳时机，怎么可能不灭亡呢！"说完，朱元璋亲自给刘伯温敬了一杯酒。

宴会结束后，处于兴奋状态的朱元璋忽然想起读书的事来。一段时间以来，由于战事吃紧，他已经一个多月没有读书了。于是，朱元璋命博士夏煜为他挑选宋元两朝的善本，供自己阅读。不久，夏煜非常高兴地捧着一叠古书来见朱元璋，说道："恭喜主公，您的运气非常好！我访求到了一部北宋初年刻印的《论语》，这是一部难得的善本。"

听说夏煜为他访求到了《论语》，朱元璋心里非常高兴。他知道，北宋时期曾担任右谏议大夫、兵部侍郎、检校太保等要职的赵普，曾劝说宋太祖赵匡胤阅读《论语》，并称"半部《论语》治天下"。朱元璋捧着《论语》还没半个时辰，便觉得心思浮动，怎么也无法集中注意力。正当他刚想脱衣就寝时，一个亲兵侍从悄悄进来问道："主公，有个绝色女子送不送来？"

朱元璋听了，瞬间精神起来，这才知道自己已是一个多月未近女色了。他随即问道："哪儿来的女子，莫不是抢了个良家妇女？"

侍从转身唤那女子进来，朱元璋挑灯近看，果真是个绝色佳人。他小声问道："你是何人？"妇人有些胆怯地说："卑妾是汉王陈友谅的未亡人阇氏。"此时，朱元璋和阇氏各有各的心事。朱元璋觉得，自己曾宣布过要善待陈友谅的家人，现在怎能强占其宠妃呢？而另一股力量又让他感到，陈友谅害得他的红巾军付出多少牺牲！如今，他虽然征服了陈友谅，但还不够彻底，只有征服眼前这个美人，才算彻底征服了陈友谅。于是，朱元璋立即唤人准备酒菜，要阇氏陪自己饮酒。阇氏最初有几分胆怯，但深知自己已身怀六甲，日后若侥幸生男或可以替汉王复仇。于是她便耐着性子强颜欢笑，陪在朱元璋的身边。

第二天，朱元璋很快恢复了理智。他知道，自己不能沉溺在阇氏的温柔乡里，否则就会重蹈陈友谅灭亡的覆辙。他随即下令，各路大军即刻起程返回应天。

这次西进出征陈友谅时，朱元璋的水陆大军号称二十万人，在激烈的征战中损失多达五六万人,可返回应天的大军,不仅没有减少,反而多出几万人,达二十几万人。显然,返回的大军中包括数万陈友谅手下的投诚将士。朱元璋深知,这二十多万大军如果都留在应天府,李善长再有本事,也难以保证正常的后勤供给,必须尽快部署和安排下一步行动。

队伍休整半个月后,朱元璋得到情报,说张定边率领陈友谅的残部逃回武昌后,立陈理为帝,改元"德寿"。陈理全力整修内政,大有重整旗鼓之势。朱元璋本想暂时放陈理一把,先对付东南的张士诚。此时东南面并没有什么动静,而陈理极有可能东山再起。朱元璋经过一番权衡,随即命令各路大军用十天时间进行准备,然后发兵西进攻打武昌。

为了防备东南方向的张士诚、方国珍和陈友定几路大军,朱元璋决定这次西进攻打武昌,只率常遇春、康茂才、廖永忠、胡廷瑞的四支人马一同前往,而命李善长、徐达、邓愈等一干文官武将留守应天府,避免出现后顾之忧。

02. 智取武昌灭陈汉

至正二十三年(1363年)深秋,朱元璋根据时局变化,暂时放弃了进攻东南部的策略,亲率五万大军西进武昌征伐新汉王陈理。

朱元璋从应天府出发七天后,五万大军顺利抵达了武昌城下,常遇春、康茂才、廖永忠、胡廷瑞等四位大将迅速分兵,将武昌四门及汉阳（今湖北武汉汉阳区）、德安（今湖北省安陆县）团团围住。随后，朱元璋又命大军在长江中连舟为寨，并阻断了城中出入的通道。

武昌被围困数日后，汉王陈理仍然拒绝出城投降。在率领部将察看地形时，朱元璋发现武昌城城高且险，不易强攻，就命大军继续围困，想用围困战术来拖垮汉军。

至正二十三年年底，朱元璋惦记着应天的军政事务，命大军保持对武昌的严密围困，自己率领一部分亲兵返回应天府。

李善长等文官见朱元璋返回应天府，心情非常高兴。自鄱阳湖之战一举打败了陈友谅后，李善长等人便秘密谋划劝说朱元璋称帝，这次朱元璋亲率大军进攻武昌，并将武昌围了个水泄不通，陈理的灭亡已是迟早的事情。李善长等人觉得，趁红巾军围困武昌的间隙，朱元璋宣布称帝，然后名正言顺地征伐四方，成就天下统一大业。

朱元璋翻阅着一份份群臣上奏的劝进表，内心萌生了一种说不出的激动，他何尝不想称帝呢？但是，他一直深深地记着朱升提出的"高筑墙、广积粮、缓称王"这九字策略，总觉得称帝的时机还不成熟。从势力范围方面看，他连半壁江山都没有占到，还不具备称帝的实力；从名义方面看，不仅元朝廷还未灭亡，他的上头还有一个大宋小明王，一旦宣布称帝，自然会成为众矢之的。想来想去，他还是一口回绝了群臣劝他称帝的建议。他对身边的文官武将说："你们的心意我已尽知，但不知你们想过没有，天下戎马未息，厮杀不断，民困未苏，人心未定，天命授予谁人尚未可测。故称帝之议暂时搁置，等天下平定后再谈不迟。"

李善长等人非常理解朱元璋的心情，但他们并未完全放弃，而是让朱元璋先行称王。李善长说:"如今主公的地盘扩大了几倍,军政事务日益繁多,再用吴国公的名号,显然已是名不正言不顺。既然主公不愿称帝,那就退一步先行称王,这不仅是我等众臣的意愿,也是天意民意所在。"

朱元璋觉得李善长说得很有道理,但对称王也是十分犹豫,便悄悄地带着几个随从去请教刘伯温。刘伯温笑着对朱元璋说:"主公,称王当然是件好事啊!张士诚都能称王,主公为何不能称王呢?我认为,主公称王才不负天意民意。"

听了刘伯温的话,朱元璋很开心地说:"俗话说:'天与弗取,反受其咎。'既然先生和众臣都建议我称王,那我只好尊重大家的意见来做这个王。但这王号应该怎样称谓,还望先生代为斟酌。"

刘伯温说:"主公是吴国公,今又驻应天,应天多朝为国都,这王号自然少不了'吴'字。"

朱元璋非常高兴地说:"好,既然天意如此,那就称为吴王吧!"

至正二十四年正月初一,朱元璋宣布即吴王位,建中书省,封徐达左相国,李善长为右相国,常遇春、俞通海为平章政事,汪广洋为右司郎中,张昶为左司都事,刘伯温为太史令。同时,立长子朱标为世子。设立浙江行中书省、江西行中书省、湖广行中书省,并下令设文武二科取士,选拔天下人才。

朱元璋虽然称王,但仍奉小明王"龙凤"年号为正朔,以"皇帝圣旨,吴王令旨"的名义发布命令。

朱元璋在应天府宣布称王后,远在武昌的陈理仍不肯出城归顺。朱元璋随即从应天府赶到武昌督战,他不想再这样拖下去,便下令采取强攻方式尽快拿下武昌。

汉国太尉张定边见武昌形势极其危急,立即派人偷偷出城,赶到岳州（今湖南省岳阳市）向汉国丞相张必先告急。张必先是陈友谅手下的将领，外号"泼张"，早年在荆州黄蓬镇与陈友谅、张定边结拜为兄弟，誓言生死与共、风雨同舟、共谋前程。张必先接到张定边的报信后，立即率领人马赶到武昌城外的洪山（今湖北省武汉市洪山区）增援。可他还立足未稳，就遭到常遇春所部铁骑兵的猛烈攻击，张必先兵败被擒。

当常遇春押解张必先来见时，朱元璋假装生气地呵斥道："你们怎么这般对待张将军呢？张将军乃汉军擎天之柱，铮铮铁骨的一条好汉，今日战败只是时运不济。快快松绑，切不可辱没了张将军！"

张必先明知朱元璋是在做戏，但眼下汉军的实力已无法与朱元璋的红巾军抗衡，现在朱元璋想收服自己，借机归顺于他无疑是一个很好的结局。张必先归顺后，主动要求去劝降张定边。

张必先来到武昌城下，对守城的张定边喊道："张兄，武昌城已被围数月，如果我们兄弟死扛，除了让更多的人无辜丢掉性命外，已经毫无意义了。既然事不可为，还是降了为好！"

听了张必先的话，张定边怒气冲冲地大骂道："你还当老子是你大哥？老子苦等你来救，你却降了，下负兄之义，上负国之恩，还有脸叫老子也降，真是恬不知耻！"

张必先说："张兄，你我为大汉征战数载，披肝沥胆，舍生忘死，何时负了国恩？你我与汉王结为兄弟，风雨同舟，生死与共，何处有负兄弟之义？如今我们被逼入绝境，你我死而无所惧，反而可成就忠义之名。然兄弟之子嗣，城中之兵民不可与我们一同赴死，唯有归附才是一线生机，难道兄弟不明此理吗？"

张定边见张必先说得句句在理，便开始沉默不语。

朱元璋见张定边有所动摇，觉得应该再施加一点儿压力让张定边屈服。于是，朱元璋命手下将士傅友德、郭兴率领五百多名勇士组成敢死队，分左右两路攻打武昌城东南的高冠山。高冠山地势极其险要，站在山上可俯瞰武昌全城，山上有汉军的重兵把守。傅友德和郭兴率领敢死队将士连夜奋勇冲锋，一举攻下高冠山。

武昌城中的汉军守将陈英杰见高冠山被朱元璋大军占领，立即报告给张定边。张定边觉得，如此险要的高冠山尚不能守住，武昌城恐怕真的守不住了。张定边尤其担忧的是，如果难于控制杀人成性的常遇春攻进城来，不知会有多少人成为他的刀下之鬼。因此，张定边归顺朱元璋的想法逐渐占据上风。

当朱元璋派降将罗复仁到城中劝降时，张定边知道汉国大势已无可挽回，为保住新汉王陈理的性命，决定献城向朱元璋投降。

为了不让武昌城内出现恐慌，朱元璋只带一队亲兵入城受降。当他们刚走到城门边时，原属于陈友谅手下的猛将陈同佥突然持刀杀出，举刀便向朱元璋砍了过来。

危急时刻，朱元璋的亲军指挥郭英纵身跃起，即刻挡在了朱元璋身前，右手飞起一剑，将陈同佥刺倒在地。这一意外变故，让处在不远处的陈理、张定边、罗复仁等人都惊惧不已，罗复仁甚至担心朱元璋会杀了他们。

虚惊一场后，朱元璋强作镇定地对郭英说："爱卿真乃壮士，真像当年唐太宗身边的尉迟敬德！"

此时，刚刚清醒过来的陈理"扑通"一声跪倒在朱元璋面前，不敢抬头看朱元璋。朱元璋赶忙扶起陈理说："我知道不是你指使的，你不必害怕。"

朱元璋进入武昌城后，立即派人到陈友谅宫中安慰陈友谅的父母，并告诉他们，武昌府库中的所有财物，只要他们需要就可以随意取用。同时，又让城中文武百官带上妻儿财产，有序出城返回家乡。

有着"二王"之称的陈友谅之兄陈友才，正准备在益阳（今湖南省益阳市）拼死抵抗，可当他听说朱元璋非常善待自己的父母、侄儿后，也献城归顺于朱元璋。

陈理献城归顺后，朱元璋命参政杨璟据守武昌，并运米赈济饥荒，城中民众欢天喜地，呈现出一派安乐祥和的气氛。

不久，湿水（今安徽省寿县南部）以及汉州（今四川省广汉市）、荆州（今湖北省荆州市）、岳州等各个州府都闻风归降朱元璋。至此，陈友谅、陈理父子的陈汉政权宣告彻底灭亡。

朱元璋带着陈理回到应天府后，封他为归德侯，并赐给府第，让他在应天安居。张定边始终不肯在朱元璋麾下受官享禄，毅然决然地出家当了和尚。

03. 淮东一带被平定

至正二十四年（1364年）正月，朱元璋率领大军刚从武昌返回应天府，就传来了张士诚手下老将李伯升统率二十万、号称六十万大军袭击诸暨（今浙江省诸暨市）的消息。朱元璋得到报告后，立即把消灭张士诚作为下一个战略目标。

张士诚原本投靠了元廷，被元廷封为太尉。但至正二十三年夏，张士诚授意手下求朝廷封他王爵，但遭到朝廷拒绝。于是，他一气之下将朝廷江浙右丞达识帖木儿软禁起来。至正二十三年九月，张士诚重新称王，即由诚王改称吴王，比朱元璋称为吴王早了四个月，并封四弟张士信为浙江行省左丞。为了储备与朱元璋作战所需的粮食，他断绝了对朝廷大都（今北京市境内）的漕运。此前张士诚投降朝廷是想借助朝廷的力量来对抗朱元璋，而现在已与朝廷决裂，他只能依靠自身的力量来对抗朱元璋。因此，他利用手下的降将谢再兴等人英勇善战，来收复被朱元璋攻占的地盘。

此时，张士诚所据地盘南北达两千余里，拥有军队数十万之多。他设立礼贤馆，广纳四方文士，吸引了大批文人贤士纷纷前来投效，比较著名的有高启、杨基、施耐庵、罗贯中、张羽等。平日他广延宾客，众多文士经常饮乐于幕府之中，只要宾客所言符合他的心意，便赠予马匹、居室等。

张士诚在隆平城（今江苏省苏州市）大造宫殿，广征佳丽寻欢作乐，而把朝中之事全部交给他的四弟张士信和女婿潘元绍代为处置。张士信和潘元绍偏偏喜好聚敛财物，金玉珍宝及古书法名画无不搜为已有，而且日夜歌舞自娱，性好荒淫，耽于酒色，根本不懂治国之道，因此二人又将朝中政事交给黄敬夫、蔡彦文、叶德新等人处置。但这些文人除了舞文弄墨、空谈国事外，毫无治国本事。为了应付庞大的奢靡支出，他们不得不对百姓横征暴敛，其重赋苛税比之朝廷有过之而无不及。

同时，张士诚手下的将领也学会了享乐，导致腐化奢侈之风盛行。腐败堕落的作风摧毁了军队的士气和官府的法纪，军队的纪律甚至比朝廷军队还要涣散。将帅打了败仗后跑到张士诚面前一哭，张士诚不但不追究战败之责，甚至还好言安慰。张士诚的所作所为，无疑为他的败局埋下了伏笔。

朱元璋灭掉陈汉政权从武昌返回应天府后，立刻对军队进行了大规模的整编，统一了部队编制、官职，以红色战袄战裙为军服，并撤销各翼元帅府，置武德、龙骧、豹韬、飞熊、威武、广武、兴武、英武、鹰扬、骁骑、神武、雄武、凤翔、天策、振武、宣武、羽林等十七卫亲军指挥使司。尤其是经过反复研究，朱元璋拟定了消灭张士诚的周密计划，并派出亲兵前往自己的外甥李文忠驻守的金华府（今浙江省金华市）传达令旨，命李文忠以左丞之职，总制严州（今浙江省建德市境内）、衢州、信州、处州（今浙江省丽水市）诸府军马。命已故大将耿再成的儿子耿天璧继续留守处州。

李文忠担任左丞后的第一仗，就是在诸暨抗击李伯升的大军，将李伯升、谢再兴率领的号称六十万大军打得大败而逃。

朱元璋得知李文忠大胜的消息，立即将李文忠及胡大海的养子胡德济召至应天，分别赏赐给他们衣服、名马，封胡德济为右丞。

随后，朱元璋发表了讨张檄文。朱元璋在檄文中列举了张士诚的八条罪状："唯兹姑苏张士诚，为民则私贩盐货，行劫于江湖，兵兴则首聚凶徒，负固于海岛，其罪一也。又恐海隅一区，难抗天下全势，诈降于元，坑其参政赵琏，囚其待制孙，其罪二也。厥后掩袭浙西，兵不满万数，地不足千里，僭号改元，其罪三也。初寇我边，一战生擒其亲弟，再犯浙省，扬矛直捣其近郊，首尾畏缩，乃又诈降于元，其罪四也。阳受元朝之名，阴行假王之令，挟制达丞相，谋害杨左丞，其罪五也。占据江浙钱粮，十年不贡，其罪六也。知元纲已坠，公然害其丞相达识帖木儿、南台大夫普化帖木儿，其罪七也。恃其地险食足，诱我叛将，掠我边民，其罪八也。"（明·吕毖《明朝小史》）这样的讨伐檄文，让人觉得像是朝廷颁布的讨伐令。显然，朱元璋已经找到了攻打张士诚的充足借口。

朱元璋的讨伐檄文并未引起张士诚的注意，他随即又派拥有数百艘舟船的水师溯流而上攻打江阴（今江苏省江阴市）。除江阴守将吴良、吴祯兄弟二人早就严阵以待外，朱元璋迅速从应天派兵来援，两面夹击一举打败了张士诚水师，张士诚率众退走。朱元璋手下的大将康茂才乘胜追击，俘虏张士诚败军两千余人。

至正二十四年十月，张士诚派遣四弟张士信攻袭长兴（今浙江省长兴县），结果被朱元璋手下的将领耿炳文、费聚打得大败，张士诚手下大将宋兴祖被俘虏。张士信感到非常气恼，再次增兵围攻长兴。得知张士信前来复仇，汤和率军从常州赶来增援，与耿炳文联手打败了张士信，张士信不得不狼狈逃回隆平府（今江苏省苏州市）。此后，耿炳文守长兴，汤和守常州，吴良守江阴，成为应天府牢不可破的东南屏障。即使张士诚一次又一次地攻打长兴，誓言非拿下长兴不可，但始终未能如愿。

至正二十五年夏，朱元璋将在湖广、江西征战的徐达等大将调回，进一步加大了讨伐张士诚的力度。

至正二十五年十月，朱元璋命徐达、常遇春、冯胜、胡廷瑞等诸将率领马步舟师渡江北征。张士诚立即派徐义率水师北上增援，但徐义所部在江阴遭到吴良所部的强烈拦击，只好放弃增援。

徐达等诸将陆续攻克了泰州（今江苏省泰州市）、高邮（今江苏省高邮市）等地。在围攻高邮时，大将冯胜中了城中守将的诈降计，结果派往城内受降的一千多名将士全部遇害。朱元璋听到这个消息后，勃然大怒，急召冯胜回到应天府将他臭骂了一顿，并打了他五十大板，罚他步行返回高邮。冯胜回到高邮后，知耻而后勇，亲自率部攻破了城池。随后，徐达、常遇春等诸将稳扎稳打，先后攻占了淮安州（今江苏省淮安市）、徐州（今江苏省徐州市）、宿州（今安徽省宿州市）、濠州（今安徽省凤阳县）等江北州县，淮东一带基本得到平定。让朱元璋倍感欣慰的是，他的队伍已经打回了自己的老家濠州。

04. 用计除掉小明王

朱元璋消灭了陈友谅后，除了将剿灭张士诚列为下一个目标外，他身边的文官武将开始为他筹划登基为帝。

至正二十六年（1366年）初秋，随着应天新城扩建工程的告竣，为朱元璋筹划称帝的事情变得越来越紧锣密鼓，可朱元璋的心病也似乎越来越严重。朱元璋的心病，就是他一旦宣布称帝，该怎样向小明王韩林儿交代。因为他使用"龙凤"年号已长达十二年之久，即使在应天府宣告称为吴王，但行文出令仍用"皇帝圣旨，吴王令旨"，依旧尊小明王为帝。他甚至后悔当初没有采纳刘伯温的建议，率军赴安丰（今安徽省寿县）去救援小明王，并在庐州（今安徽省合肥市）成功营救了小明王。如今，如何处置小明王却成了朱元璋一大心病。

经过反复斟酌，朱元璋决定将在隆平城参与围困张士诚的大将廖永忠撤回来，为自己执行一项特殊任务。朱元璋对既忠心耿耿又机智勇敢的廖永忠信赖有加，当初巢湖水师头领李国胜想要谋害朱元璋时，是廖永忠兄弟二人深夜前来密告，才让他免受其害。他的兄长廖永安在太湖与张士诚激战时被俘，被囚于狱中一直不降，八年后病死在狱中。作为水军将领，廖永忠在平定陈友谅、张士诚的战斗中立下了赫赫战功，更是得到了朱元璋的赞赏。因此，在需要执行秘密任务时，朱元璋第一个想到了廖永忠。

廖永忠接到朱元璋的密令后，立刻从隆平赶回应天府。见到廖永忠，朱元璋亲切地拍了拍他的肩膀说："将军在隆平征战数月，身体还好吧？我知道将军在与敌军作战时总是一马当先，勇气实在可嘉，但我却常为将军的性命担忧。作战英勇精神可嘉，但多动脑筋多用智谋更有必要。现在十万火急地把将军召回来，就是为了小明王韩林儿这个人。我想让你前往滁州，把小明王接到应天府来。不过，由于应天府的宫殿还没有修建完工，我开始忧虑怎样安置小明王。相信你一定会体察我的苦心，能把安置小明王的事办周全了，就是你的盖世奇功。"

廖永忠听朱元璋说接回小明王将是他的盖世奇功，猛然有所醒悟。因为从滁州到应天都是朱元璋的地盘，接小明王来应天本是一件非常简单的事，而朱元璋秘密让他来办理此事，绝非是一件简单的事情，他觉得自己已悟到了朱元璋的苦心。于是，他立即回应说："感谢主公信任，末将一定竭尽全力将此事办周全了。"

廖永忠临走时，朱元璋拉着他的手说："应天正忙着准备登基一事，此为国之大事。将军此去，肩负重要使命。这个季节，西北风猛烈，长江之上风高浪险，你虽为水军将领，但行船仍要倍加小心，唯恐有不测风云。"

廖永忠辞别朱元璋后，立即带领十几个亲兵前往滁州。一路上，他一遍又一遍地回想着朱元璋的话。朱元璋告诉他长江之上风高浪险，要防不测。他在长江边生活了几十年，深知秋冬之交长江会水位大减，河道变窄，多数时间都是风平浪静，即使遭遇暴风雨也不大可能船翻人亡，除非人为，更何况这个季节几乎不可能遇上暴风雨。廖永忠想了一路，终于悟透了朱元璋的苦心。

两天后，廖永忠和几个亲兵陪同小明王及其家眷侍从，在浦口北登上了一艘装饰一新的八橹船，其他随行人员登上另一艘八橹船。两艘豪华的快船，在碧波荡漾的滁河上快速前行。

第三天，船队遇到一段过浅的河道，大船根本无法通行，廖永忠只得请小明王改乘小船。于是，小明王和廖永忠等五十余人，分乘十艘小船继续前行。这些小船行驶速度比大船缓慢得多。当船队行驶到六合靠近长江边的瓜洲滩时，天色已黑，又因要由瓜步洲进入长江，出于安全考虑，廖永忠征得小明王的同意，在附近的一个镇子暂住下来，明早从瓜步洲渡江。

第二天一早，廖永忠带着小明王来到长江边。时值初冬，一阵西风从江面刮来，小明王不由得打了一个冷颤。廖永忠安排四个亲兵、两个水手、一个贴身侍卫与小明王同坐一艘双桅帆船，而他自己坐一艘橹船在帆船一侧跟随。

当船队驶入江心时，小明王发现廖永忠的橹船不见了，心中不免产生一丝不安。就在这时，小明王乘坐的帆船意外进入江心漩涡处，而且船身有些摇晃。船上一个水手突然叫道："不好，遇上水怪了。"话音未落，他便丢下舵杆跳入江中，另外几个水手也跟随跳入江中。大惊失色的小明王意外发现船底有一个大洞，江水正翻滚着冒进来，便大喊道："救命啊，救命！"话音刚落，帆船竟然翻了个底朝天。

帆船倾覆后，廖永忠立即带着水手、亲兵及小明王的侍卫赶了过来展开搜救，廖永忠甚至还亲自下水参与搜救。因天气太冷，搜寻持续半个时辰后，廖永忠已是冻得双唇发紫，全身发抖，但一直没有找到小明王，便跪在船上痛哭起来。

当天晚上，廖永忠带着小明王的家眷回到应天府。当朱元璋得知小明王在瓜步洲渡口因翻船被淹死时，指着廖永忠的鼻子大骂起来，给人的感觉是廖永忠难逃一死。廖永忠一言不发，只顾跪在地上磕头请罪。看到朱元璋暴跳如雷地骂着廖永忠，小明王的妃子和孩子都吓得一起跪拜在地。

这时，李善长立即赶过来为廖永忠等人求情，可朱元璋怒目相视不为所动。刘伯温见朱元璋只顾生气，没有杀心，心里有了底，也上前求情说："主公，据臣所知，长江之上这个时节发生风暴，恐怕是十年难有一遇，不是廖将军所能预料的。事发纯属偶然，这个意外也许是天意。"

朱元璋说："先生能将这天意解说得详细些吗？"

刘伯温对朱元璋的问话心领神会，就不慌不忙地说："自古皇权天授，王者必具威德，必有天赋才干。前些时候明王欲禅位于主公，但主公终不从之，必欲邀明王赴应天登此大位，没想到却遭遇不测，如此看来，明王命不当此。天意不仅廖将军不可抗拒，所有人也都无法抗拒。"文官武将都附和刘伯温说天意不可忤逆。

听了刘伯温和诸多文官武将的话，朱元璋的愤怒情绪自然平和下来，随后下令在应天城内悬挂孝幛，悼念小明王。第二天，朱元璋又率领文官武将到长江边祭奠，并宣布"以明年为吴元年，建庙社宫室，祭告山川"（《明史·本纪》）。至正二十七年正月初四，朱元璋宣布不再以"龙凤"纪年，而为吴元年。

小明王死后，朱元璋不仅赦免了廖永忠的罪过，还让他率军重返隆平城去攻打张士诚。

05.隆平活捉张士诚

至正二十六年（1366年）六月初，徐达一举收复了郭子兴红巾军的初期根据地濠州，让朱元璋大喜不已。因为濠州境内的太平乡孤庄村是他的家乡，是生他养他的地方。至正四年九月十九，也就是他十七岁生日的第二天，就为了能吃上一口饭，他不得不离开孤庄村到皇觉寺出家当了和尚。如今，他已经变成了统率百万雄师、占据数千里地盘的吴王。

朱元璋率领濠州的属将回到孤庄村后，祭奠了祖坟，会见了儿时的伙伴汪文、刘英，送给他们大米、绸缎等许多财物，然后大摆酒席宴请父老乡亲。宴席开始后，朱元璋百感交集地说："至正十二年，我投奔了郭子兴的红巾军。经过十多年奋勇征战，才有机会归乡祭祖，与父老乡亲们相见。只可惜我不能久留，不能与你们长久欢聚。各位父老乡亲一定要好好教育你们的子弟孝悌力田，不要远行做生意，附近州县还有战事，大家要多多保重才是。"他宣布，从现在起，免除父老乡亲的田租和赋税。他在孤庄村待了近一个月，便动身返回应天吴王府。

至正二十六年八月初一，朱元璋举行告祭水神仪式，祈求神灵护佑进入太湖与张士诚决战的水师安全。随后，朱元璋任命徐达为大将军，常遇春为副将军，统率二十万大军征讨张士诚。

朱元璋亲自来到军门誓师，非常严肃地对将士们说："城下之日，毋杀掠，毋毁庐舍，毋发丘垄。士诚母葬平江城外，毋侵毁。"

(《明史·本纪》)

　　誓师仪式结束后，除了徐达、常遇春领兵攻打湖州（今浙江省湖州市）外，朱元璋又命李文忠袭击杭州，命华云龙攻击嘉兴（今浙江省嘉兴市）。

　　至正二十六年八月二十五，徐达、常遇春率军抵达湖州城外的三里桥，张士诚派属将张天祺迎战。两军经过一番激烈交战，张天祺所部战败后，立即撤退到湖州城中。随后，徐达和常遇春率军包围了湖州城。

　　湖州城被围后，张士诚立即派司徒李伯升率军从水路偷偷进入湖州城进行协防，又派手下干将朱暹、王晟、戴茂、李茂、吕珍等人率领六万大军支援湖州。张士诚的援军驻扎在湖州城东的旧馆，结五寨为营，与湖州城形成掎角之势，从而在内外夹击徐达、常遇春所率大军。徐达、常遇春看出了张士诚的用意，对张士诚所派援军来了个反包围，在旧馆以东的东阡镇修筑了十个营垒，一举切断了旧馆援军的退路。

　　双方很快在旧馆发生交战。徐达率部采取围点打援战术，与张士诚援军展开拉锯战。常遇春在夜间突袭乌镇，迅速打败了乌镇守将潘元绍，然后填塞旧馆附近的沟港，切断了张士诚援军从水上向旧馆运粮的通道。常遇春率部乘胜向盘踞在升山的张士诚援军发起进攻，接连攻占了六个营寨，张士诚的属将王晟、戴茂先后投降，另外两员属将徐义、潘元绍战败后，退到旧馆的东垒与那里的援军会合。

　　至正二十六年十月三十，徐达率领李家俊所部向旧馆发起攻击，一举攻破了旧馆及升山的水军营寨，张士诚的养子五太子及属将朱暹、吕珍等人率领六万多人马投降。

湖州城内的守将李伯升见张士诚派来的援军全部投降，觉得湖州城已无法长期坚守，也被迫投降。徐达、常遇春乘胜出击，先后攻占嘉兴、松江（今上海市松江区）。不久，张士诚手下的杭州守将潘元明投降了李文忠，至此，张士诚的主力军以及战略要地几乎丧失殆尽。

徐达、常遇春赢得旧馆及湖州大捷后，收到了朱元璋的杀降密令："差内使朱明前往军中，说与大将军左相国徐达，副将军平章常遇春知会，十一月初四日捷音至京城，知军中获寇军及首目人等陆万余众，然而俘获甚众，难为囚禁，今差人去，教你每军中将张军精锐勇猛的留一二万，若系不堪任用之徒，就军中暗地去除了当，不必解来。"（明·王世贞《弇山堂别集》）主要意思是，俘获敌军将士六万余人，俘虏太多，难以囚禁。现在派人前去，可留张士诚军中精锐勇猛的士卒一两万人，其余不堪任用者，可以暗中除去，不必解押回来，但是重要的将领要全部解来。不久，朱元璋又给徐达发去一封密令："今后在战斗中俘获的敌军将士，不必解来，全部杀掉。"

徐达收到朱元璋的密令后，心中大为疑惑。大军出发时，朱元璋还一再强调不可妄杀，而现在却密令他大肆屠杀，徐达立即派人向朱元璋再次请示。朱元璋回复说："你们今日所请之事，大可根据实际情况斟酌处理，不必请示。从今以后，各军中的紧急事务，大元帅可便宜行事，我不再干预。"徐达看到朱元璋的回复后，只得忍痛大开杀戒，一举斩杀了四万战俘。

至正二十六年十一月，朱元璋大军包围了隆平府（今江苏省苏州市），隆平城成了一座孤城，对于朱元璋来说，破城只是时间问题。可不识时务的张士诚仍作困兽之斗，誓不投降。为了减少交战伤亡，朱元璋给张士诚写了一封信，劝他效法汉代的窦融和北宋的钱俶，为保全身家性命早日投降。但张士诚不接受朱元璋的劝降，不断命手下将士出击突围。而一次突围作战中，张士诚受伤落马，被属下抬回隆平城内后再也没有出城。随后，朱元璋又派张士诚的好友李伯升去劝降。李伯升给张士诚写了一封非常真诚的劝降信，让张士诚颇为心动，但最终他还是拒绝投降。

至正二十七年八月，朱元璋大军最终将外无救兵、内绝粮草的隆平城一举攻破，张士诚的女婿潘元绍等将士投降。

城破之日，张士诚的妻子刘氏命人把张士诚的一群小妾赶到齐云楼上纵火烧死，然后自己上吊自杀。张士诚率领近三万将士在万寿寺东街，与朱元璋大军展开巷战，战败后自己在门框上上吊自杀。就在张士诚快要断气时，被赶来劝降的李伯升解救。

李伯升叫张士诚的女婿潘元绍进行劝降，但"士诚瞑目不答"（《明史·张士诚传》）。徐达见状，命人用旧盾牌将张士诚抬到船上，送往应天府。

至正二十七年九月初八，张士诚被押解"至金陵，竟自缢，年四十七"（《明史·张士诚传》）。朱元璋下令将张士诚焚尸，后葬于石头城（今江苏省南京市鼓楼区）下。张士诚是一个没有远大抱负的人，当朱元璋与陈友谅在鄱阳湖开战时，他仍然在隆平城尽享太平，后来被朱元璋消灭也是情理之中的事。

攻占隆平后，朱元璋随即论功行赏，封李善长为宣国公、徐达为信国公、常遇春为鄂国公。所有出征将士，每人赏赐大米两石，盐十斤。

张士诚的灭亡，又清除了朱元璋心头的一大隐患。

06. 浙东福建灭双雄

至正二十七年（1367年）十月，也就是攻占隆平灭掉张士诚后的第二个月，队伍稍加修整，朱元璋就下令兵分四路征讨四方。第一路，令汤和为征南将军，廖永忠为副将军，去征讨浙江东南的方国珍；第二路，令徐达为征虏大将军，常遇春为副将军，率二十五万人马向西向北伐中原；第三路，令胡廷瑞为征南将军，何文辉为副将军，去攻打福建的陈友定；第四路，令湖广行省平章杨璟、左丞周德兴、参政张彬率部攻取元军占领的广西。

朱元璋这次四路出兵，以扫清各地义军和地方武装为优先目标，而征伐的重点，就是第一路攻打盘踞在浙江东南的方国珍所部。

方国珍是一个反复无常的人，几次投降朝廷，又几次反叛朝廷，可谓是变化多端。他通过自己的漕运，给元大都（今北京市境内）供应一定数量的粮食，以此来获取朝廷的好处。

由于张士诚所占地盘处于朝廷和方国珍之间，给方国珍创造了与朝廷之间的隔离带。当朝廷利诱他投降时，他的手下劝他不要接受招抚，应趁机扩张地盘，以便割据一方。可方国珍却接受了朝廷授予的"海道漕运万户"职位，从而满足于占据浙江的庆元、温州、台州等地。当朝廷要求他配合元军夹击张士诚所部时，他不仅爽快地答应下来，而且干得很卖力，与张士诚在昆山展开激战，并取得七战七捷的战绩。

至正十八年，朱元璋攻占婺州（今浙江省金华市）后，曾派使者蔡元刚出使庆元（今浙江省宁波市），目的是寻求方国珍的支持。当时的方国珍可谓是三面受敌：南有陈友定、北有张士诚、西有朱元璋。于是，他与部下商议，认为与其树一强敌，不如暂时示弱顺从，并利用朱元璋的声望保护自己免受攻击，等形势发生变化后再相机而动。于是，方国珍也派使者向朱元璋表示友好，并送去数量可观的财物。朱元璋并未接受方国珍所送的财物，只是封他为福建行省平章，借故把他调离自己的根据地。但方国珍以生病为由不赴任，拒绝了朱元璋的任命，随后便归顺了朝廷，派出大批海船，将从张士诚手下缴获的十余万石粮食运送到元大都，他因此被元顺帝孛儿只斤·妥懽帖睦尔封为江浙行省左丞相，并赐爵衢国公。

至正二十二年，朱元璋属下的苗帅蒋英等发动叛乱，杀害了胡大海后投奔方国珍。方国珍害怕引火烧身不予接纳，并与蒋英所部发生激战，方国珍的弟弟方国璋被杀。朱元璋为了缓和与方国珍的关系，立即派人去吊祭方国璋。可第二年，方国珍与朱元璋发生争斗，朱元璋手下的参军胡深一举攻破瑞安（今浙江省瑞安市）向温州进发。方国珍非常害怕，立即向朱元璋表示每年进贡白银三万两。同时，方国珍还许诺如果朱元璋攻下张士诚的杭州，他就纳土来归。

至正二十六年，当朱元璋真的攻下杭州并包围隆平时，方国珍觉得自己的末日也快到了，就不想兑现自己的诺言，不仅暗地里与元将扩廓帖木儿进行勾连，还与福建的陈友定相互联络，从而形成互为掎角的格局。

对于方国珍背信弃义，朱元璋非常生气。至正二十七年十月，朱元璋命汤和与朱亮祖南北夹击攻打方国珍，不出一个月就攻下方国珍的老巢庆元路（今浙江省宁波市），方国珍从海上败逃。征南副将军廖永忠随即入海追击，方国珍的兄弟和部将纷纷投降。

走投无路的方国珍又派儿子方明完向朱元璋请降,并给朱元璋带去一封言辞凄切的信。在这封信中,方国珍把自己比作孝子,而且承认自己犯有反复无常之罪。他还说,汤和大军抵达庆元时,他未做大的抵抗,也没有破坏城池,焚烧屋舍,而是封闭府库,让手下的部将将庆元城完整地交给汤和将军,也算良心没有泯灭。方国珍的言辞极其哀恳,令人心动,文思机辩皆令人叹赏。

看了方国珍的信,朱元璋怒火尽消,并立即给方国珍写了一封回信,信中写道:"你今势穷来归,言辞衷恳,我当以此诚为诚,不以前过为过。你不要怀疑,速率众来附,前过统统赦免,我将保你们安享荣华富贵!"

至正二十七年十一月,当方国珍率领家人赶到应天府向朱元璋请罪归顺时,朱元璋竟然哈哈大笑地说:"你如果早点儿听我的劝告,率众来归,说不定今天已是一个大功臣,可你来得何其晚啊!"

听了朱元璋的话,方国珍吓得直冒冷汗,自觉性命休矣。可朱元璋不仅饶恕了方国珍,还授予他广西行省左丞一职,但只食禄不上任。明洪武七年(1374年),方国珍死于应天。

方国珍被招降后,朱元璋征伐的重点就是第三路攻打福建的陈友定。陈友定又名有定,字永卿,号国安,出生于世代务农的家庭。他目不识丁,曾经学着做小买卖,但总是亏本,后来不得不做了人家的上门女婿。他先是佣伍之人,后来逐渐有了自己的地盘后,开始招纳一些文化人留置于幕下,为自己出谋划策。

陈友定威震八闽后,不像朱元璋那样野心勃勃,而是一心听命于朝廷,非常满足于做个地方军阀。朱元璋攻占婺州后,陈友定对朱元璋的势力深感忌惮,担心自己坐以待毙,先后对朱元璋占据的处州、浦城（今福建省浦城县）等地进行袭扰，但都被朱元璋所部打败。

至正二十七年十一月，胡廷瑞与沐英等率军渡过杉关（今福建省光泽县），连续攻克了邵武（今福建省邵武市）、建阳（今福建省南平市建阳区）、分水关（今福建省武夷山市境内）、崇安（今福建省武夷山市境内）。胡廷瑞原为陈友谅手下的江西行省丞相，归顺朱元璋后屡立战功。这次被朱元璋任命为征讨陈友定的主帅，出征前朱元璋曾对他说："我命你为总兵，往取福建。何文辉为你的副将，湖广参政戴德也听从你的调遣。这二人都是我的亲近之人，但你不要因为这个而不敢管理。凡号令征战，一律以军法从事，不可畏怯。"

胡廷瑞率军连战连捷后，朱元璋非常高兴。随后，朱元璋又命攻取了庆元的汤和、廖永忠、吴祯等统率水军南下，自海道进攻福州，来协助胡廷瑞平定陈友定。

在与陈友定的交战中，朱元璋的属将胡深因战马失足被擒，并被陈友定斩杀。得知胡深被斩，朱元璋悲恸不已。

汤和、廖永忠等率军从海上进军至福州后，立即派使者到延平（今福建省南平市）去招降陈友定。陈友定不但不降，还下令将使者当众斩首，并拔剑发誓说："我深受朝廷厚恩，方有今日。今吴军兵临城下，报效朝廷在此一时，望诸位同心协力。有不以死相拒者，我必将他凌迟活剐，妻子儿女一并杀掉。"

陈友定在福州环城设垒，每五十步就筑一台，派敢死之士据守。但在汤和、吴祯、廖永忠的猛烈进攻下，福州最终被攻克。随后，汤和又转攻延平，而陈友定誓与城池共存亡。汤和围城十天后，陈友定自知城池难保，便按剑服药，想以自尽的方式报国，但被他的部下擒拿，并立即打开城门投降。汤和随即将陈友定父子押送至应天府。由于朱元璋气愤陈友定斩杀了胡深，便下令将他们父子斩首。

在第一路和第三路灭掉方国珍和陈友定的同时，第二路和第四路征伐大军也取得了实质性进展。湖广行省平章杨璟、左丞周德兴等率领第四路大军从衡阳（今湖南省衡阳市）出发后，与元军展开一场血战，一举夺取了永州（今湖南省永州市）。

07. 讨元檄文鼓士气

至正二十七年（1367年）十月，朱元璋派四路大军征伐四方，很快消灭了方国珍和陈友定，逐步具备了挑战元朝的条件，也就是说，第二路大军向西向北歼灭讨伐元朝的条件更加成熟。

朱元璋对第二路大军攻击元军占领之地非常重视，因此派二十五万大军归徐达和常遇春等人调遣。尤其是大军出征之前，朱元璋与徐达等诸将在中军帐详细筹划北伐事宜。

常遇春建议说："主公，我大军应该当直捣元大都，然后攻击元上都（今内蒙古锡林郭勒盟境内）。"

而朱元璋觉得，眼下元朝对各方势力的控制力和影响力已经变得非常薄弱，地方割据势力变得越来越强大，攻打元大都、元上都对地方势力并不会产生多大的影响。他说："我们应该借助运河的便利条件，先发兵攻取山东，让元大都暴露在我军的兵锋之下。随后，我们再发兵攻取河南，斩断元大都的羽翼。接下来我们再发兵攻取潼关，并派重兵把守，切断关陇（今陕西省关中地区）元军增援的后路。如果我们实现这三步目标，天下形势就在我们的掌握之中，到那时我们再发兵进攻元大都，便可不战而胜。占领元大都后，我大军乘胜西进，便可占领云中（今山西省怀仁县）、太原以及关陇。"

听了朱元璋的一番话，诸将敬佩不已。随后，朱元璋又说："这次征伐，是奉行天命平定祸乱，安抚百姓，是以正义之师伐无道。诸将之中，勇敢善战、谋定而动、驭下有纪律、战胜攻取、得为将之道的，莫过于大将军徐达；当百万之众、勇敢先登、冲锋陷阵、所向披靡者，莫过于副将军常遇春。而我对常遇春总有些心存担忧。我并不担忧遇春不能战，只是担忧遇春轻敌。遇春身为大将，不知持重，常去与小校争高低，这正是我不愿看到的，遇春一定要引以为戒。若临大敌，遇春可以作为先锋。但如果敌势过强，遇春就要与参将冯胜分为左右翼，各率精锐前去迎击。右丞薛显、参政傅友德皆勇略过人，可领一军，独当一面。倘是孤城小敌，只需派一个有胆识的将领，付以总制之权，便可成功。徐达则专主中军，策励诸帅，运筹决胜，不可轻动。"诸将心服口服地各自领命。

而后，朱元璋把徐达召到跟前叮嘱一番，又把傅友德召到跟前叮嘱一番。在朱元璋的心目中，傅友德智勇双全，屡建奇勋，是一员难得的猛将。

朱元璋最后对诸将说："你们这次出征，不只是攻城略地而已，还要削平祸乱，以安生民。故所经之处，遇敌则战。你们所经之处，及下城之日，勿妄杀人，勿夺民财，勿毁民居，勿废农具，勿杀耕牛，勿掠人子女。民间若有孤幼遗弃在军营，父母亲人前来寻认，应发还人家，这是积阴德的好事。积德者必有善报，望诸位切实遵行，凯旋而归。"

朱元璋进行一番动员后，又召来长子朱标的老师宋濂，让他起草《谕中原檄》，一方面是为了向北方人民说明北伐的原因，形成"兵至，民人勿避"的局面；另一方面也是为了鼓舞出征将士的士气。宋濂起草的这篇檄文，向元廷统治区发动了强大的政治攻势，把军事与政治、攻击与招抚、分化瓦解和统一战线结合起来，多管齐下。同时，申明朱元璋与其他义军有着本质的区别，已彻底与造反的红巾军划清界限，为朱元璋清剿各地义军做好了铺垫。宋濂起草的《谕中原檄》这样写道：

> 檄谕齐鲁河洛燕蓟秦晋之人曰：自古帝王临御天下，皆中国居内以制夷狄，夷狄居外以奉中国，未闻以夷狄居中国而制天下也。自宋祚倾移，元以北狄入主中国，四海以内，罔不臣服，此岂人力，实乃天授。彼时君明臣良，足以纲维天下，然达人志士，尚有冠履倒置之叹。
>
> 自是以后，元之臣子，不遵祖训，废坏纲常，有如大德废长立幼，泰定以臣弑君，天历以弟酖兄，至于弟收兄妻，子烝父妾，上下相习，恬不为怪，其于父子君臣夫妇长幼之伦，渎乱甚矣。
>
> 夫人君者，斯民之宗主；朝廷者，天下之根本；礼义者，御世之大防。
>
> 其所为如彼，岂可为训于天下后世哉！及其后嗣沉荒，失君臣之道，又加以宰相专权，宪台报怨，有司毒虐，于是人心离叛，天下兵起，使我中国之民，死者肝脑涂地，生者骨

肉不相保，虽因人事所致，实天厌其德而弃之之时也。

古云："胡虏无百年之运"，验之今日，信乎不谬！当此之时，天运循环，中原气盛，亿兆之中，当降生圣人，驱逐胡虏，恢复中华，立纲陈纪，救济斯民。今一纪于兹，未闻有治世安民者，徒使尔等战战兢兢，处于朝秦暮楚之地，诚可矜闵。

方今河、洛、关、陕，虽有数雄，忘中国祖宗之姓，反就胡虏禽兽之名，以为美称，假元号以济私，恃有众以要君，凭陵跋扈，遥制朝权，此河洛之徒也；或众少力微，阻兵据险，贿诱名爵，志在养力，以俟衅隙，此关陕之人也。二者其始皆以捕妖人为名，乃得兵权。及妖人已灭，兵权已得，志骄气盈，无复尊主庇民之意，互相吞噬，反为生民之巨害，皆非华夏之主也。

予本淮右布衣，因天下大乱，为众所推，率师渡江，居金陵形势之地，得长江天堑之险，今十有三年。西抵巴蜀，东连沧海，南控闽越，湖湘汉沔，两淮徐邳，皆入版图，奄及南方，尽为我有。民稍安，食稍足，兵稍精，控弦执矢，目视我中原之民，久无所主，深用疚心。予恭承天命，罔敢自安，方欲遣兵北逐胡虏，拯生民于涂炭，复汉官之威仪。虑民人未知，反为我雠，挈家北走，陷溺犹深，故先谕告：

兵至，民人勿避。予号令严肃，无秋毫之犯，归我者永安于中华，背我者自窜于塞外。盖我中国之民，天必命我中国之人以安之，夷狄何得而治哉！

予恐中土久污膻腥，生民扰扰，故率群雄奋力廓清，志在逐胡虏，除暴乱，使民皆得其所，雪中国之耻，尔民其体之！如蒙古、色目，虽非华夏族类，然同生天地之间，有能知礼义，愿为臣民者，与中夏之人抚养无异。故兹告谕，想宜知悉。

朱元璋对檄文的内容非常满意。经他亲自改定后，立即派人将檄文送至北伐军中，成为北伐大军的行动总则。

至正二十七年十月二十一，出征大军在应天府北门外的七里山设祭坛。随后，征虏大将军徐达、副将军常遇春率领由二十五万精兵组成的第二路大军，便迎着凛冽的北风，浩浩荡荡地由淮河进发。朱元璋目送大军远去后，才满怀希望地返回城中。

08. 兴师北伐捷报传

徐达、常遇春率领的二十五万北伐大军行动神速，出师三天后就抵达了淮安。随后，徐达就派人前往沂州（今山东省临沂市），招降沂州守将王宣父子。王宣父子见徐达等率领的吴军来势汹汹，自知不是对手，立即派人到淮安上降表。

收到徐达转呈的王宣父子的降表后，朱元璋马上授王宣之子王信为江淮行省平章，并给王宣写了一封亲笔信。信中写道："汝等遇真主出，即知顺天命而归，如同当年窦融献河西之地于汉，李归黎阳之众于唐，都是顺天应人之举，吾必善待之，望勿有疑。"同时，朱元璋又给徐达写了一封密信，信中说："王信父子反复无常，不可轻信，降表中谀词堆砌，绝非真心。其降不过是迫于无奈。

你宜勒兵趋沂州,以观其变。如他们开城迎降,便分二卫兵驻守州城,将王信父子及其家属遣送到淮安。若益都、济宁、济南俱下,则令王信兵马五千随我军万人驻守。其余兵马分调各州守城。分调之后,仍选其马步精锐者从大军北伐。如他闭门拒守,则发兵进攻,不可迟疑。"

徐达记住了朱元璋的密信嘱咐,对王宣父子严加防范。果然不出朱元璋所料,王宣父子刚刚给徐达所部送来犒劳物品,随后就扣下朱元璋派来的使臣,并决定将使臣斩杀。徐达得到密报后,立即带兵直抵沂州,并派手下亲兵梁镇抚再次去城中劝降王宣父子,王宣派一个姓常的郎中在沂州城西门来见梁镇抚。梁镇抚曾是张士诚的义子,他以自己早降才有今日富贵进行现身说法,让姓常的郎中好好劝说王宣父子。王宣听了常郎中的传话,派人将梁镇抚请到城中说:"我们父子一定归顺,而且这次说话算数。"可梁镇抚回来后,王宣再次紧闭城门下令据守。

徐达得到报告后,肺几乎都气炸了,当即下令不惜一切代价攻城,并亲临城下督战。王宣兵力有限,根本不是徐达的对手,无奈之下只得开门出降。徐达无法容忍王宣的反复无常,一怒之下命人将王宣乱棍打死。

徐达攻取沂州后,周边的州县以及王信的部将纷纷向徐达投降。

朱元璋得知徐达攻占沂州及招降附近州县守军的消息后,心里非常高兴,但他深知这只是首战告捷,艰苦的战斗还在后面。他不时地展开地图,趴在图上画画点点,认真分析各处山川关隘的地理位置和元军的驻守情况。他冒着寒风,一连数夜观察天象。他知道,自己的队伍没有北方作战的经验,一定会遇到很多预想不到的困难。有一天，他半夜观察天象时，发现地上已经出现了霜冻，不多时，他的头发和胡须上都结了霜花，似乎捕捉到星象的微妙变化，觉得正是大展兵威的好时机。于是，他马上写了一封信，连夜派人送往沂州交给徐达。他在信中写道："喜闻大将军已下沂州，不知下一步将挥军何处？如攻打益都（今山东省青州市），当遣精锐将士在黄河扼守冲要之处，断其援兵，使元兵无法支援，城内绝了援兵之望，便会陷入恐慌。我军势重力专，一鼓可克。如不攻益都，则应进取济宁（今山东省巨野县）、济南（今山东省济南市）。两城既下，益都以东势穷力竭，则益都如囊中之物，可不攻自下。不过，用兵之道，遥测难以确悉，一切有望大将军相机而行，当机立断。"

看了朱元璋的信，一向心思缜密的徐达立即感悟到：主公这哪是让我相机而行，分明是给我下命令。如果主公真的是让我相机而行，哪里需要连夜送信给我。徐达觉得，朱元璋已经确定了下一步攻打益都的目标，如果益都不好打，就打济宁、济南。所以，徐达当机立断，决定首先攻打益都，他不想给朱元璋留下益都难打的印象。

徐达派战无不胜的大将廖永忠攻打益都。仅仅十天后，廖永忠所部就攻克了益都。随后，附近的寿光（今山东省寿光市）、临淄（今山东省淄博市）、潍州（今山东省潍坊市）、胶州（今山东省胶州市）、博州（今山东省聊城市）、兴州（今山东省莘县）等州县也先后被攻克。之后，徐达又率领大军回头向西，攻取济南及周边州县，收降守城元军一万五千余人，缴获马骡一千六百余匹，缴获粮食近二十万石。

朱元璋得到连战连捷的喜报后，在嘉奖前线将士的同时，又命徐达留下适当兵力驻守山东要地，然后率领大军向河北和河南进发。

此时，元朝廷内部的争斗越发激烈，元朝廷几乎没有合适的战将可以使用，能与朱元璋大军展开交战的元军将领，只剩下察罕帖木儿之子扩廓帖木儿等人。元顺帝孛儿只斤·妥懽帖睦尔变得越来越不理朝政，热衷于替左右亲信大兴土木，建造府第。他不仅亲自画图描样，还动手削木制作房屋模型，让工匠照着样子施工，因此被称为"鲁班天子"。他还接受番僧献给他的房中奇术，日夜与一群号称天魔美女的西域女人和匈奴宫女在宫中寻欢作乐。皇后奇氏深知元顺帝这样下去无异于自寻死路，就劝他说："皇上年岁已大，儿子也已成年，应该稍加节制。守着宫中的后妃就足够了，何苦再去招惹这天魔女辈？请皇上爱惜龙体！"

听了皇后的话，元顺帝却怒气冲冲地说："难道古往今来只有朕一个人是这么干的吗？哪个当皇帝的不是如此？不能如此又有哪个愿当皇帝？"

皇后见自己无法劝说元顺帝，就偷偷与太子商议，准备废掉元顺帝，让太子提前即位，以拯救大元江山。元顺帝得知后，恼羞成怒地说："朕头发未白，牙齿未脱，精力未衰，夜可御女数人，怎么就说朕老，想夺朕位？"随后，元顺帝开始排斥奇皇后和太子，凡是皇后和太子的亲信，一概削职贬官或闲置不用。而皇后与太子秘密勾结地方将领，继续从事夺位活动，导致朝廷内部拉帮结派、争权夺利的争斗愈演愈烈。

扩廓帖木儿所部是元军在河南、陕西一带的一支劲旅，但扩廓帖木儿和元军的另一位将领孛罗帖木儿是一对生死冤家，双方争战不断。太子偏向于扩廓帖木儿，借助扩廓帖木儿的势力罢除了孛罗帖木儿的兵权，命他驻守四川。可孛罗帖木儿拒不受命，太子便胁迫朝廷命扩廓帖木儿征讨孛罗帖木儿。孛罗帖木儿战败后，元顺帝继续给他兵权，命他驻守大同。不久，孛罗帖木儿杀回了元大都，囚禁了皇后奇氏，太子也不得不向他屈服献媚。孛罗帖木儿骄奢淫逸，整日宣淫宴饮，最终于至正二十五年（1365年）七月二十九，被元顺帝派人暗杀。随后，扩廓帖木儿与太子控制了朝廷军权，开始在朝廷中称王称霸。扩廓帖木儿本身不擅长处理政务，便自愿在外带兵打仗，常替太子亲征，元顺帝因此封他为河南王。

元朝廷内部的激烈争斗，给朱元璋攻城拔寨扩大地盘创造了绝佳的机会。朱元璋觉得，趁元朝廷内乱之际，可以给元朝廷致命一击。他虽然人在应天府忙着筹备登基的事，可他的心却一直牵挂着徐达、常遇春等诸将率领的北伐大军。他写信给徐达，提醒徐达遇事要多分析。他在信中写道："天下之兵，河北有孛罗帖木儿，河南有扩廓帖木儿，关中有李思齐、张良弼。但是，河北有兵而无纪律，河南稍有纪律而兵不振，关中道途不通，且馈饷不继。而我们以数十万之众固守疆土，修吴军政，委任将帅，待机而动，难道还有不能平定的势力吗？"

当元顺帝得知朱元璋的大军与元大都近在咫尺时，一下子变得六神无主，根本不考虑什么祖宗社稷和百年基业，一门心思地要立即逃往元上都。左丞相失列门、知枢密院事黑厮、参知政事郭庸及宦者赵伯颜不花等人，都看出了元顺帝要逃走的迹象，便极力劝谏元顺帝，可他根本听不进去。得知元顺帝筹划逃离元大都的消息，元军上下很快丧失了斗志。徐达等诸将率军乘胜进击，迅速攻占了鲁西和华北平原地区，朱元璋成就霸业之势已经势不可挡。

第六章　开国之君，巩固江山保社稷

01. 登基建立大明朝

至正二十七年（1367年）十月，朱元璋发布了《谕中原檄》这一讨元檄文后，征虏大将军徐达、副将军常遇春率领二十五万北伐大军摧枯拉朽，战无不胜，元朝廷的江山社稷已经到了岌岌可危的程度。

除了在外征战的诸将不断攻城拔寨外，留守应天府的文官武将也是忙得不可开交，他们都在紧锣密鼓地筹备着朱元璋的登基大典。当应天城内所建造的太庙、三殿三宫、祭祀昊天上帝的圜丘坛相继竣工后，朱元璋的登基大典已经万事俱备，只需朱元璋一声令下就可以诞生新的皇帝，建立新的王朝。

此时，朱元璋修改了官制，改元朝廷的以右为大变成以左为大，任命宣国公李善长为左相国。而让以李善长为首的诸多文官感到头疼的是，朱元璋始终不接受，也不确定何时称帝。每天散朝后，诸多文官都聚集在李善长的相国府中，你一言我一语地议论劝说朱元璋称帝的事。最终，大家一致推荐由李善长出面去劝说朱元璋。

几天后，李善长率领诸多文武官员来到朱元璋的王府之中，集体劝请朱元璋登基称帝。李善长首先呈递了诸多文武官员的劝进表，然后非常恳切地说："昔汉高祖诛项氏，即登大位，以慰臣民。今四方群雄铲除殆尽，远近之人无不归心，陛下功德协天，天命所在，诚不可违。故恳请早正帝位，以慰天下之望。"

朱元璋看完劝进表后，非常淡定地说："始时，勉从众言，已即王位。今卿等复劝即帝位，恐德薄不足以当之，姑俟再计。"

李善长发现自己无法劝通朱元璋答应称帝，就去找太史令刘伯温。经过一番详细的谋划后，李善长拉着刘伯温直奔朱元璋的吴王府。

见左相国李善长与太史令刘伯温一同前来，朱元璋断定二人还是为登基称帝一事而来，便抢先说道："二位卿家不必再劝了，时机不到，多说无益。"

刘伯温笑着说道："主公英明！可我们二人前来拜见，不是为了劝说主公登基称帝，而是向主公推荐一部智慧非凡的仙书。"

李善长随即附和道："没错，臣与太史令专为主公呈送唐朝李淳风、袁天罡所著的《推背图》①。"

朱元璋非常好奇地问道："《推背图》？以前我听说过有这本书，但总以为都是好事者编造的，不足为信。"

刘伯温立即将《推背图》呈给朱元璋，然后说道："微臣起初也以为是谬说，然习研数日，方知图谶之言多有应验，丝毫不虚也。此书共有六十图，皆寓含王朝兴替、天地巨变之事。主公

---

① 《推背图》：相传是唐朝贞观年间，唐太宗李世民命天文学家李淳风、相士袁天罡二人为推算大唐气运而作。

只需看看第二十五、第二十六、第二十七图便知。"

朱元璋马上找到这三幅图看了一遍，每图皆有谶言和颂辞，虽然明白了其中的大概意思，但对其中的寓意领悟得还不透彻，便对刘伯温说："先生不妨详细解说一下，这三幅图为何谶？"

刘伯温见朱元璋已经进入他们设好的圈套，就非常认真地说："第二十五图，主元太祖称帝斡离河。一铁斧十一节柄，寓为元金戈开朝，共历十又一帝。第二十六图，主顺帝溺于房中之术，致使天下大乱。刘福通立韩林儿为帝，故曰木木来。因宋小明王为僭越，而非天意，所以他们篡改图谶也无益。第二十七图，谶曰：'惟日与月，下民之极；应运而兴，其色日赤。'颂曰：'枝枝叶叶现金光，晃晃朗朗照四方；江东岸上光明起，谈空说偈有真王。'主公当知，近朱者赤，故谶中之赤，即指朱也；而颂之辞'有真王'就不言而喻了。微臣上查天时，下究人事，定鼎中原、安定天下的时机已经成熟了。"

听了刘伯温的解释，朱元璋感觉三图之中事事皆应验，不免心中暗喜。他所希望的，正是这种"情非得已，天命难违"的说辞，然后事情就会变得顺理成章。朱元璋以顿觉醒悟的神色说道："今日听先生如此说道，确系天意，若孤再不从二位卿家之言，恐负天恩。但此事干系重大，二位卿家须遵礼循道而行，不可草草了之。"

见朱元璋答应称帝，李善长和刘伯温都非常高兴。第二天上朝时，李善长再次呈递了劝进表，并言辞恳切地说："陛下的谦让之德已昭著四方，感动神明。愿陛下为生民百姓计，早徇群臣之请。"

朱元璋知道称帝的时机已经成熟，因此没再推辞，说道："既然卿等非要我登基，我只得勉从舆情。但此等大事不可有半点儿草率，须守礼制，遵法度，事分大小，秩序先后，一一落实，切保稳妥。"

散朝后，朱元璋把刘伯温、宋濂等人留下来，嘱咐他们斟酌好国号、祝词、祭文等事宜，赋予它们深重的含义，同时要认真考虑制定相应的礼仪、法律和历法等。

刘伯温当即接过朱元璋的话说："臣以为，可以用'明'作为国号。"

朱元璋听了，明显变得不高兴了。他觉得，用"明"作为国号，不是把自己与韩林儿的小明王之号联系起来了吗？你个刘伯温，是无心的还是故意的？于是，他忍不住开口问道："请问先生，用'明'作为国号，是何用意啊？"

刘伯温稍作思考，便胸有成足地说："主公，民间早就有明王出世、拯救万民的说法，它在百姓中流传甚广，影响甚深。但到底谁是真正的明王呢？小明王的'明'来源于明教，即'摩尼教'，认为世界上存有两种对立的力量，叫作明暗两宗：明是光明，是善，是理；暗是黑暗，是恶，是欲。明教宣传的是'弥勒降生，明王下世'。主公初起淮西，即奉小明王为主，但天下未平，小明王却葬身江底，可见他并非真主。主公尊奉明教，部将也多是当年教中旧人，以此为号，既可表明陛下的丰功伟绩，又可赢得众将士和百姓的拥戴，让天下知晓真正的明王已经出世，陛下上应天命，岂不妙哉？"

听了刘伯温的话，朱元璋的心里顿时敞亮起来，非常认同地点了点头。

看到朱元璋很是认可的样子，刘伯温又说："进而言之，元朝起于塞北大漠，北方属阴，属水，神为玄冥，色黑。而我朝起于南方，南方为阳，色赤，属火；应天又为祝融故墟，尊火神祝融，故以'明'为号，与之相称。今陛下以火制水，以明克暗，以阳克阴，预示扫平南北，颠覆残暴无道的元朝，这岂不是下顺人情吗？"

朱元璋满脸微笑地说："先生言之有理，这'明'即是光明，是照亮天地之火。古人云'日月为明'，古礼中有祀'大明'、朝'日'、夕'月'之说。历代朝廷都把祭祀'大明'和日月列为正祀，或郊祭或特祭，都要举行隆重的祭祀活动。用'明'作为国号，正合于礼乐。"

刘伯温说："陛下天纵神圣，见识深远！"

至正二十八年正月初四，朱元璋登基称帝大典在应天南郊举行。朱元璋在圜丘坛宣告建立明朝，纪元"洪武"，建都应天。至此，四十一岁的朱元璋正式成为大明朝的开国之君，史称明太祖。洪武三十一年（1398年），七十一岁的朱元璋驾崩，在位长达三十一年。

随后，朱元璋在文武大臣的簇拥下，引世子及诸王子祭告宗庙，追尊高祖考（朱百六）曰玄皇帝，庙号德祖；尊曾祖考（朱四九）曰恒皇帝，庙号懿祖；祖考（朱初一）曰裕皇帝，庙号熙祖；皇考（朱五四）曰淳皇帝，庙号仁祖；妣（高祖奶起）皆皇后，上玉玺宝册，行追荐之礼。

祭告宗庙仪式结束后，朱元璋在文武大臣的陪同下来到奉天殿，立妃马氏为皇后，世子朱标为皇太子，李善长、徐达为左右丞相，刘伯温为御史中丞兼太史令。登基大典的当日，所有在册的将帅，都得到了加官晋爵。

02. 减免赋税行屯田

元至正二十八年（1368年），也就是明洪武元年正月初四，朱元璋正式登基成为大明皇帝。大明初建，可谓是百废待举。为了更好地治理国家，朱元璋利用人们过年的空闲时间，到应天城内及周边地区进行微服私访。这次他只带领心腹大将张焕一人，就是想听听百姓对他登基的真实反映，看看百姓生活的真实状况。

在微服私访的过程中，朱元璋最为关注的是家家户户贴的对联。一天，朱元璋见一家门上贴着"国朝谋略无双士，翰苑文章第一家"，便立即猜到这是陶安的家，对联是他亲手所写并赐给陶安的。在信国公徐达府第的大门上，也贴着他亲赐的两副对联。一副是"从予起兵于濠上，先存捧日之心；来兹定鼎于江南，遂作擎天之柱"，另一副是"破虏平蛮，功贯古今人第一；出将入相，才兼文武世无双"。

朱元璋一路走马观花，发现街面人家都比往年富足一些。为了看一看百姓生活的真实状况，他以问路为由进入一户人家。见这户人家的饭桌上有鱼有肉，朱元璋的心中非常高兴。随后，朱元璋又转入一条小巷。巷口的第一户人家，门上没有贴对联，让朱元璋很是纳闷。于是，他让张焕等在外面守候，自己单独进入这户人家与主人聊起家常。原来，这户人家是个阉猪的，没人愿意替他写对联。朱元璋觉得阉猪也是正当营生，为什么不能贴对联呢？于是，朱元璋对主人说："不是别人不愿替你写，而是他们没本事写。你去借副笔墨，我给你写。"随后，朱元璋便写道："双手劈开生死路，一刀割断是非根。"

朱元璋发现，刚贴上的对联不时让行人驻足观赏，其中有人称赞道："这对联写得巧妙，既切合主人的职业，又无一俗字，高雅精致，真是大手笔。"听了行人称赞的话，朱元璋高兴地对张焕说："张将军听听，朕本是田家子，未曾从师学文接受指导，但读书作文，顺畅自然，明白显易，通道术，达时务，胜过饱学老儒许多，这难道不是上天授我吗？"

头脑聪明的张焕立刻奉承说："陛下的文思沛然如长江大河，一泻千里，真令人佩服得五体投地。岂止是胜过那些老儒一筹，依微臣看，连宋濂老先生也比不上陛下。"

正当朱元璋非常得意之时，一辆马车从他身边飞驰而过，溅起的泥水落到了他的裤脚上。他非常惊诧地问身边的张焕："这是何人，竟有如此奢华的马车，胆敢在京城肆无忌惮地狂奔？"

张焕回答道："臣见马车上有一个斗大的'沈'字，想必是江南首富沈万三吧！"

听了张焕的回答，朱元璋只是皱了皱眉头没再多问。

初春时节，朱元璋又到应天城周边私访。他的车驾从应天城出发，只见沿途的景色逐渐萧瑟。此时已是四月光景，可田野里却看不见几个下地劳作的人，让朱元璋倍感疑惑。他随即在一个村庄停下来，见村庄里房屋破败，有的甚至已经倒塌。他走遍全村，终于在一个茅草棚里找到一个断臂的老人。从这个老人的口中才知道，因为兵荒马乱，这里的百姓不是死便是逃，他的家人大多都已饿死。

这次微服私访，让朱元璋切身感受到：明朝建立之前，华夏大地经过近二十年战乱的破坏，南北方人口均锐减，经济凋敝，百业不举。尤其是土地抛荒，粮食多有歉收，民生问题已经到了非常严峻的程度。

朱元璋返回京都后，对来京朝见的各地官员说："天下新定，百姓财力都很困乏，像新生的鸟儿和刚栽的树苗，拔不得毛，也动不得根。重要的是休养生息。"

洪武元年五月，徐达、常遇春率领的北伐大军一举攻占了汴梁（今河南省开封市）。朱元璋得到喜讯后，立即赶到汴梁慰问前线将士。在这个曾经的小明王都城，朱元璋再次亲眼目睹了田野荒芜、百业凋零的凄惨状况。同时，他又从徐达的报告中了解到，河南、山东、河北一带也同样是田地荒芜，人烟断绝。由此，他更是想象到那些经历数次战争的重灾区，肯定要比汴梁以及河南等地更糟糕，心情变得异常的沉重。他从汴梁回到应天后，立即推行"均田制"，也就是"计口授田"，并大力实施"移民垦荒"和"分丁"等政策。

朱元璋亲自起草下令大赦天下的诏书。诏书的主要内容包括：除了十恶不赦者之外，赦免所有犯罪者；对那些从军在外的将士，一律安置好家属；对因罪逃亡者，允许他们自首免罪，而新克州县不许妄杀。朱元璋还诏令：远途运送的粮饷，所需费用均由官府承担。各地必须如实上报灾情，不得加以隐瞒。鼓励军民垦荒屯田，规定农民开荒种植，不限亩数一律免去三年租税。无论荒田原来属于谁，现在谁开垦就归谁所有。

朱元璋积极采取迁移人口政策，把农民从人多地少的地方迁到人少地多的地方。在大都（今北京市境内），凡军籍者给衣粮，为民者给田地，置屯于大兴（今北京市大兴区）、宛平（今北京市丰台区一带）、良乡（今北京市房山区一带）、固安（今河北省固安县一带）等县。对于迁移之家，朝廷给予耕牛、种子、路费等补贴。朝廷还规定：有田五到十亩者，必须栽种桑、棉、麻各半亩；有田十亩以上者，必须加倍种植。朝廷制定的这些措施，实际是在按人口重分田地，既保护了肯劳动、有经营能力的地主，不破坏生产力，又照顾了无地的贫苦农民，激发了农民垦荒种田的积极性。

除了鼓励民屯之外，朝廷还大力支持军屯和商屯。军屯由卫所管理，由官府提供耕牛和农具。当时，边关与内地军屯的比例不同。边关军队三分守城，七分屯田；而内地军队二分守城，八分屯田。军屯政策的实施，使军队所需的军粮基本实现了自给自足。商屯是指商人在边境雇人屯田，或就地交粮，或由商人将粮食卖给军队，换取盐引①，省去了贩运费用，获利更丰。这一措施极大地刺激了边区土地的开发。同时，也有许多农民自发或被强制迁移到边地垦田屯种，这一政策也被称为"移民实边"。无论是民屯，还是军屯、商屯，朝廷规定均免去三年赋税，而且所垦之地归垦荒者所有。

在实施屯田免税政策的同时，朱元璋也在全国范围内推行正常的税收政策。据《明史·食货志》记载："凡民田五亩至十亩者，栽桑、麻、木棉各半亩，十亩以上倍之。麻亩征八两，木棉亩四两。栽桑以四年起科。不种桑，出绢一匹。不种麻及木棉，出麻布、棉布各一匹。"

为确保农业、种植业的稳产多产，朱元璋大力倡导发展水利和交通等基础设施建设。他非常感慨地对身边的大臣说："朕每观《尚书》'至敬授人'时，尝叹敬天之事，后世中主犹能知之，敬民

---

① 盐引：古代卖盐的许可证。

之事则鲜有知者，盖彼自谓崇高，谓民皆事我者，分所当然，故威严日重而恩礼寝薄，所以然者，只为视民轻也。视民轻则与己不相干，而畔涣离散不难矣。唯能知民与己相资，则必无慢视之弊。"（《明太祖实录》）大意是，朕每观《尚书》中的"至敬授人"时，不免感叹，敬天之事，后世平常的君主都知道，敬民之事却很少有人知道。这是因为他们自认为崇高，认为百姓都是侍奉自己的，故威严日益加重，给予百姓的恩德与尊重就一天天减少。他们如此轻视百姓必使他们离心离德，叛乱就会随之而来。故想天下长治久安的人，必须畏民、爱民，为治以民为本，民安则国安。

对不同地区，朱元璋实施了不同的屯田政策。"又以中原田多芜，命省臣议，计民授田。设司农司，开治河南，掌其事。临濠之田，验其丁力，计亩给之，毋许兼并。北方近城地多不治，召民耕，人给十五亩，蔬地二亩，免租三年。"（《明史·食货志》）意思是，又因中原田地多荒芜，命令省臣讨论，统计农民授予田地。设置司农司，开治河南，掌管计民授田之事。临濠的田地，察验其人力，计算田亩供给，不允许兼并。北方靠近城区的土地多没有整治，召集农民耕种，每人供给十五亩，蔬菜地二亩，免征租税三年。

后来，朱元璋又诏令吏部将荒地开垦数量、人口增加情况作为地方官吏的主要政绩来考核。

03. 制定律令治国家

洪武元年（1368年）起，明朝的组织机构基本承袭了元朝建制，设中书省，置左、右相国为长官，并设有平章政事、左右丞、参知政事等高级官僚，以及作为职能办事人员的左右司郎中、员外郎、中书舍人等，辖六部，总揽全国行政，对皇帝负责，对政务有专决权；设都督府，置大都督，节制全国军事；设御史台，职掌监察事务。这三个机构，统称为"三大府"。

同时，地方上也沿袭元朝建制，设立行中书省、行都督府、提刑按察司。行中书省简称行省、省，是当时地方上的最高行政机构，也是一级行政区的名称，全省的军政、监察、司法事务都由行中书省统一指挥，权力也较为集中。

在三大府中，左相国李善长为朝廷文臣之首，右相国徐达则为朝廷武将之首，而御史中丞刘伯温则为言官谋士之首。

为了限制吏、户、礼、兵、刑、工等六部权力过重，防止都察院滥用职权，朱元璋额外设立了六科给事中，吏、户、礼、兵、刑、工六科每科一人，并由皇帝直接掌控。给事中名义上是正七品职位，却能发挥"驳正六部"的作用，甚至拥有纠劾都察院御史违失之权。六部的奏章，均须经六科给事中点头认可才能上呈；内廷拟旨下达六部，也要经过六科给事中审查批准才可下达。对于皇帝的诏令，六科给事中随时检查督办。如果官员未能按期完成皇帝诏令的事务，或者对皇帝的诏令处置不当，六科给事中可随时向皇帝弹劾这些官员。增设六科给事中，无疑大大提高了朝廷官员的办事效率，也在一定程度上防止了腐败现象的发生。

组织机构建立后，行中书省及以下府州县都需要大批官员，而大明朝刚刚建立，哪有这么多急需的人才呢？左相国李善长深感事情重大，便立即向朱元璋请示。

对于招揽人才问题，朱元璋似乎早就有所考虑，他说："卿等为生民计而推戴我,然建国之初,当先正纪纲,广选贤能。昔日仅得江南之地,人才都还能接踵而至,而今领地日广,人口众多,岂无才智卓异之士?他们或隐于山林,或藏于士伍,只要居上位的人真心爱才,去开导引荐,则人才必脱颖而出。你可以中书省的名义下文,让行中书省、行都督府举荐奏闻。选拔民间俊秀,凡年在二十岁以上,聪明颖悟,有学识才干的,可与年长者参用。十年以后,老者退休,年轻人也已熟悉政务,这样才能做到人才不缺而官位得人。你将朕的意思传达有司及各省府州县,立即执行。"

听了朱元璋的话,李善长有种茅塞顿开的感觉,他立即让中书舍人起草各级官员的选拔官文,也标志着中书省开始正式行使主政大权。

安排好招揽人才的事宜后,朱元璋又把在外征战的徐达、汤和等诸将召回应天。在赐宴犒赏之时,朱元璋非常严肃地对这些一起放过牛、打过仗、渡过江的开国功臣说:"你们为天下百姓计推戴朕为大明皇帝,可知开国之初的首要任务是什么?是正纲纪、选贤能、立法度。元帝政治昏乱,就在于纪纲不立,威福下移,人心涣散,遂致天下骚乱。你们既然拥戴我,就应以元帝为前车之鉴,谨遵礼法。昔日为同功一体之伙伴,今天却有君臣之分别,故当恪守君臣之道,协心为治。只有你们以身作则,方能定人心,建大业,确保大明江山永固!"朱元璋的这番话,就是为了表明自己作为大明皇帝,在策略上已从打天下逐步转向治天下,今后只认礼法,不徇私情,告诫这些开国功臣一定要同向而行,不能掉队。

朱元璋确实是一位文武双全的皇帝,不管是打天下还是治天下，都展现出非同一般的雄才大略。明朝建立后，朱元璋建立了一整套全面合理的法律制度，确保了朝政的顺利运转。对此，《明史·太祖本纪》中有着这样的记载："太祖以聪明神武之资，抱济世安民之志，乘时应运，豪杰景从，戡乱摧强，十五载而成帝业。崛起布衣，奄奠海宇，西汉以后所未有也。惩元政废弛，治尚严峻。而能礼致耆儒，考礼定乐，昭揭经义，尊崇正学，加恩胜国，澄清吏治，修人纪，崇凤都，正后宫名义，内治肃清，禁宦竖不得干政，五府六部官职相维，置卫屯田，兵食俱足。武定祸乱，文致太平，太祖实身兼之。至于雅尚志节，听蔡子英北归。晚岁忧民益切，尝以一岁开支河暨塘堰数万以利农桑、备旱潦。用此子孙承业二百余年，士重名义，闾阎充实。至今苗裔蒙泽，尚如东楼、白马，世承先祀，有以哉。"

元朝末期，朝廷处于礼乐崩溃状态，传统的礼法制度荡然无存，法律被严重践踏，目无尊长、无视王法的人越来越多。朱元璋登基称帝前，就开始筹划立法事宜。至正二十七年（1367年）十月，朱元璋就命中书省制定律令，并亲自参与，最终形成了《大诰三编》。对此，《明史·刑法志》是这样记载的："吴元年冬十月，命左丞相李善长为律令总裁官，参知政事杨宪、傅瓛，御史中丞刘基，翰林学士陶安等二十人为议律官，谕之曰：'法贵简当，使人易晓。若条绪繁多，或一事两端，可轻可重，吏得因缘为奸，非法意也。夫网密则水无大鱼，法密则国无全民。卿等悉心参究，日具刑名条目以上，吾亲酌议焉。'每御西楼，召诸臣赐坐，从容讲论律义。十二月，书成，凡为令一百四十五条，律二百八十五条。又恐小民不能周知，命大理卿周桢等取所定律令，自礼乐、制度、钱粮、选法之外，凡民间所行事宜，类聚成编，训释其义，颁之郡县，名曰《律令直解》。太祖览其书而喜曰：'吾民可以寡过矣。'"

明朝建立后，朱元璋觉得吴元年（1367年）所定律令不够完善，特命中书省重新制定律令。这一次仍以李善长为律令总裁官、翰林学士陶安为议律官主持律令制定事宜。朱元璋了解到，元朝时期，官吏都爱钻法律的空子，以此来达到徇私舞弊、腐败贪赃的目的，最终导致天下大乱。为矫正这一弊病，朱元璋召来李善长和陶安，明确提出了律令制定的原则。他说："礼法，国之纪纲，礼法立，则人志定，上下安。建国之初，此为先务。"（《明太祖实录》）他要求李善长等人在制定律令时，务必讲求切实可用，去掉那些烦琐易生弊病的条文。

洪武三年（1370年）八月，朱元璋再次对李善长、陶安等人下旨说："近世风俗相承，流于僭侈，闾里之民，服食居处，与公卿无异。而奴仆贱隶，往往肆侈于乡曲，贵贱无等，僭礼败度。循习元氏旧俗，凡有丧葬，设宴会亲友作乐娱尸，唯较酒肴厚薄，无哀戚之情。"（《明太祖宝训》）同时，朱元璋还让李善长等人每天都把拟好的法律条文奏送，由他亲自裁定。每一条文，朱元璋都要思虑再三，对于文意难懂的条文立即驳回另拟，或者亲自动手修删。

洪武六年夏，由朱元璋亲自参与制定的《律令宪纲》颁布。洪武六年闰十一月，朱元璋又命刑部尚书刘惟谦详定《大明律》，"每奏一篇，命揭两庑，亲加裁酌"（《明史·刑法志》）。《大明律》从起草到试行再到正式颁布，历时达三十年之久。

04. 道德教化安民众

朱元璋非常重视实施人才战略，将选拔人才与培养人才紧密结合起来，逐渐形成了人才培养、人才选拔和人才使用的良性循环。

吴元年（1367年），朱元璋"遣起居注吴林、魏观等以币帛求遗贤于四方"（《明史·选举志》）。洪武元年（1368年），朱元璋"征天下贤才至京，授以守令。其年冬，又遣文原吉、詹同、魏观、吴辅、赵寿等分行天下，访求贤才，各赐白金而遣之"（《明史·选举志》）。洪武二年，朱元璋诏令：所有郡县都要立学。

洪武三年，朝廷重开科举，规定以八股文取士，标志着科举制度的正式建立。考试分为童试、乡试和会试三级进行。童试就是未入学士子的童生考试，也是州县级的考试，考中的童生称为秀才或者生员，成为府、州、县学的诸生，取得了参加上一级考试的资格。乡试是省级考试，每三年举行一次，考中的秀才或者生员称为举人，第一名为"解元"。会试是中央级考试，在乡试的第二年举行，考中的举人就可以参加皇帝主持的廷试或者殿试，会试第一名称为"会元"。在廷试或者殿试中考中者都称为进士，等级分为三甲，一甲取前三名，第一名为"状元"，第二名为"榜眼"，第三名为"探花"，一甲统称为"赐进士及第"；二甲若干名，二甲第一名称为"传胪"，二甲统称为"赐进士出身"；三甲若干名，三甲第一名也成为"传胪"，三甲统称为"赐同进士出身"。考中进士者，都会被任命为官员。状元会被授予修撰，榜眼和探花会被授予编修，其他等级的进士会被授予翰林官、给事、御史、主事、中书、行人、太常、国子博士、府推官、知县等相应的官职。

科举考试的八股文章专取"四书五经"命题，内容必须以古人的语气，绝对不允许自由发挥。八股文就是指文章的八个部分，破题、承题、起讲、入题、起股、中股、后股、束股八部分组成，题目一律出自"四书五经"中的原文。后四个部分每部分有两股排比对偶的文字，合起来共八股。考试时要求考生必须做到每四股之中，一反一正，一虚一实，一浅一深。若题本两对，文亦两大对，是为两扇立格，则每扇之中各有四股，其次第之法，亦复如之。正像《明史·选举志》记载的那样："其文略仿宋经义，然代古人语气为之，体用排偶，谓之八股，通谓之制义。"

明初，明朝设立的最高学府为国子学，后来改称国子监，入学者称为监生，相当于如今的大学生。天下学子都想成为监生，圆就读最高学府的梦想。那些平民家庭的学子，为了摆脱贫贱生活，更是以成为监生为最高目标。到了洪武二十六年，在国子监就读的监生创纪录地达到了八千一百二十四人。

国子监有非常严格的校规，包括不准擅自进学校的厨房、不准对学校的伙食说三道四、不准在学生宿舍唱歌喝酒、不准穿其他衣服只许穿校服、不准在吃饭时喧哗、不准假装称病、不准在校内游荡等等。监生如果违反了校规，常规处罚是打屁股，严重的处罚要充军。

监生除了参加正常的课堂教学外，还要做好另外三门功课：一是练字，每天要临摹一幅字，写字成绩最差的要挨竹板子；二是背书，三天背书一次，一次要背三百字，若背不出来也要挨板子；三是写作文，每月要完成六篇文章，如果交不出来，照样挨板子。

朱元璋对国子监的教学非常重视，总是安排自己的亲信做祭酒[①]。他还注重安排监生进行政治学习，将亲自编纂的《御制大诰》这部重刑法令作为学习内容，并成为科举考试的必考科目。

洪武二年后，天下府、州、县按照朱元璋的旨意，都建立了学校。朝廷规定了各级学校的生员人数，府学为四十人，州学为三十人，县学为二十人。学校的教师由政府任命，府学设教授一人，训导四人；州学设学正一人，训导三人；县学设教谕一人，训导二人。府、州、县各级学校开设礼、律、书、射、乐、数等课程，学生的内容比较丰富。

朱元璋除了兴建学校、配好学官外，还把道德教化作为衡量地方官政绩的一个重要指标。洪武九年六月，山东日照知县马亮任职期满入京觐见皇帝，州里给他下的评语是："无课农兴学之绩，而长于督运。"（《明太祖宝训》）意思是马亮在农业、教育方面没有任何成绩，但是督运方面的成绩比较突出。朱元璋看到这个评语后，非常严肃地说："农桑，衣食之本。学校，风化之原。皆守令先务，不知务此，而曰长于督运，是弃本而务末，岂其职哉？苟任督责以为能，非恺悌之政也。为令而无恺悌之心，民受其患者多矣。宜黜降之，使有所惩。"（《明太祖宝训》）最终，马亮被黜降，没能得到晋级。

除了对官员进行道德教化外，朱元璋还要求从事教育工作的教师必须为人师表。他对国子监的老师说，要搞好教育必须师道严而后模范正，师道不立则教化不行，天下学校就无从效仿。国子监的祭酒吴颙因为治纪不严，放纵不爱学习的武臣子弟，任职不到一年就被朱元璋罢免。

[①] 祭酒：国子监长官，相当于校长一职。

朱元璋觉得从事教育的人应该关心时事，关注国计民生，不能仅以文辞为务、记诵为能。他说："唯师者，模范其志，竭胸中之所有，发世之良能，不隐毫厘以训所习者，未闻物不一于规矩而如式，人不律师教而良能。以斯论之，人之循理，物之如式，必规矩而教之者矣。若师隐知晦善，罔尽师理，则罪怒人神。若学者非究心宵昼，必欲至知而后已，又将艰为人于世者也。"（《明太祖宝训》）当朱元璋与国子监官李思迪、马懿谈论治国之道时，二人一直沉默不语。朱元璋觉得，二人对皇帝尚且如此，还能指望他们尽心尽力地教导学生吗？于是，朱元璋毫不犹豫地罢黜了二人的官职。

朱元璋向岚州（今山西省岚县）学正吴从权、山阴（今浙江省绍兴市）教谕张恒询问当地百姓的生活状况，二人不仅说不知情，还声称这不是他们的职责，他们的职责就是教书。朱元璋听了，非常生气地说："圣贤之道是用来济世安民的，你们连民情都不知道，天天教的都是些什么东西呢？"结果，二人一同被流放到边疆。

朱元璋实施道德教化策略，还有一个目的就是引导百姓读懂法律要义，促进大明法律的推行。洪武七年二月，朱元璋亲自编纂的《大诰三编》颁行天下。朱元璋对这部刑典的颁行非常重视，把它看成是维护统治的不二法宝。为了使法律更加生动具体，便于小民学习掌握，达到"熟观为戒"，朱元璋要求每家每户必有一部《大诰三编》，规定如果家里有一本《大诰三编》，有人犯罪时可以减轻一等，反之则罪加一等。为了鼓励百姓学习《大诰三编》，朱元璋规定：诵读满三年，老师可以带着学生到礼部背诵《大诰三编》，官府根据师生背诵内容的多少给予不同的奖赏。

同时，朱元璋还规定，每年正月和十月，全国各乡村都要举行两次全体村民大会餐，称为"乡饮"。全体村民在进餐之前，必须聆听德高望重者发表训词讲话和宣读朝廷最新发布的法令文件，所有行为不轨者将在此受到批评教育。其中屡教不改及态度恶劣的人，将被宣布为"顽民"，扭送到县衙，发配或充军到边远地区。

在道德建设方面，朱元璋命人编写了《教民榜文》下发给百姓。榜文规定，本里有孝子贤孙、义夫节妇，里长老人可以直接上奏朝廷，同时文报官府转奏。地方官员接报后也要上报，否则就以失职论处。每里每乡都要设立申明亭和旌善亭，分别用来榜示好人好事和坏人恶事。《教民榜文》重点提出了六谕，也称《圣训六谕》，内容包括："孝顺父母，尊敬长上，和睦乡里，教训子孙，各安生理，勿作非为。"朱元璋要求每个里都要准备木铎，由本里那些有残疾的人手持木铎巡行于本里，反复宣读六谕。

朱元璋通过实施道德教化，极大地促进了广大百姓奉法守分、农民安分种地、读书人忠孝仁义、商贩运货以通有无、手工艺者专心手艺，全国形成了安居乐业、稳定和谐的局面。

05. 发兵攻克元大都

洪武元年（1368年）正月，朱元璋在应天刚刚称帝时，不仅巴蜀一带被大夏国掌控着，广东和广西一带还被元军占据着，尤其在元大都（今北京市境内）的皇宫内，元顺帝孛儿只斤·妥懽帖睦尔还坐在皇位之上。

洪武元年二月，朱元璋开始集中兵力，向元军占领的州县发起了新一轮征伐攻势。

洪武元年二月末，朱元璋诏令水师总领廖永忠为征南将军、浙江行省参政朱亮祖为征南副将军，与湖广行省平章杨璟、大将周德兴一起，率领大军直取广东、广西。

大军出发前，朱元璋对廖永忠说："王者之师，顺天应人，以除暴乱。朕昔平定武昌，荆、湘诸郡望风款附。常遇春克赣州，南安、岭南数郡亦相继来归。此无他，师出以律，人心悦服故也。今两广之地远在南方，彼此割据，民困久矣。彼闻八闽不守，湖、湘已平，中心震慑。若先遣人宣布威德，以招徕之，必有归款迎降者。如其拒命，然后举兵，扼其险要，绝其声援。闻广东要地，唯在广州。广州既下，则循海诸郡可传檄而定。海南海北，以次招徕，留兵镇守。仍与平章杨璟合兵取广西。肃清南服，在此一举。"（《明史纪事本末》）

廖永忠率领的骑兵和步兵抵近广州后，立即封锁了陆路，并派水师屯兵潮州（今广东省潮州市一带），对广州形成由西至东的夹击之势。随后，廖永忠按照朱元璋的旨意，派人给元军守将、江西行省广东分省左丞何真下书招降。何真听说明朝大军已完全包围广州，自知不是明军的对手，便立即派人赶到潮州，奉上印章及属县户口兵粮数目，向明军请降，广州顺利被占领。

此后，廖永忠率领大军乘胜西进，接连攻克了梧州（今广西梧州市）、藤州（今广西藤县）。杨璟、周德兴率军攻克了宝庆（今湖南省邵阳市）、全州（今广西全州县）、宁远（今湖南省宁远县）、蓝山（今湖南省蓝山县）。随后，廖永忠统率大军又先后攻克了桂林、南宁、象州（今广西象州县）、柳州等州县，一举平定了广西全境。

同时，朱元璋派出两路大军向北方进发，向元顺帝占据的元大都一带发起猛烈的攻势。洪武元年三月初，朱元璋诏令湖广行省平章、征南大将军邓愈，率领襄阳、安陆（今湖北省钟祥市）、景陵（今湖北省天门市）等地驻军组成南路大军，向南阳（今河南省南阳市）进发；诏令右相国、征虏大将军徐达，率领北伐主力大军沿着黄河而上，进攻汴梁（今河南省开封市）、洛阳等州县。

仅仅过了二十几天，邓愈率领的南路军就先后攻占了唐州（今河南省唐河县）和南阳。徐达率领的北路军也一路奏凯，接连攻克永城（今河南省永城市）、归德（今河南省商丘市睢阳区）、许州（今河南省许昌市）。

洪武元年二月二十九，徐达大军进发到汴梁北部的陈桥（今河南封丘县境内）后，汴梁的元军守将左君弼感念朱元璋在庐州（今安徽省合肥市）之战中保护其母，内心产生了比较强烈的降附之意，就对另一位守将李克彝说："明朝朱元璋大军锐不可当，而且徐达善于用兵，属下各路大军所向披靡，我们出战必败无疑。"听了左君弼的话，李克彝吓得连夜逃走，左君弼如愿地率众献城归降，徐达不费一兵一卒占领了曾经的北宋都城汴梁。

洪武元年四月初八，徐达率军乘胜在洛水北塔儿湾（今河南省偃师市境内），击败了扩廓帖木儿的弟弟脱因帖木儿率领的五万元军，梁王阿鲁温投降，洛阳顺利被明军占领。随后，徐达率部又攻占了嵩州（今河南省嵩县）、陈州（今河南省周口市淮阳区）、汝州（今河南省汝州市）、陕州（今河南省陕县）、潼关（今陕西省潼关县北部）。至此，河南地域全部平定。

洪武元年五月，朱元璋高兴地来到汴梁犒赏北征大军。在犒赏北征大军的同时，朱元璋诏令徐达大军直捣元大都。朱元璋在诏令中说："北土平旷，利于骑战，不可无备，宜选偏裨提精兵为先锋，将军督水陆之师继其后，下山东之粟以给馈饷，由邺趋赵，转临清而北，直捣元都，彼外援不及，内自惊溃，可不战而下。"（《明太祖实录》）

洪武元年七月上旬，徐达率领的明军由汴梁出发，一路接连攻克了卫辉（今河南省汲县）、彰德（今河南省安阳境内）、磁州（今河北省磁县）、邯郸、广平（今河北省广平县）等州县，随后与江淮行省参知政事傅友德所部会师。

就在徐达率领率领明朝大军逼近元大都时，元朝的各地军阀部队还在激烈地内斗。朱元璋消灭陈友谅后，元顺帝命扩廓帖木儿统率天下兵，去平定江淮。扩廓帖木儿进兵河南后，随即发布征调关中李思奇、张良弼、孔兴、脱列伯等元将属下部队的檄文。邠国公、平章政事李思奇"得檄大怒曰：'吾与若父交，若发未燥，敢檄我耶！'令其下一甲不得出武关（今陕西省丹凤县东部）"（《明史·列传》）。陕西左丞相张良弼等人也不听扩廓帖木儿的调遣，气得扩廓帖木儿率军西进入关，讨伐李思奇各部。不久，扩廓帖木儿的属将关保、貊高等人临阵倒戈，联合攻打扩廓帖木儿。而此时，元顺帝密令李思奇率部增援关保等人攻打扩廓帖木儿。"扩廓愤甚，引军据守太原，尽杀朝廷所置官吏。于是顺帝下诏尽削扩廓官爵，令诸军四面讨之"（《元史·顺帝纪》）。洪武元年闰七月，扩廓帖木儿斩杀了关保、貊高二将。元军的内部争斗，给明军的北伐创造了极为有利的时机。

得知朱元璋的明朝大军来攻，元顺帝于至正二十八年（洪武元年）闰七月十九，诏令恢复扩廓帖木儿所有官爵，同时命扩廓帖木儿与中书右丞相也速、陕西左丞相秃鲁、平章政事李思齐等四路出兵,共同抵御并围剿明军。

显然,元顺帝的作战部署为时已晚,已无法阻挡明军以横扫千军之势向元大都推进。洪武元年八月初二,徐达、常遇春率领明军一举攻克元大都,元顺帝逃往元上都(今内蒙古锡林郭勒盟境内)。其实,元顺帝在中原早就享乐惯了,不愿在气候寒冷干燥的元上都生活,便派特使封辽阳行省左丞相也速不花为中书左丞相,封纳哈出为辽阳行省左丞相,目的是希望也速不花和纳哈出日后能够打回中原。几天后,元顺帝又封纳哈出为太尉。

徐达攻占元大都后,立即将缴获的元朝典籍图书和府库中的大批金银珍宝送到应天,然后率军迅速西进。朱元璋收到徐达的战利品后,非常高兴,立即诏令马皇后和众妃前去观看。马皇后看到五光十色的各式珠宝后说:"元朝有如此多的珍宝却守不住江山,看来君王须备有另一种珍宝,才能守住天下啊!"

朱元璋随即说道:"皇后说的是不是君王当以得贤能为宝?"

马皇后说:"诚如陛下所言!妾与陛下起自贫贱,能有今日实为不易,妾只愿陛下能得贤臣良将辅佐,共治天下,而远离声色珍宝,则万民幸甚!"

听了马皇后的话,朱元璋诏令将珍宝如数缴归国库,并未赏给后宫的人。

洪武元年年底,朱元璋命徐达率军进攻太原。大明军队在常遇春、郭英的率领下,迫使扩廓帖木儿率部夺路北逃,明军一举占领了太原。此后,徐达又率军乘胜出击,先后占领了大同、猗氏(今山西省临猗县南部)、平阳(今山西省临汾市南部)、榆次(今山西省晋中市榆次区)、平遥、介休等州县,山西大部得以平定。

06. 奖罚分明对臣属

洪武二年（1369年）二月，徐达、常遇春率领先头部队进攻陕西，队伍很快就到达了奉元（今陕西省西安市），奉元守将哈麻图弃城逃跑，奉元城很快便被明军占领。

洪武二年四月，朱元璋诏令设置山西行省和陕西行省，御史中丞杨宪任山西行省参政，中书参政汪广洋任陕西行省参政。随后，朱元璋诏令徐达攻打庆阳（今甘肃省庆阳市）。元军守将张良弼听说徐达来攻，留下弟弟张良臣守城，自己逃往甘肃，半路却被扩廓帖木儿所部抓获。徐达兵分四路，将庆阳城围得水泄不通。张良臣出城迎战，结果被徐达属下将士打得大败。

在北方，元朝丞相脱火赤率领大军反攻元大都，朱元璋诏令常遇春、李文忠立即驰援大都。常遇春等诸将不仅率部在大兴（今北京市大兴区）一举打退脱火赤所部，并攻取了元上都开平（今内蒙古锡林郭勒盟正蓝旗东北部）。正在开平躲避的元顺帝听说明军追来，只得再次踏上逃亡之路，最后一直逃到和林（今蒙古国哈拉和林）。常遇春攻占开平后，在返回庆阳的途中不幸身染重病离世，年仅四十岁。

洪武二年秋，明军一举平定了山西、陕西两省。就在朱元璋准备为统一全国举行庆功封赏时，扩廓帖木儿率领残部进攻兰州。洪武三年春，朱元璋诏令徐达为大将军，李文忠、邓愈为左副将军，冯胜、汤和为右副将军，兵分左右两路北伐征讨扩廓帖木儿。朱元璋这次进军的目的，就是彻底扫清元朝残余势力，实现天下一统。

此时，扩廓帖木儿残部仍有五六万人马，实力不容小觑。徐达根据元军的实际情况，命前锋率领一万精骑诱使元军出战，又命其余各部充分休息，做好夜战准备。在夜间激战的过程中，由于徐达事先做了周密的筹划，元军进入了明军设好的包围圈，徐达所部一举打败了扩廓帖木儿率领的元军。见大势已去，扩廓帖木儿只好带着妻儿和几个亲随渡过黄河，逃往元顺帝避难的和林。

元顺帝从和林转至应昌（今内蒙古赤峰市境内）后，于至正三十年（1370年，洪武三年）四月二十八驾崩，享年五十一岁，在位三十八年。元顺帝的儿子孛儿只斤·爱猷识理答腊在应昌即位，是为元昭宗。随后，明朝北伐左副将军李文忠率军进攻应昌，元昭宗带领文臣武将匆匆逃往和林，而他的嫡子买的里八剌和后妃、宫人、诸王、将相、官属等几百人来不及逃跑而被俘。元昭宗与扩廓帖木儿在和林会合后，改元"宣光"。

明军攻占了元大都，又平定了山西和陕西两省后，朱元璋于洪武三年十一月，对开国功臣进行了大规模的封赏。为了防止开国功臣尾大不掉成为朝廷的威胁，朱元璋提出了"分封而不锡土，列爵而不临民，食禄而不治事"（《明史·列传》）的封赏原则。意思是，分封爵位却不赏赐土地，给予爵位却不管理百姓，享受俸禄却不处理事务。同时，朱元璋从建立君臣尊卑有序、防止左右上下纷争、维护大局稳定的角度出发，根据诸将功劳大小依次封赏，并由工部和礼部仿古制铸造免死铁券。所造铁券上记录了将领的战功以及朱元璋的赞词。每副铁券均分左右，左边的颁给功臣，右边的藏于内府备查。

洪武三年十一月初七，徐达、李文忠、邓愈、汤和、傅友德等西征将领一同班师还朝，朱元璋亲率百官出应天城至龙关迎接。朱元璋一手拉着徐达，一手拉着李文忠，谈笑之间步行入城。

十一月十一，大封功臣仪式隆重举行。朱元璋神情庄重地说："朕今日定封行赏，非出己私，皆仿古先帝王之典，筹之二年，以征讨未暇，故至今日。思昔创业之初，天下扰乱，群雄并起，当时有心于建功立业者，往往无法以驭下，故皆无成。朕本无意天下，今日成此大业，是皆天地神明之眷佑，有非人力之所致然。自起兵以来，诸将从朕被坚执锐，以征讨四方，战胜攻取，其功何可忘哉？今天下既定，是用报以爵赏，其新附将帅之有功者，亦如之。凡今爵赏次第，皆朕所自定，至公而无私。"（《明太祖实录》）朱元璋还说："今日所定，如爵不称德，赏不酬劳，卿等宜廷论之，无有后言。"（《明太祖实录》）意思是，今天定的这些爵位、官职、封赏，如果有人觉得太低，配不上自己的功劳，那么请当堂提出，过后不许有什么异议。

这次分封，封公者六人：李善长封韩国公；徐达封魏国公；常遇春之子茂封郑国公；李文忠封曹国公；冯胜封宋国公；邓愈封卫国公。俱令子孙世袭，唯常茂如无后嗣，兄终弟及。

封侯者二十八人：汤和封中山侯；唐胜宗封延安侯；陆仲亨封吉安侯；周德兴封江夏侯；华云龙封淮安侯；顾时封济宁侯；耿炳文封长兴侯；陈德封临江侯；郭兴封巩昌侯；王志封六安侯；郑遇春封荥阳侯；费聚封平凉侯；吴良封江阴侯；吴祯封靖海侯；赵庸封南雄侯；廖永忠封德庆侯；俞通海封南安侯；华高封广德侯；杨璟封营阳侯；康茂才之子铎封蕲春侯；朱亮祖封永嘉侯；傅友德封颍川侯；胡美（胡廷瑞）封豫章侯；韩政封东平侯；黄彬封

宜春侯；曹良臣封宣宁侯；梅思祖封汝南侯；陆聚封河南侯。俱令子孙世袭，唯华高嫡子，许令承袭食禄米五分之四，康铎嫡终，如无后嗣，庶长及之。

封伯爵者二人：汪广洋封忠勤伯；刘基（刘伯温）封诚意伯。俱令子孙世袭。

同时，指挥王成、单发、沐英、何文辉、陈桓、庄龄、王苘、蓝玉、仇成、金朝兴、费震、王弼、胡德并升为大都督府都督佥事。俱令子孙世袭。

封赏结束后，朱元璋的表情极其严肃地说："永城侯薛显听令！"

朱元璋一声令下，吓得薛显立即跪拜在地，甚至不敢抬头看朱元璋一眼。

朱元璋随即说道："你随大将军徐达攻取中原，勇略冠军，但你在回师之际，擅杀胥吏、兽医、火者、马军及千户吴富，本应严惩，念你功大，不加追究，仍封你为侯。然人命关天，且天下细民，皆是朕之子民，岂容擅杀，故虽封永城侯，但不予铁券，并谪居海南。你的俸禄一分为三，一份赡养吴富家人，一份给所杀马军之家，一份养你的老母妻子。如此处置，你服还是不服？"

一直胆战心惊的薛显根本没听清朱元璋在说什么，只记得朱元璋饶他不死，便忙叩头谢恩道："陛下神明公正，微臣服命。"

此时，几乎所有的人都有些战战兢兢，但朱元璋只处罚了薛显一个人。显然，朱元璋实施的是杀一儆百的策略，这种以奖为主、以惩为辅的激励惩戒办法，无疑起到了激励大多数、惩戒极少数的作用。

举行封赏仪式这一天，朱元璋设宴犒赏功臣。酒至半酣时，朱元璋非常感慨地说："创业之际，朕与卿等劳心苦力，艰难多矣。今天下已定，朕日理万几，不敢斯须自逸。诚思天下大业以艰难得之，必当以艰难守之。卿等今日安享爵位，优游富贵，不可忘艰难之时。人之常情，每谨于忧患而忽于晏安，不知忧患之来始于晏安也。明者能烛于未形，昧者犹蔽于已著。事未形犹可图也，患已著则无及矣。大抵人处富贵，欲不可纵，欲纵则奢；情不可佚，情佚则淫。奢淫之至，忧危乘之。今日与卿等宴饮极欢，恐久而忘其艰难，故相戒勉也。"（明·余继登《皇明典故纪闻》）

07. 平定四川灭大夏

至正二十六年（1366年）三月，自封为大夏皇帝的明玉珍去世，享年三十八岁，年仅十岁的太子明升继位，改元"开熙"，尊母彭氏为皇太后并垂帘同听政，立妃王氏为皇后。

大夏政权的创建人明玉珍，原是天完国王徐寿辉的部下，天完政权鼎盛时期，一度派兵四处攻城略地。在陈友谅率部东进安徽时，明玉珍率部西进攻占了四川，被徐寿辉封为陇蜀行省右丞。陈友谅僭位称帝后，明玉珍也于至正二十二年在重庆称帝，建立大夏政权，建元"天统"。

明玉珍死后，彭氏虽以皇太后之名辅政，但实际的主政者是左丞相戴寿。明玉珍在遗诏中对手下大臣说："西蜀地势险固，如果你们同心协力辅佐嗣子，就可以自守。不然的话，后事就不是我所能预料的了。"可就在明玉珍死后不久，大臣之间就展开了内斗。右丞相万胜斩杀了他的政敌、知枢密院事张文炳，张文炳的朋友、明玉珍的养子明昭又矫旨斩杀了万胜。太尉吴友仁以清君侧为名攻打重庆，要求诛杀明昭为万胜报仇。明升命左丞相戴寿率军讨伐吴友仁，但戴寿却要求明升诛杀明昭以谢天下。为了平息纷争，明升只好违心地杀了明昭。由于大臣之间的斗来斗去，大夏政权逐渐走向衰败。

朱元璋觉得，虽然大明朝已经建立，天下大局已定，但四川的大夏政权依然存在，大夏新皇帝明升迟迟不愿归顺明朝，这无疑成了朱元璋的心腹之患。朱元璋曾派平章杨璟入蜀劝降，但明升不从。明军将扩廓帖木儿赶出陕西后，朱元璋就开始筹划进兵入川。

洪武四年（1371年）初春，朱元璋诏令两路大军进攻四川。南路军由中山侯汤和、江夏侯周德兴、德庆侯廖永忠等率领，由长江沿瞿塘峡西进，攻打重庆；北路军由颍川侯傅友德、济宁侯顾时、大都督府都督佥事何文辉等率领，由陕甘秦陇南下，攻打成都。

颍川侯傅友德曾是刘福通的部下，当年跟随北方红巾军将领李喜喜西进陕西，被元军将领察罕帖木儿击败后退入四川。不久，李喜喜去世，傅友德请求在明玉珍麾下效力遭到拒绝，只好投奔陈友谅。朱元璋灭掉陈友谅后，傅友德归顺了朱元璋。这次朱元璋让他挂帅西征，除了他英勇善战外，主要是因为他比较熟悉四川的情况。

朱元璋深知三峡地势的险要，安排水上进攻主要是为了让明升分兵，而真正进攻的主力还是傅友德的陆军。出师前，朱元璋嘱咐傅友德说："蜀人闻我西伐，必悉精锐以抗我师。若出不意，直捣阶、绵，门户既隳，腹心自溃。兵贵神速，患不勇耳。"（《明史·傅友德传》）意思说，蜀人听说我军西伐，必派精锐兵力抵抗我军。你要出其不意，直捣文州（今甘肃省文县西南）、绵州（今四川省绵阳市），西蜀门户既隳，腹心自溃。兵贵神速，就怕你进军不够勇猛。

随后，朱元璋又诏令卫国公邓愈奔赴襄阳，负责训练军马、运送粮饷，为进攻四川的两路将士提供后勤保障。

得知明朝十几万大军水陆并进前来攻打四川，明升立即召集群臣商议对策。左丞相戴寿说："扩廓帖木儿、李思齐这么强大都无法抗拒明军，我们又怎么可能抵御住呢？"而太尉吴友仁说："川地山河险要，不能与中原比，可以凭险固守。"商量来商量去，明升也没下定决一死战的决心。

无奈之下，明升一边派使者向朱元璋示好，一边又加紧整军备战。夏军在瞿塘峡建造了铁索桥，桥上放置了大量滚木巨石，两岸峭壁上也布置了火炮，准备阻击明军的水师。明升下令让左丞相戴寿、太尉吴友仁、司徒邹兴等率部扼守瞿塘峡。

汤和率水师进至三峡口，首先攻打归州（今湖北省秭归县），未能破城，探知敌情后就地屯兵寻找战机。

傅友德率部首先攻打文州，都督同知汪兴祖一马当先强攻敌人的险要，不幸中飞石阵亡。傅友德见手下将士战死，一怒之下挥兵急攻，夏军守将丁世真难以抵挡弃城而逃，文州被明军占领。傅友德随后又率军攻占了阶州（今甘肃省陇南市）、江油（四川省江油市）、彰明（今四川省江油市南部）、绵州。绵州守将向大亨弃城逃往汉州（今四川省广汉市），傅友德率军紧追不舍。

大夏左丞相戴寿、太尉吴友仁得知明军攻克文州、阶州后，急忙由瞿塘峡率兵增援北线夏军各部，仅留司徒邹兴据守瞿塘峡。

洪武四年五月，傅友德率军渡过汉江攻打汉州。戴寿的援军还未赶到，汉州城就被明军占领。随后，傅友德又率军围攻成都。在成都城外，傅友德所部率先与戴寿、吴友仁率领的夏军展开激战。明军越战越勇，而夏军在戴寿、吴友仁的指挥下暂时还在苦苦支撑，明军攻克无险可守的成都已成定局。

南线大军在廖永忠的率领下，步兵自白盐山伐木开道，由纸坊溪直趋夔州（今四川奉节县）；水师强渡瞿塘峡，对夔州形成了两面夹击势，不久便攻占了夔州。夔州之战，夏军大将、司徒邹兴战死。随后，汤和又率军赶来，与廖永忠合兵围攻重庆。

在重庆避难的明升立即召集群臣商议对策。据《明史·列传》记载："升大惧，右丞刘仁劝奔成都。升母彭泣曰：'成都可到，亦仅延旦夕命。大军所过，势如破竹，不如早降以活民命。'于是遣使赍表乞降。升面缚衔璧舆榇，与母彭及官属降于军门。和受璧，永忠解缚，承旨抚慰，下令诸将不得有所侵扰。而寿、大亨亦以成都降于友德。升等悉送京师，礼臣奏言：'皇帝御奉天殿，明升等俯伏待罪午门外，有司宣制赦，如孟昶降宋故事。'帝曰：'升幼弱，事由臣下，与孟昶异，宜免其伏地上表待罪之仪。'是日授升爵归义侯，赐第京师。"

洪武四年六月二十二，明升与母亲彭氏及官属一并投降明军。七月，朱元璋封明升为归义侯，赐给府第。

大夏皇帝明升保住了自己的荣华富贵，但他手下的左丞相戴寿、绵州守将向大亨投降后自感羞愧均投水自尽，太尉吴友仁被周德兴、傅友德生擒后押往应天公开处死，其余降将均被发配到徐州。

洪武五年，归义侯明升、归德侯陈理都被朱元璋以"但恐为小人蛊惑，不能保始终。宜处之远方，则衅隙无自生，可始终保全矣"（《明太祖实录》）为由，将他们一同迁往了朝鲜。

明军攻占四川后，朱元璋命汤和、廖永忠、傅友德等诸将返回应天，命义子何文辉留守成都。

第七章　强力集权，家事国事皆掌管

01. 管好后宫不怠慢

朱元璋在处理国家大事的同时，一直不忘管好后宫家事。

朱元璋在兴建宫殿时，修建了一座文楼，并将其作为太子朱标读书的地方。朱标性格上温文尔雅，太子之师宋濂和马皇后都对他寄予厚望。但在政见上，朱标常与父皇朱元璋大不一致。

一天，朱元璋来到文楼，见朱标正在看宋濂的自刻文集，便皱了皱眉头问道："《资治通鉴》看了多少了？"

朱标立即回答说："先生不主张多看《资治通鉴》，因为里面缺少仁义道德，为仁君所不取。"

听了朱标的话，朱元璋怒喝道："一口一个先生说，难道先生说什么都对，朕说的反不如他了？"

朱标却不慌不忙地说："儿臣自然听父皇的，但看书一事，儿臣觉得先生说得对，对书要有选择地去读。有一位古圣说过，尽信书，不如无书。"

朱标见朱元璋对自己的话不以为然，就补充说："这位圣人就是孟子。"

朱元璋一直不太喜欢孟子满口的仁义道德，他觉得，孟子生活的时代实际上充满杀戮、诡计和暴政，如果孟子的仁义学说管用，最后一统天下的绝对不是残暴的秦始皇。于是，朱元璋非常严肃地对朱标说："宋太师独信孟子，太子独信宋太师，独信一家之言可不是什么好事啊！"

朱标说："圣人言，仁孝为上，重礼教，轻刑法。身为君主必须尊崇礼法，并用仁爱之心去驾驭天下，则四海臣服，天下歌舞升平。"

朱元璋说："朕何尝不崇尚礼法，但礼法的教化作用毕竟有限，仁政并不能感化坏人，仁政只对善良的人有用。韩非子主张二柄，也就是两样法器，一是刑，二才是德，杀戮为刑，庆赏为德。不要说老百姓，就连那些大臣也一样，害怕刑罚而追逐利禄。"

朱标说："先生以为，礼法不只是书面文章，更在于君臣百姓自觉地身体力行。重刑只能收一时之效，重德才会长治久安。"

朱元璋觉得，太子的儒雅之气会使他变得迂腐、软弱，将来无法堪当治理天下的重任。大明江山是打出来的，如今天下仍未太平，仅靠教化、仁政并不能解决大明所面临的问题。他本想对朱标进行一番教导，可此时宋濂进来了。宋濂见到朱元璋后，赶紧行礼说："没想到皇上在这儿，请恕罪。"

朱元璋说："老夫子不必多礼。在太子眼中，宋太师可是一人之下，万人之上啊！"

宋濂一惊，非常惶恐地说："老臣万死不敢。"

朱元璋说："老夫子不必紧张。刚才太子说，天地君亲师，是古圣人把太师放在朕之下的。"

随后，朱元璋把宋濂拉到一边说："朕今日是受皇后之托来见先生的。"

原来，朱元璋想将常遇春的女儿聘为朱标的太子妃，可还没来得及定下来，常遇春就猝死了，此事因此搁置了几年。现在，他想请宋濂从中做个媒人。

这门婚事，朱元璋与常遇春曾经有过约定，但朱标却一百个不同意。而朱标对宋濂言听计从，马皇后觉得，只要宋濂肯出面相劝，这门婚事必成无疑。

宋濂费了好一番口舌，最终说服了朱标。

洪武四年（1371年）四月，朱标迎娶开平王常遇春之女常氏为妻，并立为太子妃。

朱元璋将后宫之事交给了贤惠能干的马皇后来打理。马皇后不仅主管后宫，还负责保管朱元璋行军作战和随手写下的札记、备忘录等。马皇后不仅从不邀宠，还总能帮助朱元璋排忧解难。

有人告发据守和州的参军郭景祥的儿子要刺杀父亲，朱元璋大怒，立即诏令杀掉这个不孝子。马皇后得知这一消息后，出面阻拦说："传闻不一定是事实。郭参军只有这么一个儿子，杀了他，郭家怕要绝后，岂不是更叫他不孝？"听了马皇后的话，朱元璋立即派人去调查，果真不是事实，郭景祥的儿子免于一死。

据《明史·列传》记载："李文忠守严州，杨宪诬其不法，帝欲召还。后曰：'严，敌境也，轻易将不宜。且文忠素贤，宪言讵可信？'帝遂已。文忠后卒有功。"意思是，李文忠据守严州时，御史中丞杨宪告发他有不轨行为，朱元璋准备将他召回。马皇后劝阻说："严州与敌境相邻，撤换将帅切宜慎重。文忠在军中威望甚高，把他撤下，换成别的人，恐怕难以服众。"朱元璋仔细一想，认为马皇后说得有理，就没撤换李文忠，最终让他成就了攻克杭州的功绩。

马皇后为人贤惠，生活极为朴素。朱元璋深知自己有今日，离不开马皇后的支持，他因此动情地说："家有良妻，犹国之有良相。"

马皇后听了朱元璋夸奖，非常谦恭地说："臣妾闻夫妇相保易，君臣相保难。陛下既不忘与臣妾贫贱时相互厮守的艰辛日子，希望也不要忘记与群臣、百姓在困苦时互相扶持的岁月。再说臣妾哪比得上长孙皇后，只愿陛下以尧舜为榜样，善始善终，与臣民同甘苦、共患难，臣妾就心满意足了。"

当朱元璋提出要给马皇后的亲族封官时，马皇后连忙推辞说："陛下，此事万万使不得。官爵应当授予贤能之士。臣妾的亲属，未必是些可用之才，怎能轻易让他们做官呢？听说前代外戚之家，多有因骄奢淫逸、不守法度而致败亡的，臣妾就怕重蹈覆辙。陛下若想加恩于臣妾的亲属，可以多赐给他们一点儿金钱财物，让他们享用一生就可以了。如果他们确实贤明，自当任用。如不堪造就而给他们官做，他们必然恃宠致败。这绝非臣妾所愿意见到的事！"

朱元璋深知，要使大明王朝长治久安，一定要管好身边的人。为此，他曾对御史中丞杨宪说："朕见史传所载汉唐末世，都是因为宦官作恶，终致不可救治，每读至此，不禁为之惋叹。这些人在人主身边，日子长了，便成为亲信。他们中也有些小心勤劳的，但开国承家，不能用此等小人。在宫禁之内，只可叫他们去洒扫给使、传达命令，岂能让他们参与政事，典兵征战？如不加以防范，国必败亡。"

一天，朱元璋将后宫的所有内侍太监、宫女召到乾清宫，非常严肃地对他们说："你们皆朝夕伴在朕左右，朕的起居饮食全由你等侍奉，朕的个性喜好全装在你们心中。稍不注意，你们便会假威福、窃权势以干预政事，日子一久，便不可收拾。历代后宫致乱的例子太多了。朕为大明江山计，为你们身家性命计，给你等立下几条规矩：一是人数毋令过多；二是不许读书识字，不许兼任外朝文武官职，不得穿戴外朝官员的冠服，不许干预政事；三是严禁说人是非、传播流言，不准心怀恶逆、不守尊卑本分。违者必严惩，甚至处以极刑。"

朱元璋还亲自书写了"内臣不得干预政事，犯者斩"（《明史·宦官传》）几个大字，交工部衙门铸成铁牌置于宫门，以示警诫。

据《明史·后妃传》记载："正家之道，始于谨夫妇。后妃虽母仪天下，然不可俾预政事。至于嫔嫱之属，不过备职事，侍巾栉。恩宠或过，则骄恣犯分，上下失序。历代宫闱，政由内出，鲜不为祸。"朱元璋觉得，后妃母仪天下的同时，也可能干预政事，很多政变都是由内患引起的，因此，他对后妃提出了严格要求，避免内宫祸事，影响江山社稷。

02. 打压相权强皇权

大明王朝建立后，朱元璋将万世一统作为长远战略目标。他觉得，要实现这一目标，君臣必须同心同德，上下一心，坚决摒弃结党营私、拉帮结派的陋习，更要防止出现君弱臣强的苗头。

他认为，无论是宋朝的灭亡，还是元朝的灭亡，都与君弱臣强有关。明朝刚刚建立，开国功臣都得到了高官厚禄，很容易产生功高盖主的心理。尤其是中书省的官员处于最为显耀的位置，最容易出现"挟天子以令诸侯"的局面，他必须严加防范。

朱元璋内心最加提防的重臣就是李善长。李善长是大明朝的开国功臣，朝中重臣都知道他精明强干、劳苦功高、资历最深。但李善长并非完人。据《明史·李善长传》记载："善长外宽和，内多忮刻。参议李饮冰、杨希圣，稍侵善长权，即按其罪奏黜之。与中丞刘基争法而詢。基不自安，请告归。太祖所任张昶、杨宪、汪广洋、胡惟庸皆获罪，善长事寄如故。贵富极，意稍骄，帝始微厌之。"意思是，李善长外表宽厚温和，内心却爱嫉妒，待人苛刻。参议李饮冰、杨希圣，只是稍微冒犯了他的权威，李善长马上将其罪上奏皇上，黜免了他们两人。李善长与中丞刘基争论法令，以至于辱骂刘伯温，刘伯温内心不安，便请求告老还乡。太祖所任用的张昶、杨宪、汪广洋、胡惟庸都获罪，只有李善长还像原来一样在朝廷做官。李善长权势地位到了顶点，心里慢慢变得傲慢起来，太祖开始对他有所反感。

自洪武元年（1368年）被封为宣国公并担任左丞相后，李善长在朝中的影响力越来越大，与许多重臣形成了盘根错节的关系，让朱元璋觉得李善长的影响力对皇权构成了威胁。于是，朱元璋便暗下决心削弱他的权力，甚至开始物色人选来接替他的丞相之位。

洪武二年二月，朱元璋将刘伯温召至宫中，与他商议接替李善长左丞相的人选。

朱元璋首先问让杨宪做丞相是否合适。刘伯温虽然一直与杨宪交情很深，但他坚定地认为杨宪不适合左丞相，他说："杨宪有做丞相的才能，却没有做丞相的器量。作为宰相，心应该像端一碗水那样平，把义理作为衡量一切的标准，不加入自己的看法。现在杨宪却不是如此，能不失败吗？"

朱元璋问汪广洋是否合适，刘伯温回答说："他见识短浅。"

朱元璋问胡惟庸是否合适，刘伯温说："胡惟庸就像一头无法驯服的小牛犊一样，犁地会弄坏辕木和犁。眼前的这些人，我实在没看到谁比李善长更合适做丞相。李善长是开国第一功臣，德高望重，深得众将拥戴，能调和诸将，不宜更换。"

朱元璋说："李善长几次要加害于你，你怎么还替他说话？你既有大功，又忠心诚实，我看可以代他为相。"刘伯温立即说道："更换丞相就像更换梁柱一样，必须用大木，若用细木替代它，房屋立刻会倾覆。臣小计小谋倒是不少，但并非巨木，做丞相将会有负于圣恩。"

朱元璋与刘伯温进行一番交谈后，觉得李善长为人处世总体还过得去，也没出现太大的过错，暂时拿不出合适的理由撤换他。但他并不打算就此罢手，必须改革沿袭于元朝的一系列朝廷制度，尤其首先要限制和削弱相权。

在朱元璋的眼里，李善长属于"淮西派"臣僚的代表，而刘伯温属于"江浙派"臣僚的代表，希望朝中这两个派系形成相互抗衡的态势，避免一家独大出现君弱臣强的局面，确保皇权统治的稳定。

正当朱元璋找不到撤换李善长的理由时，洪武三年六月，长洲（今江苏省苏州市境内）县衙主簿穆兴平，状告中书省都事李彬经常利用职权为非作歹，大肆贪污，甚至在科举考试中包庇他人作弊。而李彬恰恰是李善长的亲信。

御史中丞刘伯温接到这个案子后,毫不犹豫地将李彬下狱。左丞相李善长得到消息后,立即找到刘伯温为李彬求情,但刘伯温不为所动,将李彬判为斩立决。为此,李善长非常生气。

洪武三年入夏以来,应天一带出现持续的干旱。一天,中书左丞相李善长正在筑坛准备向天祈雨时,朱元璋批准刘伯温诛杀李彬的诏令下达。

看到诏令后,李善长找到刘伯温非常不满地说:"今日正要祈雨,难道可以杀人吗?"刘伯温毫不客气地说:"杀李彬,天必雨!"结果,李彬被斩。李善长见状,发誓要寻机报复刘伯温。

其实,刘伯温从天象上预判三日内能够下雨,因此非常有底气地说"杀李彬,天必雨"。可李彬被杀半个月后,雨一直没下,于是,李善长觉得报复刘伯温的机会来了。他立刻怂恿亲信向朱元璋告状,说刘伯温武断专权。由此,李善长与刘伯温的争斗更加白热化。

朱元璋觉得,此时正是打击"淮西派"和"江浙派"臣僚领袖人物的大好时机,就对刘伯温说:"老先生的年纪这么大了,应该在家颐养天年,何苦在这里陪着我受别人的气呢?"

刘伯温知道朱元璋是让他离开朝廷,但离开总该找个体面的借口。洪武三年年底,刘伯温的糟糠之妻去世,他便以此为由,辞官回到了青田(今浙江省文成县)老家。

"淮西派"与"江浙派"的斗争看似是李善长取得了胜利,实际是两败俱伤。亲信李彬被杀后,一直处于悲愤之中的李善长得了一场大病,只得告假休养。朱元璋心中大喜,升徐达为左丞相,诏令御史中丞杨宪代右丞相之职。此时,徐达正在北方练兵并修筑城防，无暇料理政务，中书省的大权实际由杨宪来掌管。

虽然杨宪早年是朱元璋的检校，但他并不是朱元璋心目中最佳的丞相人选。而杨宪在代理丞相期间，偏偏又罢去旧吏，改用自己的亲信，让朱元璋非常生气。于是朱元璋任命中书参政汪广洋为左丞相，免去徐达的左丞相之职。这样，汪广洋便位列了杨宪之前，形成了对杨宪的牵制。

汪广洋原是一个参政，如今却坐到了左丞相的位置，位列杨宪之上，这简直让杨宪无法忍受，于是两人之间开始明争暗斗。杨宪唆使侍御史刘炳以奉母无状的罪名弹劾汪广洋。奉母无状虽然只是品德问题，但在明朝却是大罪。朱元璋大怒，立即将汪广洋削职为民，放逐还乡。后来又处分升级，汪广洋被流放到荒僻的海南。

杨宪代行左丞相一职后，一时内心膨胀，开始一手遮天，不久就发生了杨宪的外甥科考作弊案。起初，朱元璋不知道杨宪与作弊者的关系，就命杨宪主审此案。杨宪为了遮丑，试图大事化小、小事化了，结果被中书省参知政事胡惟庸等人以纵容包庇的罪名上奏参劾。朱元璋非常生气，先罢黜了他的官职，后又将其诛杀。

杨宪被罢黜后，李善长见机结束了自己的休假。可朱元璋既没让他回中书省管事，也没免掉他的职务。在洪武三年十一月举行的封赏功臣大典上，李善长被封为韩国公，为六公之首，但实际的权力没有左丞相大。洪武四年正月，李善长终于明白了朱元璋的心意，就上了一道奏表，称自己年迈体衰，故恳请告老还乡。

朱元璋最初两次拒绝了李善长的辞请，但李善长第三次请辞时，朱元璋命值殿官在早朝时当众宣读了李善长的辞官表，然后赐他荣归故里。

李善长告老还乡后，汪广洋重回中书省任右丞相，而参知政事胡惟庸为左丞相，成为了中书省的实际掌权人。

朱元璋的一系列操作，总是让中书省的丞相职位处于动荡之中，避免了君弱臣强局面的出现。

03. 诏令废除丞相制

洪武三年（1370年）年底，刘伯温以糟糠之妻去世为由，辞官回到了老家青田（今浙江省文成县）过起了隐居生活。他每天只管饮酒下棋，从不言官场之事，就连当地的官员，他也是一概不见。一天，青田县令微服谒见刘伯温，刘伯温就让侄儿做饭招待。吃饭时，当县令表明身份后，刘伯温起身称民，然后告辞离开，最终与县令没再见面。

刘伯温隐居期间，朱元璋经常与他进行通信联系。每当出现奇异的天象时，朱元璋就会写信向刘伯温询问。同时，中书省和御史台也有两个人在密切关注着刘伯温，一个是左丞相胡惟庸，另一个就是御史陈宁。

杨宪被罢黜后，胡惟庸担任左丞相，取代李善长成为"淮西派"臣僚团的新领袖。胡惟庸执政中书省大权后，立即举荐陈宁为御史台中丞。陈宁原名陈亮，"宁"为朱元璋所赐。据《明史·陈宁传》记载："宁有才气，而性特严刻。其在苏州征赋苛急，尝烧铁烙人肌肤。吏民苦之，号为陈烙铁。及居宪台，益务威严。太祖尝责之，宁不能改。其子孟麟亦数谏，宁怒，捶之数百，竟死。

太祖深恶其不情，曰：'宁于其子如此，奚有于君父耶！'宁闻之惧，遂与惟庸通谋。"

陈宁担任御史中丞后，随即与胡惟庸一起诬陷刘伯温。据《明史·刘基传》记载："初，基言瓯、括间有隙地曰谈洋，南抵闽界，为盐盗薮，方氏所由乱，请设巡检司守之。"意思是，当初刘伯温说温州和括苍山之间有荒地叫作谈洋，向南直延伸到福建省界，成为盐盗聚集的地方，方国珍兄弟就是据此开始作乱的，请求设立巡检司守备这块荒地。

胡惟庸和陈宁却以此来诬陷刘伯温。"胡惟庸方以左丞掌省事，挟前憾，使吏讦基，谓谈洋地有王气，基图为墓，民弗与，则请立巡检逐民"（《明史·刘基传》）。意思是，胡惟庸正以左丞相掌管中书省的事务挟怀以前的愤恨，致使官吏攻击刘伯温说：谈洋地方有帝王之气，刘伯温企图作为墓地，百姓不同意，就请求设立巡检司驱赶百姓。

朱元璋明知这是胡惟庸和陈宁给刘伯温编造的罪名，但他还是对刘伯温选定有帝王之气的墓地心存忌惮，因此对刘伯温进行了处罚。"帝虽不罪基，然颇为所动，遂夺基禄"（《明史·刘基传》）。意思是，皇帝虽然不责罪刘伯温，但很为官吏的说词打动，于是剥夺了刘伯温的俸禄。

朱元璋感到对不起刘伯温，就写信将他召回京城。刘伯温回到京城后并未官复原职，而是担任太史令。洪武八年正月，刘伯温身染重病时，胡惟庸唆使太医下药毒害，导致刘伯温饮药后腹中积物如拳石愈增。洪武八年三月，朱元璋下《御赐归老青田诏》，派使护送刘伯温再归故里。

回到家里后，刘伯温自知来日无多，便找来长子刘琏和次子刘璟交代后事。他让刘琏从书房里拿来一本书说道:"我死后,你要立刻将此书呈给皇上,一刻也不能耽误。我还给皇上写了一封信,你也一并呈给皇上。"

洪武八年四月十六,刘伯温病逝在青田家中,享年六十四岁。

刘伯温呈给朱元璋的书是《郁离子》,他生前集结一生的心血写了一部《百战奇谋》,朱元璋生怕此书落入他人之手,来篡夺大明天下,多次找刘伯温索要此书,但刘伯温一直没给他。死前,他写信告诉朱元璋,《百战奇谋》是为了帮陛下打天下用的。如今天下已定,为了防止落入他人之手,他已将此书烧掉。但他还写了一部《郁离子》,呈给陛下做个纪念。朱元璋看了刘伯温的信后,仍心存怀疑,便派人去刘伯温的老家秘密搜寻,最终一无所获。朱元璋翻看《郁离子》时,发现书中写的都是寓言故事,就扔到一边不再阅读。他以为《百战奇谋》真的被刘伯温烧了,就对刘氏子孙放下了戒心。然而,二百多年后李自成攻入北京城时,翻开书页残破的《郁离子》,竟无意中发现页内有页,内藏的另一本书就是《百战奇谋》。刘伯温用智慧不仅保存了《百战奇谋》,也保全了子孙。

刘伯温死后,左丞相胡惟庸更加专横霸道,"内外诸司上封事,必先取阅,害己者,辄匿不以闻。四方躁进之徒及功臣武夫失职者,争走其门,馈遗金帛、名马、玩好,不可胜数"(《明史·胡惟庸传》)。意思是,内外各部门的奏章,他都先拿来看,凡是有害于自己的,便扣下不上呈。各方面热衷功名之徒以及失去了职位的功臣武夫,竞相奔走于其门,贿送金帛、名马、玩好之物,不可胜计。

胡惟庸的专横引起了大将军徐达的强烈不满。胡惟庸为了先下手为强,买通了徐达家的门房福寿,欲加害于徐达。不料,福寿将胡惟庸的阴谋揭发出来。朱元璋以为这是朝中两位重臣的相互斗气，而且他也希望主掌军政大权的二人互相有所牵制，因此未加理会。

洪武九年六月，朱元璋裁减了中书省平章政事、参知政事两个职务，改地方行中书省为承宣布政使司，另设提刑按察使司、都指挥使司，三司分管原行中书省一级的民政、司法、军政事务。随后，朱元璋对以胡惟庸为首的朝中重臣说："凡是清明的朝廷，都是上下相通，耳目相连；凡是昏暗的朝廷，都是上下隔绝，聪明内蔽。国家能否大治，其实和这点有很大的关系。我经常担心下情不能上达，因此不能知道治政的得失，所以要广开言路，以求直言。"

洪武十年七月，朱元璋又设置了通政使司，职责是"凡在外之题本、奏本，在京之奏本，并受之，于早朝汇而进之"（《明史·职官志》）。也就是说，各级章奏可经由通政使司直达皇帝，原来属于丞相的职权被通政使司所代替。

对此，胡惟庸选择了与皇权对抗，除了勾结御史大夫陈宁、中丞涂节等大臣外，还暗中拉拢串通那些对朱元璋不满的将领，其中包括吉安侯陆仲亨、平凉侯费聚等。

洪武十一年秋，胡惟庸的长子骑马在大街上狂奔，结果跌落马下被一辆过路的马车轧伤。胡惟庸一怒之下将马夫斩杀。朱元璋得知后，非常生气地要治胡惟庸的罪。胡惟庸请求用金钱补偿马夫，可朱元璋不同意，于是"惟庸惧，乃与御史大夫陈宁、中丞涂节等谋起事，阴告四方及武臣从己者"（《明史·胡惟庸传》）。由此，胡惟庸不仅为自己，也为所有的同党埋下了祸患。

洪武十二年九月，"占城来贡，惟庸等不以闻。中官出见之，入奏。帝怒，敕责省臣。惟庸及广洋顿首谢罪，而微委其咎于礼部，部臣又委之中书。帝益怒，尽囚诸臣，穷诘主者。未几，赐广洋死，广洋妾陈氏从死。帝询之，乃入官陈知县女也。大怒曰：'没官妇女，止给功臣家。文臣何以得给？'乃敕法司取勘。于是惟庸及六部堂属咸当坐罪。（《明史·胡惟庸传》）意思说，占城国来进贡，胡惟庸等人不报告皇上。宦官出来见到了，便进宫奏告皇上。皇上大怒，诏令责备中书省臣。左丞相胡惟庸和右丞相汪广洋叩头谢罪，但暗中却将罪过归咎于礼部，礼部大臣又归咎于中书。皇上更加愤怒，将各臣僚全部关押起来，究问为首主持的人。不久，赐右丞相汪广洋死，汪广洋的妾陈氏为他陪死。皇上闻知陈氏乃是被没入官的陈知县的女儿，大怒说："被没入官的妇女，只给功臣家。文臣怎么得到？"便诏令法司调查。于是，胡惟庸以及六部属官都被判罪。

洪武十三年正月，"涂节遂上变，告惟庸。御史中丞商暠时谪为中书省吏，亦以惟庸阴事告。帝大怒，下廷臣更讯，词连宁、节。廷臣言：'节本预谋，见事不成，始上变告，不可不诛。'"（《明史·胡惟庸传》）意思是，涂节便将祸变上报，告发胡惟庸。御史中丞商暠当时被贬为中书省吏，也告发了胡惟庸的阴谋。皇上大怒，下令廷臣轮番讯问，词语连及陈宁、涂节。廷臣说："涂节本来参与阴谋，见事情不成，这才将变乱上告，不可不杀。"

洪武十三年正月初六，朱元璋诏令，将胡惟庸、陈宁、涂节三个人一起斩杀。除了三人被斩杀外，另有三万余人受到株连而命丧黄泉。此案被称为"胡惟庸案"，也称"胡党之狱"，简称"胡狱"。

胡惟庸被杀后，朱元璋诏令罢中书省，废除丞相制，后世永不得再设丞相之位，胡惟庸因此成为了中国历史上的最后一位丞相。

04. 酷刑瘐死叶伯巨

洪武九年（1376年）闰九月初九，钦天监①奏称天有异象，五星紊度，日月相刑，此为星变。钦天监觉得，这种天象是上天对人间给予的警示，预示着君有大过或国有大难。朱元璋看到钦天监的奏报后，按照惯例下诏求直言书，请天下人指出政治弊端和皇帝过失。

平遥县训导②叶伯巨听说皇帝下诏求直言书，觉得施展才华、报效朝廷的机会来了，便洋洋洒洒地写下了非常富有见地的《奉诏陈言疏》。

叶伯巨是浙江宁海人，字居升。元朝末年，刚刚弱冠之年的叶伯巨就因学贯古今而闻名天下。明朝建立后，叶伯巨凭借自身的名气，进入国子监学习。国子监是当时的最高学府。洪武八年，朱元璋诏令从国子监选出一部分优秀学生，去北方地区任职训导，负责宣扬教化。因为元朝重武轻文，明朝初年，北方地区民间的读书风气很弱。朱元璋还觉得，如果北方人专于尚武，对明朝的稳定就是一种威胁。因此，朱元璋诏令从国子监选拔优秀的学生

---

① 钦天监：官名，掌观察天象、推算节气、制定历法之事。
② 训导：官名，地方学校的学官，掌教授生徒之事。

去北方宣扬教化，振兴民间读书之风气。

在国子监表现一直优秀的叶伯巨被选中，到山西平遥担任儒学训导。叶伯巨来到山西任职的第二年，朱元璋就下诏纳谏，他便写了著名的长达三千字的《奉诏陈言疏》，不仅指出了明朝的三大祸端："臣观当今之事，太过者三：分封太侈也，用刑太繁也，求治太速也。"（《明史·叶伯巨传》）他还详细分析了利害关系，准确预言了未来的隐患。

《奉诏陈言疏》写成后，他的朋友劝说他不要上书，以免为自己招来杀身之祸。可叶伯巨却坚持说："今天下唯三事可患耳，其二事易见而患迟，其一事难见而患速。纵无明诏，吾犹将言之，况求言乎？"（《明史·叶伯巨传》）意思是，当今天下只有三件事令人忧患，有二件事容易见到但祸患来得迟，有一件事难以见到，但祸患来得迅速。纵无明诏，我还将上书，何况访求言论呢？最终，叶伯巨还是向朱元璋呈上奏疏。叶伯巨所说的"其一事难见而患速"，指的就是"分封太侈也"。

在分析"分封太侈也"时，叶伯巨写道："先王之制，大都不过三国之一，上下等差，各有定分，所以强干弱枝，遏乱源而崇治本耳。今裂土分封，使诸王各有分地，盖惩宋、元孤立，宗室不竞之弊。而秦、晋、燕、齐、梁、楚、吴、蜀诸国，无不连邑数十。城郭宫室亚于天子之都，优之以甲兵卫士之盛。臣恐数世之后，尾大不掉，然后削其地而夺之权，则必生觖望。甚者缘间而起，防之无及矣。议者曰：'诸王皆天子骨肉，分地虽广，立法虽侈，岂有抗衡之理？'臣窃以为不然。何不观于汉、晋之事乎？孝景，高帝之孙也；七国诸王，皆景帝之同祖父兄弟子孙也。一削其地，则遽构兵西向。晋之诸王，皆武帝亲子孙也，易世之后,迭相攻伐,遂成刘、石之患。由此言之,分封逾制,祸患立生。援古证今,昭昭然矣。此臣所以为太过者也。昔贾谊劝汉文帝,尽分诸国之地,空置之以待诸王子孙。向使文帝早从谊言,则必无七国之祸。愿及诸王未之国之先,节其都邑之制,减其卫兵,限其疆理,亦以待封诸王之子孙。此制一定,然后诸王有贤且才者入为辅相,其余世为藩屏,与国同休。割一时之恩,制万世之利,消天变而安社稷,莫先于此。"(《明史·叶伯巨传》)

在奏疏中,叶伯巨还详细分析了"用刑太繁也"和"求治太速也"。

看到叶伯巨的《奉诏陈言疏》后,"帝大怒曰:'小子间吾骨肉,速逮来,吾手射之!'"(《明史·叶伯巨传》)意思是,皇帝大怒说:"小子离间我骨肉,赶快抓来,我要亲手杀了他!"显然,让朱元璋大怒的,是叶伯巨对"分封太侈也"的分析。明朝之初,朱元璋封王的典型特点就是不设异姓王,被封王的都是他的子孙。对此,朱元璋认为,叶伯巨直指"分封太侈也",就是在"间吾骨肉",恨得要"吾手射之"。朱元璋最忌讳的"分封太侈也",也正是叶伯巨指出的明朝存在的最大祸患。

洪武三年四月初七,朱元璋在应天皇宫内的奉天殿,举行了隆重的分封宗国之王仪式。除了太子朱标之外,朱元璋将他的九个儿子和一个从孙分封为大明朝的宗国之王,目的就是让他们成为朝廷的藩屏。他说:"天下之大,必建藩屏,上卫国家,下安生民。今诸子既长,宜各有爵封,分镇诸国。朕非私其亲,乃遵古先哲王之制,为久安长治之计。"(《明太祖实录》)

朱元璋授予儿孙的,不仅是守土安疆的重任,还有"朝无正臣,内有奸逆,必举兵诛讨,以清君侧"的重托。

分封仪式前，朱元璋先到太庙奉告祖先，并视察了礼部制作的金册金宝。九个亲王金宝和一个郡王金宝，分别用篆文阳刻着秦王之宝、晋王之宝、燕王之宝、吴王之宝、楚王之宝、齐王之宝、潭王之宝、赵王之宝、鲁王之宝和靖江王宝。与朱标的太子宝匣雕刻的行龙不同，亲王和郡王的宝匣雕刻的是蟠螭。蟠螭是龙属的蛇状神怪之物，是一种无角的早期龙。所谓龙生九子皆非龙，除了太子将来会变为"龙"之外，其余诸子都是和龙仅差一步的蟠螭。

分封仪式上，朱元璋封皇二子朱樉为秦王，当时未满十四岁；皇三子朱棡为晋王，当时未满十三岁；皇四子朱棣为燕王，当时未满十岁；皇五子朱橚为吴王，当时未满八岁；皇六子朱桢为楚王，当时未满六岁；皇七子朱榑为齐王，当时未满六岁；皇八子朱梓为潭王，当时不满一岁；皇九子朱杞为赵王，当时不满一岁；皇十子朱檀为鲁王，当时刚出生十八天；封从孙朱守谦为靖江王，当时不满九岁。朱守谦是朱元璋大哥朱兴隆的孙子、侄儿朱文正的儿子。

后来，朱元璋又于洪武十一年正月和洪武二十四年四月，举行了第二次和第三次封王。

对于"分封太侈也"的危害，叶伯巨在《奉召陈言疏》中非常有远见地指出：当今裂土分封，使诸王各有坐地，大概是出于对宋、元孤立，宗室势弱的弊端的考虑。而秦、晋、燕、齐、梁、楚、吴、蜀诸国，无一不连邑数十，城郭宫室仅次于天子之都，拥有充足、强盛的甲兵卫士。我担心几代以后，尾大不掉，然后再削诸王的封地并收回权力，则引起众怨，更有甚者诸王可能会兵起伐主，到那时防范就晚了。

叶伯巨的分析，当时看似乎无异于危言耸听，造谣生事，但后来却完全成为事实。叶伯巨认为：宋朝和元朝皇室力量薄弱，固然令国家不稳定，但"分封太侈也"自然是过犹不及。所封的藩王既有封地又有军队，和独立王国没什么区别，以后必然会造成尾大不掉的局面，到时朝廷又不得不削藩。而一旦采取削藩措施，则必然会招来诸王的怨恨，引发大的动乱，藩王甚至会"缘间而起，防之无及矣"。

叶伯巨的分析，可谓是丝丝入扣，字字珠玑，不愧为明初最有先见之明的一代奇人。洪武九年，朱元璋虽然推行了封王制度，但诸皇子尚且年幼，无一就藩，尚未形成后来的拥兵自重之势。叶伯巨提醒朱元璋"臣恐数世之后，尾大不掉，然后削其地而夺之权，则必生觖望"，可实际上祸患来得更早，而非"数世之后"，第一代藩王朱棣就"缘间而起"，以"清君侧"为名发起"靖难之役"从而篡取了皇位。但遗憾的是，叶伯巨没活到朱棣篡权的那一天。

朱元璋看了《奉召陈言疏》后，立即诏令将叶伯巨抓起来，并对他实施了酷刑。最终，一代奇人叶伯巨瘐死狱中。

05. 分封藩王为集权

洪武三年（1370年）四月，朱元璋诏令实行分封宗国之王制度，将除太子朱标之外的九个皇子和一个从孙封为藩王。洪武九年，平遥县训导叶伯巨上奏《奉召陈言疏》，指出"分封太侈也"会产生"尾大不掉""缘间而起"的祸患。朱元璋不但没有采纳叶伯巨的建议，还对叶伯巨实施了酷刑，最终让他瘐死狱中。

由于受封的诸王都处于年幼，无法到自己的封地去，朱元璋只好暂时任命自己的亲信大将代为镇守重要之地，为日后诸王接管镇守封地做准备。

洪武四年，朱元璋诏令魏国公徐达镇守北平、山西，宋国公冯胜镇守陕西，马云、叶旺等诸将镇守辽东。

朱元璋在动员时对诸将说："处太平之世，不可忘战，略荒裔之地，不如守边。朕同卿等起布衣，削群雄，定祸乱，统一中夏，勤劳累岁，至此无事，可以少休。然念向者创业之难，及思古人居安虑危之戒，终不敢自宁，山西、北平与胡地相接，犬羊之群，变诈百出，仓卒有警，边地即不宁矣，卿等岂能独安乎？今无事之时，正宜往彼练习军士，修葺城池，严为备守，使边境永安，百姓乐业，朝廷无西北之忧，卿等亦可忘怀高枕矣。"（《明太祖实录》）意思是，身处太平之世，不可忘记战争的危险。与其去攻略荒裔之地，不如守好边境。朕和你们起布衣，削群雄，定祸乱，统一华夏，连年辛劳，至此无事，可以少休。然而念及创业之艰难，以及古人居安思危的警诫，始终不敢懈怠，山西、北平与胡地相接，犬羊之群，狡诈多端，仓猝有警，边地便不安宁，你们又岂能独享安乐？现在太平无事，正好可以到那里去训练军士，修葺城池，严加守备，使边境永安，百姓乐业。朝廷没有了西北之忧，你们也就可以忘怀高枕了。

徐达等诸将说："陛下宵旰忧勤，不忘武备，所谓国家有道，守在四夷，臣等敢不恭命。"

朱元璋叮嘱诸将说："御边之道，固当示以威武，尤必守以待重，来则御之，去则勿追，斯为上策。若专务穷兵，朕所不取，卿等慎之。"

朱元璋派遣武将勋臣镇守北疆，以此来加强防御，但他派武将领兵镇守边塞还是不放心的。他觉得，只有依靠诸王守边才能从根本上巩固皇权，实现大明王朝的长治久安。

其实，朱元璋的内心，对分封藩王所产生的尾大不掉、威胁皇权的弊端还是有所担忧的，在分封诸王的同时，各种训诫及防范措施也在同时进行。

以古鉴今，树立藩王典范。洪武六年三月，朱元璋诏令文原吉、王馈等大臣编纂的《宗藩昭鉴录》成书，随即颁赐诸王，作为诸王的教育训诫读物。编纂颁赐此书的目的，就是"必时时进说，使知所警戒。然赵伯鲁之失简、汉淮南之招客，过犹不及，皆非朕之所望也"（《明太祖宝训》）。《宗藩昭鉴录》中讲述了赵伯鲁和刘安二人的事。赵伯鲁是春秋时期晋国赵氏领袖赵简子之长子，资质平庸，连其父赵简子赐予的训诫竹简都弄丢了，因此不堪继承父业。淮南王刘安才思敏捷，宾客群集，后汉武帝以"阴结宾客，扮徇百姓，为叛逆事"等罪名派兵入淮南，刘安被迫自杀。在朱元璋看来，赵伯鲁和刘安都过犹不及，不是他所期待的藩王典范，表明朱元璋一方面希望诸子能够有雄才大略，又希望他们能安分守己。

军事历练。分封后，朱元璋特别注意培养诸王的军事才能，多次派遣诸王练习武事。洪武八年，朱元璋诏令皇太子朱标、秦王朱樉、晋王朱㭎、楚王朱桢、靖江王朱守谦出游中都（今安徽省凤阳县），以讲武事。洪武九年，朱元璋又诏令秦王朱樉、晋王朱㭎、燕王朱棣、吴王朱橚、楚王朱桢、齐王朱榑往中都练兵。朱元璋认为，帝王之子必须具备军事能力。他说："吾之子与公卿、士庶之子不同，公卿之子贤则荣其一家，吾之子贤则兼善天下。故使之朝诵诗书，晚习弓矢，驱驰以练其力，涉历以广其智，欲其通达古今，威武能断，然后克胜其任。"（《明太祖实录》）

反复训诫。朱元璋对诸王赋予了极高的政治期待，他在告王府官的谕旨中说："待臣下则以谦和，抚民人则以仁恕，劝耕耨以省馈饷，御外侮以藩帝室。如此，则能尽其职矣。"（《明太祖宝训》）洪武六年十一月，朱元璋对皇太子和诸王说："用人之道当知奸、良，人之奸、良固为难识，唯授之以职，试之以事，则情伪自见。若知其良而不能用，知其奸而不能去，则误国自此始矣。历代多因姑息，以致奸人侮惑。当未知之初，一概委用，既识其奸，退亦何难？书曰：'任贤勿贰，去邪勿疑。'尔等其慎之。"（《明太祖实录》）

洪武十一年正月，朱元璋进行了第二次分封藩王。封皇十一子朱椿为蜀王、皇十二子朱柏为湘王、皇十三子朱桂为豫王（洪武二十五年改封为代王）、皇十四子朱楧为汉王（洪武二十五年改封为肃王）、皇十五子朱植为卫王（洪武二十五年改封为辽王），同时，改封吴王朱橚为周王。

洪武十一年五月起，朱元璋第一次分封为藩王的秦王朱樉、晋王朱棡、燕王朱棣、吴王朱橚、楚王朱桢、齐王朱榑、潭王朱梓、赵王朱杞、鲁王朱檀等九个皇子陆续就藩。

九王封地分布于北部边境沿线数千里，组成一道强大的北部防线，充分体现了朱元璋对北部边防的重视。九王就藩后，深受朱元璋倚重。晋王朱棡和燕王朱棣就藩后，朱元璋"数命将兵出塞及筑城屯田。大将如宋国公冯胜、颍国公傅友德皆受节制。又诏二王，军中事大者方以闻"（《明史·诸王传》）。后来，宁王朱权就藩大宁（今内蒙古宁城西）后，"带甲八万，革车六千，所属朵颜三卫骑兵皆骁勇善战。权数会诸王出塞，以善谋称"（《明史·诸王传》）。朱元璋诏令出塞征讨的将帅，都归宁王节制，宁王与朱棣并称为北方两大藩王，被人赞为"燕王善战、宁王善谋"。

朱元璋谕令卫王朱植和宁王朱权："自东胜（今内蒙古鄂尔多斯市）以西至宁夏、河西、察罕脑儿（今陕西省靖边县北），东胜以东至大同、宣府、开平，又东南至大宁，又东至辽东抵鸭绿江，北至大漠，又自雁门关外，西抵黄河，渡河至察罕脑儿，又东至紫荆关（今河北省易县城西），又东至居庸关及古北口，又东至山海卫，凡军民屯种地，毋纵畜牧。其荒旷地及山场，听诸王、驸马牧放樵采，东西往来营驻，因以时练兵防寇，违者论之。"（《明史·诸王传》）朱元璋谕令："凡王国有守镇兵，有护卫兵。其守镇兵有常选指挥掌之。其护卫兵从王调遣。如本国是险要之地，遇有警急，其守镇兵、护卫兵并从王调遣。"（《皇明祖训》）朱元璋还谕令："凡朝廷调兵，须有御宝文书与王，并有御宝文书与守镇官。守镇官既得御宝文书，又得王令旨，方许发兵；无王令旨，不得发兵。"显然，诸王成为分封地的最高军事长官。

藩王分封制的推行，使军政大权高度集中于皇帝一人之手。行政上，皇帝成为全国的最高首脑；在军政上，皇帝是最高统帅和指挥官；在监察司法上，主要官员均由皇帝任免，皇帝控制了监察司法机构。由此，一切大权归属于皇帝一人，皇权之大达到了前所未有的程度。

但诸王就藩后，由于可以掌控及调遣军队，权势日益膨胀，引发了朱元璋的担忧，因此采取了相应的措施来限制诸王的军政权力。朱元璋诏令，提高都司卫所在地方军事管理体制中的地位，在地方建立边塞诸王、总兵官、都司卫所三重军事管理体制，将都司卫所系统提升为在一定程度上可以和诸王平分军权的地方军事机构，以此来限制诸王的军事权力。

洪武二十四年四月，朱元璋进行了第三次分封藩王。封皇十六子朱㮵为庆王、皇十七子朱权为宁王、皇十八子朱楩为岷王、皇十九子朱橞为谷王、皇二十子朱松为韩王、皇二十一子朱模为沈王、皇二十二子朱楹为安王、皇二十三子朱桱为唐王、皇二十四子朱栋为郢王、皇二十五子朱㰘为伊王，而皇二十六子朱楠因为幼殇而未封王。

06. 先立后废锦衣卫

洪武十五年（1382年）四月，朱元璋诏令，裁撤亲军都尉府与仪鸾司，设立锦衣卫亲军指挥使司。最初，锦衣卫主要有三项职能：一是守卫值宿；二是侦察与逮捕；三是典诏狱。

其实，早在至正十六年（1356年），红巾军谋士冯国用所掌管的侍卫亲军卫队，其中一部分人被称为检校，就是锦衣卫的雏形。这些检校被朱元璋下派到各军中，行使秘密监视、侦查、缉拿嫌犯的职权，并数次挫败谋乱者的阴谋。后来，朱元璋任命冯国用为侍卫亲兵正都护卫，不久又擢升为亲军都护指挥使。冯国用死后，朱元璋命他的弟弟冯胜袭兄职，接任亲军都护指挥使。

朱元璋在至正二十四年称吴王之前，在都督府设立了拱卫司，秩正七品，负责管领检校。朱元璋称帝建立明朝后，对部下的防范更加严格，更加频繁地下派检校到各军中。他还诏令将拱卫司升格为拱卫指挥使司，秩正三品。拱卫指挥使司设指挥使一人，统将军、力士、检校等官卒一千五百余人。不久，朱元璋又将卫指挥使司改为都尉司。洪武三年，朱元璋将都尉司改为亲军都尉府，管左、右、中、前、后五卫军士，亲军都尉府下设仪鸾司，秩正五品，设大使一人、副使二人。

朱元璋裁撤亲军都尉府与仪鸾司后，新成立的锦衣卫为秩从三品，下分御椅、扇手、擎盖、幡幢、斧钺、鸾舆、驯马等七司，皆秩正六品，主要职责就是保护皇帝的安全，服务皇帝的日常生活。同时，朱元璋还赋予锦衣卫侦查、缉捕、审判、处罚罪犯等权力，成为一个由皇帝直接掌控的军事特务机构。锦衣卫的首领为都指挥使，下设指挥同知二人、指挥佥事二人、镇抚使二人、千户十四人，下面又设副千户、百户、试百户、总旗、小旗等若干头目，再下面就是普通的锦衣卫密探，叫作力士、校尉。在鼎盛时期，锦衣卫的密探达五六万人之众，皇帝的耳目几乎遍布天下。

锦衣卫设有法庭和监狱，这种监狱被称为"诏狱"，由皇帝直接诏令拘禁犯人。诏狱里设有剥皮、抽肠、刺心等种种酷刑，进了诏狱就相当于跨进了地狱的门槛。锦衣卫还奉诏在朝廷上执行廷杖，许多大臣在廷杖之下一命呜呼。

洪武七年，吏部尚书吴琳告老还乡后，朱元璋觉得他的身体还算可以，可早早就奏请告老还乡，心里是不是另有所图呢？于是，朱元璋就派锦衣卫去吴琳的家乡侦查他的动向。锦衣卫见一个农民模样的人在稻田里插秧，就问道："这里有个吴尚书，他在家里吗？"那人回答说："在下便是。"锦衣卫立即返回京城报告给朱元璋，朱元璋才放心。

朱元璋在设立锦衣卫的同时，还进一步完善了监察机关，将御史台改为都察院，并设置左右都御史为长官，与六部长官合称七卿，都察院下设十三道监察御史，负责监察文武百官。都察院的御史可以告发任何一位文武官员，也可以代表皇帝出巡，小事可以立断，大事直接奏请皇帝裁决。为了监察那些监察别人的人，朱元璋采取御史之间互相监察的办法，御史之间可以相互弹劾，让监察者变成被监察者，有效地防止了监察权力的过度膨胀。同时，锦衣卫也对御史行使监督权。

有一天，言官向朱元璋奏本，说京城府衙政纪松弛，官员都人浮于事、尸位素餐。朱元璋看到奏本后，当天晚上就带着锦衣卫上街寻查。他们经过吏部、户部、礼部等衙门时，里面有吏员值守，可到了兵部，却发现里面空空荡荡的，没有吏官值守。朱元璋立即让随行的锦衣卫摘下兵部衙门的招牌，带回宫中。他们没走多远，就见一位吏官急匆匆赶来，想要夺回这块招牌。锦衣卫将这个吏官呵斥一番，仍将招牌带回皇宫。

第二天早朝后，朱元璋召来兵部尚书，斥问昨夜谁在衙门值班。尚书回答说："昨夜乃职方司郎中及其所属吏卒执守衙门。"朱元璋又问道："昨日上来讨要招牌的吏官是谁？"尚书回答说："该吏官亦属于职方司。"朱元璋当即下令，以擅自离职、不值夜班为名，诛杀职方司郎中，而职方司郎中由那个上前讨要招牌的吏官继任。同时，兵部从此不准悬挂招牌于府衙。直至永乐十八年（1420 年）永乐帝迁都北京，应天城兵部再也没有署榜招牌。这件事让京城之内的各府衙都勤于公职，不敢再有懈怠。

在京城，如果被锦衣卫抓到懈怠的现行，必然会大劫难逃。一天，朱元璋已经从锦衣卫那里得到报告，说学士宋濂在家里请了众多的客人喝酒。第二天，宋濂上朝时，朱元璋就问他昨天在家喝酒没有，请了哪些客人。宋濂照实回答后，朱元璋满意地说："你果然没有骗朕。"试想，如果宋濂说一句假话，后果一定会很糟糕。

朱元璋诏令儒士钱宰参编《孟子节文》。有一天，钱宰在散朝回家时，一边走一边吟诗："四鼓冬冬起着衣，午门朝见尚嫌迟。何日得遂田园乐，睡到人间饭熟时。"第二天，钱宰上朝时，朱元璋对他说："昨天的诗不错，不过，朕没有'嫌'迟，改作'忧'字如何？"听了朱元璋的话，钱宰吓得连忙磕头请罪。显然，这也是锦衣卫告的密。

后来，锦衣卫的手伸得越来越长，不仅负责天下文武官员的侦查和审讯工作，还将侦查范围扩大到普通百姓身上。侦查百姓原本是刑部及都察院的职责，锦衣卫显然是越权了，加上锦衣卫所使用的手段极其严酷，让朱元璋看到了锦衣卫滥用职权的弊端。洪武二十年，朱元璋诏令焚毁了锦衣卫的刑具，甚至斩杀了锦衣卫指挥使，将锦衣卫所押囚犯转交刑部审理，还诏令内外狱全部归三法司审理，就此废除锦衣卫。

锦衣卫从建立到废除，极大地影响了皇帝与文武大臣之间的关系，助推了文武官员与皇帝之间的离心离德，"天皇圣明，臣罪当诛"甚至成为大臣上朝时随时就说的官话，对朝廷的风气产生了极大的负面影响。

后来，燕王朱棣发动"靖难之役"夺取皇位后，又恢复了锦衣卫。

07. 强硬手段治贪腐

明朝建立后，一向对贪官污吏深恶痛绝的朱元璋，誓言要将天下的贪官污吏斩尽杀绝。他把查处朝廷和地方的各级官员作为重点，并首先从查处身边的贪腐大臣下手。

洪武二年（1369年）中秋节这一天，朱元璋在奉天殿设宴款待群臣。酒至三巡，朱元璋借着酒兴说："朕本布衣以有天下，实由天命。当群雄初起，所在剽掠，生民惶惶，不保朝夕。朕见其所为非道，心常不然。既而与诸将渡江，驻兵太平，深思爱民安天下之道。自是十有余年，收揽英雄，征伐四克，赖诸将辅佐之功，尊居天位。念天下之广，生民之众，万几方殷，朕中夜寝不安枕，忧悬于心。"（《明太祖宝训》）

太史令刘伯温站起来说："以往国家尚未统一，四方尚未平定，确实劳烦皇帝。可是如今四方平定，天下归心，陛下无须如此忧虑了。"

朱元璋说："尧、舜圣人，处无为之世，尚且忧之，矧德匪唐虞，治非雍熙，天下之民方脱创残，其得无忧乎？夫处天下者当以天下为忧，处一国者当以一国为忧，处一家者当以一家为忧。且以一身与天下国家言之，身小也，所行不谨，或致颠蹶，所养不道，或生疢疾。况天下国家之重，岂可顷刻而忘警畏耶？"（《明太祖宝训》）

朱元璋的意思是，治理天下的人应当要以天下为忧虑，治理一个国家的人应当要以一个国家为忧虑，而治理一家的人应当要以一家为忧虑。皇帝的身体对整个国家来说，身体事小，但所行不谨慎的话，有可能会摔倒，如果所养不道的话，有可能会生病。况且身上肩负着治理天下国家的重担，又怎么能随便忘记警戒呢？

朱元璋深知天下尚未平息，民困尚待复苏，他怕朝中的开国功臣骄傲放纵，腐化奢侈，玩物丧志，会断送来之不易的明朝江山。因此，他告诫文武大臣不能贪腐堕落，招来祸患。

后来，朱元璋暗自命锦衣卫去观察京城朝中文武大臣的泔水桶，如果发现哪一家的泔水桶净是大鱼大肉，就断定这位官员的生活已是极其腐败，就要对他进行当众处决，以此来警戒各级官员。

洪武九年，朱元璋严办了"空印案"，充分显现了他整治贪腐的决心。所谓的空印，就是在空白信笺或文册上预先盖上印章，需要用时再填上具体的内容。这种预先盖好印章的信笺或文册，统称为空印。明朝时期，各地官员都要到应天（今江苏省南京市）来报送账册。当时上缴的是实物税款即粮食，运输过程中难免有损耗，出现账册与实物对不上的现象是大概率事情。稍有错误，就要打回重报。江浙地区尚好，云贵、两广、晋陕、四川的官员因当时交通并不发达，往来路途遥远，如果需要发回重报，势必耽误相当多的时间。因此，前往户部审核的官员，都备有事先盖过印信的空白书册以备使用。

朝廷官员在考校钱谷书册时，发现了这一问题。朱元璋得到禀报后，认为官吏可以利用空白文书簿册作弊。当户部审核与地方造册账目不一致时，地方官吏就以路远和失误作为借口，带上提前盖过官印的空白文册，到了户部那里有驳回的地方就现场改，这就为贪污腐败提供了途径，携带"空印"就会造成"恐奸吏得挟空印纸，为文移以虐民耳"（《明史·列传》）的后果。因此，朱元璋诏令严惩"空印案"各级官吏。

朱元璋深知，财税是朝廷赖以生存的基础，王朝庞大的支出，全靠财税来维系。根据出现严重的空印问题，朱元璋推测主印官应该普遍存在贪污行为。于是，他决心利用"空印案"来整治与财税有关的各级官吏。看到皇上震怒了，朝中大臣和地方官员无不感到惊恐。这次整治，朱元璋可谓是大开杀戒，上至户部尚书，下到各地守令主印者，不论良莠好坏，一律被处死。同时，佐贰①以下官员杖一百，充军边地。与此案有关联者，都无法免除被处死或遭流放的厄运。

洪武十六年，刑部尚书开济接受一死囚家人贿银万两，让郎中仇衍为死囚开脱死罪，并用另一死囚做替死鬼。开济还向其他囚犯家人勒索巨额钱物，一囚犯家人因拿不出钱物，一家二十口人全部自杀。一狱官实在无法容忍开济的恶行，就告发了他。开济与刑部侍郎王希哲、刑部主事王叔徵暗中勾结，把狱官抓起来杀人灭口。监察御史陶垕仲发现后，立即奏报给朱元璋。朱元璋大怒，诏令将开济、仇衍、王希哲、王叔徵等人弃市处死。

洪武十八年四月，朱元璋再次严办了"郭桓案"。当时，御史余敏、丁廷举告发户部侍郎郭桓利用职权，勾结其他官吏，私吞太平（今安徽省当涂县）、镇江（今江苏省镇江市）等府的赋税，而且金额巨大。

郭桓私吞赋税案发后，朱元璋立即怀疑郭桓与北平承宣布政使司和提刑按察使司官员互相勾结，吞盗官粮，于是下令严查。很快，郭桓就被查实侵吞太平、镇江等府赋税：浙西的秋粮本应上缴四百五十万石，但仅上缴二百余万石，其余被私吞；征收地

---

① 佐贰：辅助主官的副官。

方赋税时巧立名目，加征了水脚钱、口食钱、库子钱、神佛钱等多种赋税，全部用来中饱私囊。

朱元璋怒不可遏，诏令审刑司吴庸专门负责拷讯此案，查实后层层追赃，并严肃处理贪腐官吏。

"郭桓案"的调查结果显示，竟有众多的朝廷官员及十二个省府的官员与郭桓案有牵连，其中包括提刑按察使官吏李彧、赵全德，户部侍郎胡益、王道亨，礼部尚书赵瑁，刑部尚书王惠迪，兵部侍郎王志，工部侍郎麦至德等重要官员，涉案金额为精粮两千四百万石。

朱元璋诏令将朝廷六部左右侍郎以下、直隶和各省几万人关进监狱或处死，被摊派到的纳税大户也跟着遭了殃，中等人家大多因此而破产。据吴晗所著的《朱元璋传》记载："'空印案'与'郭桓案'连坐被杀达七八万人。"

借严办"郭桓案"之机，朱元璋非常恳切地对朝中的文武大臣说："老老实实地守着自己的薪俸过日子，就像是守着井底之泉。井虽不满，却能每天汲水，长久不断。若是四处搜刮百姓，你就是手段再高明，也难免东窗事发。一旦事发，你就要受牢狱之灾。这时候，你的那些赃款又还有什么意义呢？这时候，你想用钱，能拿到手吗？你都家破人亡了，赃物都成别人的了！"

洪武十八年，工部许多官员借营建宫廷之机，虚报工匠工役人数、天数多领工银，发放工银时又对工匠进行克扣。朱元璋接到检举奏报后，很快查实了侍郎韩铎、李桢贪污受贿案，随后将这一干人全部处死。

洪武十八年，兵部侍郎王志把征兵收钱当作生财之道，收取的钱物全部落入他自己的腰包。案发时，得到查证的贿银达二十三万两之多，而且大多是逃避服兵役的世袭军户所送。朱元璋毫不姑息，诏令将王志腰斩。

洪武三十年，朱元璋的三女儿安庆公主的丈夫、驸马都尉欧阳伦，奉命出使川、陕两省。他明知茶叶是出口物资，由皇家统一控制，但他依然利用职权贩卖私茶，牟取暴利。地方官员告发了欧阳伦后，朱元璋勃然大怒，不顾安庆公主的苦苦哀求，毅然决然地将欧阳伦赐死。

08. 法律教化做保障

《韩非子·有度》中写道："一民之轨，莫如法。厉官威名，退淫殆，止诈伪，莫如刑。刑重，则不敢以贵易贱；法审，则上尊而不侵。"意思是，统一人们的行为规范，没有比法律更好的；整饬官吏，威慑民众，消除荒淫怠惰的行为，禁止欺诈虚伪的风气，没有比用刑更好的。刑罚重，低贱的人就不敢侵犯高贵的人；法律严，君主就受人尊重而不被侵凌。

朱元璋在强力整治贪腐的进程中，无疑遵循了韩非子所倡导的"刑重"又"法审"原则，采取酷刑威慑与法律教化相结合的方式加以推进。

洪武四年（1371年），朱元璋与朝中的诸多大臣一起讨论刑法的问题。据《明史·刑法志》记载："参政杨宪欲重法，帝曰：'求生于重典，犹索鱼于釜，得活难矣。'御史中丞陈宁曰：'法重则人不轻犯，吏察则下无遁情。'太祖曰：'不然。古人制刑以防恶卫善，故唐、虞画衣冠、异章服以为戮，而民不犯。秦有凿颠抽胁之刑、参夷之诛，而囹圄成市，天下怨叛。未闻用商、韩之法，可致尧、舜之治也。'宁惭而退。又尝谓尚书刘惟谦曰：'仁义者，养民之膏粱也；刑罚者，惩恶之药石也。舍仁义而专用刑罚，是以药石养人，岂得谓善治乎？'盖太祖用重典以惩一时，而酌中制以垂后世，故猛烈之治，宽仁之诏，相辅而行，未尝偏废也。建文帝继体守文，专欲以仁义化民。"

这段话的意思是，参政杨宪提议加重法律的处罚，皇帝说："在苛重的法典下求生，好比到铁锅里寻鱼，要想活命很难。"御史中丞陈宁说："刑法严峻则人们不轻易触犯，官吏明察则下面没有隐情。"太祖说："不是这样。古人制定刑法用来防治邪恶，保护良善，所以唐、虞之世，只是在犯法者衣冠上画图或让其换穿特制的服装，民众就不去犯法了。秦代有锥凿头顶、抽取肋骨的刑罚和灭夷三族的制度，而监狱多得成了集市，天下人怨声载道，终于反叛。没听说用商鞅、韩非之法，而可以达到尧舜之治的。"陈宁惭愧地退下去。皇帝又曾对尚书刘惟谦说："仁义，是滋养人民的粱肉；刑罚，是惩戒恶人的药石。舍弃仁义而光用刑罚，这是用药石来养人，能算好办法吗？"大致太祖之意，当是加重法典以惩戒一时，而酌取适中以垂示后世，所以猛烈的整治和宽仁的恩诏相辅相存，不曾偏废一方。

洪武九年，山西平遥县训导叶伯巨在《奉召陈言疏》的奏折中，就一针见血地指出了朝政中存在的"用刑太繁也"的弊端，导致上下官员人人自危，没有一天踏实的日子。但朱元璋认为，贪腐现象有增无减，根本不是"用刑太繁也"，而是用刑还不够严厉。后来，朱元璋亲自主持编纂了《大诰》《大诰续编》《大诰三编》《大诰武臣》等四部刑典，统称为《御制大诰》，以诰文的形式颁布，内容既包括惩处的规定，也包括惩处贪官污吏的案例，颁布的目的就是为了告诫官吏遵章守纪，不要重蹈覆辙。

明朝建立初期，为了惩治贪腐，朱元璋动用了很多酷刑。他不仅对贪腐的官员实施酷刑，还大搞株连，使整治贪腐扩大化。

可到了洪武二十一年时，翰林学士解缙在给朱元璋的奏折中，再一次提出了叶伯巨十二年前就提出的问题：用刑太繁。据《明史·列传》记载："一日，帝在大庖西室，谕缙：'朕与尔义则君臣，恩犹父子，当知无不言。'"意思是，一天，太祖在御厨西室，对解缙说："朕与你从大义上说是君臣，而恩同父子，你对朕应当知无不言。"解缙说："臣闻令数改则民疑，刑太繁则民玩。国初至今，将二十载，无几时不变之法，无一日无过之人。尝闻陛下震怒，锄根剪蔓，诛其奸逆矣。未闻褒一大善，赏延于世，复及其乡，终始如一者也。"意思是，臣听说政令数改则百姓有疑虑，用刑太繁则百姓会轻视法律。从建国到现在，将近二十年了，却没有长期不变的法令，也不见哪一天有人不犯错误。我曾听说陛下发雷霆之怒，斩草除根，诛除奸逆之徒，却没听说褒扬一个大好人，对其奖赏延及后世，免除其家乡的赋税徭役，并且始终如一地这样做。

事实上，朱元璋确实在法律教化上采取了许多非常有益的措施，还树立了供官员学习的典型。

定远（今安徽省定远县）知县高斗南受他人诬陷，被削职为民。定远百姓得知高斗南被罢黜的消息后，立即派代表赴京城为他伸冤，历数高斗南任职时的突出政绩。朱元璋闻言，为朝廷拥有这样的官员感到欣慰，随即诏令嘉奖高斗南，恢复其原职，并赐给袭衣、宝钞等物。同时，朱元璋还为所有赴京城请愿的代表赐予了返家路费。高斗南任定远知县长达九年，政绩非常显著。不久，朝廷张榜公布天下廉吏，高斗南名列其中，登上《彰善榜》，事迹被记入《圣政记》中，成为天下官吏学习的楷模。后来，高斗南又被擢升为新兴（今云南省玉溪市）知州。高斗南一直任职到年老乞归，深受当地百姓爱戴，新兴百姓安居乐业，没有远徙他乡者。

为了让官员能够廉洁奉公，朱元璋专门制定了监察官吏的制度，由御史台负责执行。御史台设一名御史专门管理百姓举报，设巡按御史负责巡查地方民情民怨和官吏的执政情况。朱元璋还暗中安排锦衣卫秘密巡查，每一名官员都在巡查的范围之内。同时，朱元璋在午门外设立登闻鼓[①]，让百姓击鼓鸣冤。御史接到击鼓递交的诉状后，必须马上交给相关部门处理。

洪武二十五年八月，朱元璋经过两年时间的辛勤编纂，一部以整治贪腐为主要内容的《醒贪简要录》宣告成书，由朝廷统一赐给朝中和地方的官吏，人手一册。书中记载大小文武官员的品级、俸禄，折合稻谷多少，再折合成平均亩产多少，农民需种多少亩田才能产出，以及农民种田的种种辛苦状，诏令所有官吏熟读。朱元璋在《醒贪简要录》的序中写道："四民之中士最贵，农最苦，最苦者是什么哩？每当春耕之时，鸡鸣而起，驱牛柄犁而耕。禾苗即种，又要耕耨，炎天赤日，形体憔悴。等到秋收，交官之外，所剩无几，要是遇上水灾虫灾，则全家遑遑，毫无希望。今颁书于中外，望做官的懂得体恤吾民！"

[①] 登闻鼓：在朝堂外悬鼓，让有冤抑或急案者击鼓鸣冤诉讼。

朱元璋总是尽最大努力实施以薪养廉政策，使官员既不虚费天禄，又得以制禄养廉，为朝廷管理百姓。朱元璋认为，对于官员来说，不预先给以养廉之费，便难以责其奉公守法。到洪武二十五年时，一个正七品知县的年俸为九十石，相当于拥有四十亩田的中小地主的正常年成收益，基本可以确保一家人过着比较殷实的生活。他曾对身边大吃大喝的官员说："勤俭为治身之本，奢侈乃丧家之源。近闻尔等耽嗜于酒，一醉之费，不知其几。以有限之资供无厌之费，岁月滋久，岂得不乏？且男不知耕，女不知织，而饮食衣服必欲奢靡。夫习奢不已，入俭良难，非保家之道。自今宜量入为出，裁省妄费，宁使有余，毋令不足。"（《明太祖宝训》）

09. 惩治流放沈万三

洪武六年（1373年），朱元璋动用大量的人力、物力和财力，修筑北方重点府县，尤其是京城应天（今江苏省南京市）的城防系统。由于工程量费用支出太大，朝廷的开销有些捉襟见肘。就在朱元璋为工程款发愁时，被称为"江南首富"的沈万三主动拜见朱元璋，恳请允许他捐建京城城防。

沈万三，本名富，字仲荣，号万山，元朝湖州路乌程县南浔镇（今浙江湖州市南浔区）人。沈万三的父亲是元朝富商沈祐。沈祐年轻的时候，因为老家发大水，逃难来到当时江南第一水乡周庄。来到周庄后，沈祐发现周庄一带的土地政策非常宽松，就趁机买进了很多土地，然后雇佣大批劳动力进行耕种。由于这里的水资源丰富，粮食收成非常好，沈祐因此发了一笔小财。沈祐死的时候，留下巨额财产。作为沈祐四个儿子中的一个，沈万三自然继承了一部分数额不菲的财产，成为他后来谋求发展的资本。

在江南大地，沈万三确实是一个名满天下、妇孺皆知的富豪，甚至到了富可敌国的程度。沈万三这个比较古怪的名字，就与财富有关。据明朝嘉靖年间县令董谷所著的《碧里杂存》解释，明朝初年称巨富为"万户"，姓后加"万"是当时对富人表示敬意的一种习惯称法。当时人分五等：奇、畸、郎、官、秀。奇最低，而秀最高。能称得上"秀"的人，家产都在万贯[1]以上。而沈万三在四兄弟中排行第三，家拥有亿万资产，因此被称为"沈万三秀"或"沈万三"。由此来说，"沈万三"这个名字，是尊称、排行与户等的融合体。

沈万三拜见朱元璋恳请捐建应天城墙，是他们的第二次见面，第一次见面还是在朱元璋刚刚打败张士诚时，那次朱元璋甚至想借机杀掉沈万三。之所以恨得要杀沈万三，是因为朱元璋认为沈万三是张士诚的人。

在元末起义的红巾军领袖中，江南一带有着"友谅最桀，士诚最富"之说。张士诚所盘踞的范围是江南富庶之地，队伍也一直以兵多将广著称。他积极对所占地盘内的富商巨贾加以笼络，沈万三因此成为吴王府内的座上宾。沈万三依靠张士诚的势力，一举垄断了江左漕运、长江下游地区粮食和食盐的销售。当时泰州的三十六个盐场，有三十四个被张士诚掌控，实际上由沈万三经营。

---

[1] 万贯：指一万贯铜钱，形容钱财极多。贯，是古代钱的单位，旧时用绳索穿钱，每一千文为一贯。

沈万三又把丝绸、瓷器、茶叶等生意做到东南亚和北非、东欧等地，财富迅速积累起来。十年之间，沈万三的资产一度达到二十亿两白银（当时一两白银能买两石大米，一石大米相当于九十五公斤）。

沈万三自觉家资巨富，应该为张士诚表达一下忠心，就请来巧匠，为张士诚雕刻了一块纪功石碑，名为"陵平造像碑"，也称"张吴王纪功画像石刻"，整体由青石材质制成。可纪功石碑没立多久，张士诚就被朱元璋打败。

朱元璋灭掉张士诚后，沈万三深知今后的天下一定是朱元璋的，自己为张士诚所立的石碑已经没有存在的必要了，而且很有可能给自己招来祸患。可他又一想，如果自己贸然将石碑毁掉，会有"此地无银三百两"之嫌，经过反复权衡，最终派人将石碑上的碑文抹掉。

当时还未称帝的朱元璋知道这件事后，立即召见沈万三询问缘由。沈万三定了定神，非常巧妙地回答道："草民只是借助刻碑之事行败碑之名，草民一直翘首期盼殿下能一统河山！"听了沈万三的话，朱元璋觉得眼下还需要沈万三这样的富豪士绅支持，就不想揭穿他，也没置他于死地。为了表达对朱元璋的忠心，沈万三和四弟沈万四向朱元璋大军输送粮食一万石，捐献白银五千两。

明朝建立后，出身贫苦农民家庭的朱元璋，心里一直记挂着穷苦百姓，对那些民间富豪心存芥蒂。在他看来，富豪的钱财大多来得不干净，是通过巧取豪夺的方式得来的，尤其是沈万三这样的巨富，不义之财一定不在少数。这次面对沈万三的请求，朱元璋的心里虽然感到非常不快，觉得朝廷的财力竟然比不上一个民间豪富，但还是给足了沈万三的面子，让他一次性捐资一万三两白银，负责修筑应天城三分之一的城墙。后来，修建城墙的费用超出预算，沈万三又捐资一万三千两白银。

朱元璋为了显示自己皇恩浩荡，不仅将沈万三的几个儿子都封为朝廷大员，还对沈万三说："古有白衣天子，号曰素封，这就是说你啊！"但沈万三似乎没听懂听朱元璋弦外之音，反而更加飘飘然起来。

沈万三的弟弟沈万四越来越看到三哥的危机来临，写下一首诗来劝说三哥："锦衣玉食非为福，檀板金樽亦可休。何事百年长久计，瓦罐载酒木绵花。"

其实，在朱元璋的心目中，一直对沈万三拥有巨额财富的正当来源渠道持怀疑态度，总觉得其中必有不义之财，还怀疑沈万三勾结贪官污吏贪赃枉法。

就在朱元璋一直寻找惩罚沈万三的时机时，沈万三再次奏请要以百万银两犒赏西征大军。朱元璋随即将沈万三召至京城说："西征大军有近百万人，你都能挨个犒赏到吗？"沈万三说："愿每个将士犒金一两。"朱元璋听了非常生气，觉得自己身为皇帝都不能做到每人犒赏一两，而你一个民间富豪竟敢说出这样的话，于是便说："虽然你有一番好意，但朕不需要你用钱来赏。"最终，朱元璋没有答应沈万三的犒赏请求。

随后，朱元璋对御史台的人说："一介平民，居然要犒赏天子的大军，必是污长犯上的乱民，其罪当诛。"

马皇后听说这件事后，知道朱元璋对沈万三起了杀心，便劝谏道："妾闻，法者诛不法也，非以诛不祥之民。富敌国民自不祥，不祥之民天将灾之，陛下何诛焉？"（《明史·马皇后传》）意思是，妾闻法者，诛不法也，非以诛不祥。民富敌国，民自不祥。

这种不祥之民，根本不劳皇上亲自动手，上天会替您惩罚他的。

听了马皇后的话，朱元璋没有斩杀沈万三，而是把他流放到偏僻的云南戍边。

沈万三被流放至云南后，他往日的很多朋友都特地去看他，就是在这一过程中，沈万三发现了"茶马古道"。具有商业头脑的沈万三又一次依靠"茶马古道"，重新开启了属于自己的经商之路，过上了比较殷实的晚年生活。

洪武二十六年，沈万三在云南去世，被安葬在贵州省福泉市福泉山下。

其实，在对待富商这个问题上，朱元璋一直采取打压政策。明朝建立后，朱元璋多次诏令将天下富户迁到应天，累计达十几万户。朱元璋把富人迁到首都，目的就是让富人放弃原来的生活方式，放弃大量的土地，实现财富和土地资源最大程度地分散至民间。朱元璋通过采取打压富豪，最大程度地缩小贫富差距，以此来安抚民心，避免爆发农民起义。

第八章　西宫驾崩，谁管江山兴亡事

01. 僭越之罪除两侯

毫无疑问，朱元璋的经历非常传奇，他出身布衣，出家当过和尚，后来加入起义军，最终成为大明王朝的开国皇帝。对此，朱元璋非常感慨地给自己的人生经历写了一首"打油诗"："少未闻书香，贫苦放牛郎。家亡入皇觉，云游豫皖江。从戎濠州旅，行伍红巾装。智勇冠三军，聚义揽豪强。开府据应天，积粮高筑墙。两淮灭士诚，鄱阳平友谅。北伐取大都，海宇复华邦。传奇帝业路，莫过朱元璋。"

朱元璋建立大明王朝后，为了朱家子孙能够世世代代做皇帝，采取了很多办法。他与太子朱标的一次对话就验证了这一点。

朱标从小熟读儒家经典，性格仁慈宽厚，对弟弟们十分友爱。二弟秦王朱樉、三弟晋王朱棡、四弟燕王朱棣、五弟周王朱橚等各位弟弟曾多次出现过错，朱标总是在父皇面前调和求情，使他们免受责罚，在诸皇子中威信最高。

据《明史·太祖长子朱标传》记载，朱元璋曾这样嘱咐太子说：

"自古创业之君，历涉勤劳，达人情，周物理，故处事咸当。守成之君，生长富贵，若非平昔练达，少有不谬者。故吾特命尔日临群臣，听断诸司启事，以练习国政。唯仁不失于疏暴，唯明不惑于邪佞，唯勤不溺于安逸，唯断不牵于文法。凡此皆心为权度。吾自有天下以来，未尝暇逸，于诸事务唯恐毫发失当，以负上天付托之意。戴星而朝，夜分而寝，尔所亲见。尔能体而行之，天下之福也。"

朱标一直反对朱元璋大开杀戒，并当面劝阻说，"陛下杀人过滥，恐伤和气"，应施行"宽通平易之政"。朱元璋觉得朱标根本不理解他的心情，就命人找来一根长满尖刺的荆棘放到朱标面前，让朱标去拿，朱标有点儿害怕，不敢伸手。朱元璋因此对朱标说："朕杀掉这些人就像去掉荆棘上的尖刺一样，只有把修理干净的枝干留给你，你才能捏得住，这不是很好的事情吗？朕所杀掉的都是很危险的人，这都是为了你。"

大明王朝建立后，朱元璋开始担心武将居功枉法，图谋不轨，就把防范的重点放在军队中。他觉得，对大明江山的威胁，武将远远大于文臣。但当时由于战事过多，他觉得还不是对武将下手的时候。

在大明王朝的开国武将中，最先被治罪的是淮安侯华云龙，具体罪名是"僭用故元宫中物"。据《明史·华云龙传》记载："华云龙，定远人。聚众居韭山。太祖起兵，来归。从克滁、和，为千夫长。从渡江，破采石水寨及方山营。下集庆路，生擒元将，得兵万人，克镇江，迁总管。攻拔广德，战旧馆，擒汤元帅，进右副元帅。龙江之役，云龙伏石灰山，接战，杀伤相当。云龙跃马大呼，捣其中坚，遂大败友谅兵，乘胜复太平。从下九江、南昌，分兵攻下瑞州、临江、吉安。从援安丰，战彭蠡，平武昌。累功至豹韬卫指挥使。从徐达帅兵取高邮，进克淮安，遂命守之，改淮安卫指挥使。寻攻嘉兴，降吴将宋兴。围平江，军于胥门。从大军北征，徇下山东郡县，与徐达会帅通州，进克元都。擢大都督府佥事，总六卫兵留守兼北平行省参知政事。逾年，攻下云州，获平章火儿忽答、右丞哈海。进都督同知，兼燕王左相。"

洪武三年（1370年）冬，华云龙被封为淮安侯，并予以世袭。不久，华云龙上书说："北平的边塞，东边自永平、蓟州，西边到灰岭，隘口有一百二十一个，从东至西有二千二百里。其中王平口到官坐岭，隘口有九个，相距有五百多里。这些位置都十分重要，应该布防军队。紫荆关和芦花山岭尤为要害，适宜设置千户守御所。从前大兵攻克永平后，留下元八翼军士一千六百人屯田，人均支付粮食五斗，所得的还不够支出的，应该并入燕山诸卫，以此补充队伍的操练。"朱元璋采纳了华云龙的建议。

华云龙跟随朱元璋，参与了平定陈友谅、张士诚的战争，尤其在龙湾之战中，华云龙痛击陈友谅军，为后来消灭陈友谅奠定了基础。后来又跟随徐达北伐，为明朝的建立作出了贡献。洪武四年，华云龙巡边云州（今山西省大同市云州区）时，突袭北元平章僧家奴，打败北元诸将，致使北元军队不敢轻易冒犯，为明朝初期的边境稳定作出了贡献。

但是，"洪武七年，有言云龙据元相脱脱第宅，僭用故元宫中物。召还，命何文辉往代。未至京，道卒。"意思是，洪武七年，有人告发华云龙占据元朝丞相脱脱的府邸，越级享用元朝故宫中的文物。于是华云龙被召回，任命何文辉前去取代华云龙。华云龙还没回到京城，就死在途中。据说，华云龙是在返京途中被害的，是朱元璋事先就安排好的，因为华云龙的功劳太大了。

继清除华云龙后，朱元璋又于洪武八年清除了德庆侯廖永忠。"八年三月坐僭用龙凤诸不法事，赐死，年五十三"（《明史·廖永忠传》）。

洪武八年三月，廖永忠的侍从向御史台写了一封举报信，说廖永忠偷偷备制了一些只有皇家才能用的东西，有僭越之心。因为事关一位侯爵、水师元帅，御史台将举报信转呈朱元璋。朱元璋本想亲自去廖永忠家查看，但因身体患病无法前去，就命锦衣卫去调查。锦衣卫在廖永忠家里查到了诸如床帐、器皿、鞍辔、靴、雕金锻花、龙凤呈祥的东西。铁证如山，锦衣卫当即将廖永忠绑到了朱元璋面前。

朱元璋说："廖将军，朕知道你一向胆大妄为，却不敢相信你胆大到如此地步，你知罪吗？"

廖永忠立即跪拜在地说："臣已知罪，可臣实为无心之举。"

朱元璋清楚地记得，洪武三年，他就曾在封赏大典上点名批评廖永忠"擅自揣摩圣意"。据《明史·宋濂传》记载："初，韩林儿在滁州，太祖遣永忠迎归应天，至瓜步覆其舟死，帝以咎永忠。及大封功臣，谕诸将曰：'永忠使所善儒生窥朕意，徼封爵，故止封侯而不公。'及杨宪为相，永忠与相比。宪诛，永忠以功大得免。"意思是，当初韩林儿在滁州的时候，太祖派遣廖永忠将他接回应天，到瓜步的时候船翻了，韩林儿淹死了，太祖因为这件事而责备廖永忠。等到大封功臣的时候，太祖告诉各位将军说："廖永忠指使跟他要好的读书人窥测我的心意，要求给自己封爵，所以只封为侯爵而没有封为公爵。"等到杨宪做丞相的时候，廖永忠跟他关系亲近。杨宪被杀时，廖永忠因为功劳大而得以免死。

事实是，正因为廖永忠当时能够揣摩朱元璋的意图，才让小明王得以葬身江中，为朱元璋称帝扫清了障碍。在朱元璋的心里，如此能够领会朱元璋意图的廖永忠，不可能"臣实为无心之举"，因此，朱元璋根本不相信他的辩解，便说："廖将军做事常常是深思熟虑、滴水不漏，朕怎能相信你是无心之举呢？"

廖永忠听出朱元璋话中的意图，知道自己再辩解也没什么意义，就说："臣听凭皇上处置。"

朱元璋听廖永忠的话说得非常硬气，就当他是认罪伏法了，诏令将他下狱论罪。两个月后，廖永忠因"坐僭用龙凤诸不法事"被赐死，享年五十三岁。

廖永忠死后，朝廷内外有很多官员为他鸣冤叫屈。朱元璋根本没想到杀了一个武将会掀起这么大的波澜，为了平息官员们的众怒，朱元璋诏令廖永忠的长子廖权继承了爵位。

02. 流放宋濂去茂州

到了晚年，为了确保大明王朝的江山不易主，朱元璋时常考虑像宋太祖赵匡胤那样，剥夺所有功臣武将的军权，甚至将他们置于死地。但是，由于西南、东北、西北的战事一直不断，还需要武将南征北战，剥夺他们军权的时机还不成熟，需要进一步等待。

暂时不能剥夺武将的军权，朱元璋就将削弱朝中大臣权力的目光对准了文臣。他觉得，严办胡惟庸案虽然使他的皇权得以稳固，但许多功勋大臣并未受到太大的影响。于是，朱元璋以深究胡惟庸一党为名，开启了惩处功勋文臣的序幕。首当其冲的，就是学士宋濂。宋濂被朱元璋召至京城问罪时，已经致仕回老家三年。

宋濂一直为人小心谨慎，被人们尊称为"太史公"，并一度被朱元璋誉为"开国文臣之首"。作为太子朱标的老师，宋濂深受太子朱标及马皇后的信任，同时也得到了朱元璋的充分肯定。

据《明史·宋濂传》记载："洪武二年诏修元史，命充总裁官。是年八月史成，除翰林院学士。明年二月，儒士欧阳佑等采故元元统以后事迹还朝，仍命濂等续修，六越月再成，赐金帛。"为了感谢宋濂在担任史官期间做出的突出贡献，朱元璋诏令他的儿子宋璲为中书舍人、长孙宋慎为礼部官员。

宋濂因为腿脚不方便，上下朝需有儿孙来搀扶，因此，"祖孙父子，共官内庭，众以为荣"（《明史·宋濂传》）。

"濂性诚谨，官内庭久，未尝讦人过。所居室，署'温树'"（《明史·宋濂传》）。意思是，宋濂洁身自好，从不拉帮结派。由于他与皇家接触很多，知道很多别人不知道的秘密，为了警醒自己慎言，他在居室的墙壁上写了"温树"二字。洪武十年（1377年），宋濂打算告老还乡，朱元璋专门赐给他《御制文集》及绮帛，并对他说："藏此绮三十二年，作百岁衣可也。"（《明史·宋濂传》）意思是，你若将此绮收藏三十二年，就可以拿它来做一百岁时的衣服了。

洪武十三年，宋濂的次子宋璲及长孙宋慎一同被牵扯进胡惟庸案中而坐法死，宋濂也被朱元璋诏令返回应天下狱。

得知老师下狱，太子朱标立即向父皇替宋濂求情，但朱元璋不允，朱标只得向母亲马皇后求情。马皇后得知后，随即向朱元璋进谏说："民家为子弟延师，尚以礼全终始，况天子乎？且濂家居，必不知情。"（《明史·马皇后传》）意思是，臣妾听说寻常百姓为子弟延请教师，尚且能够自始至终以礼相待，宋学士曾是太子的老师，为何偏偏连性命都不能保全呢？况且宋濂一直住在家中，一定不知道这件事情。

听了马皇后的话，朱元璋不但没答应释放宋濂，还非常生气地说："此案牵涉谋逆，其罪当诛，如何保全？"显然，朱元璋是想通过胡惟庸案将逆党彻底铲除，如果这次对宋濂网开一面，恐怕后面还有人会为其他涉案者说情，朱元璋拒绝了马皇后的请求后，气冲冲地拂袖而去。

第二天，按照后宫轮值安排，正赶上马皇后陪朱元璋吃饭。吃饭时，马皇后一改往日的习惯，故意不碰酒肉。朱元璋见状，便不解地问皇后怎么了。马皇后听了，非常哀伤地说："宋先生就要被斩首了，臣妾心里悲痛万分，正在为他祈祷求福，怎有心思碰酒肉呢？"

听了马皇后的话，朱元璋不禁仔细看了看两鬓斑白的结发之妻，心中想起了往昔的种种艰辛，不觉心生恻隐，随即放下筷子站起来，传唤近侍草拟诏书赦免宋濂的死罪，将他流放至茂州（今四川省茂县）。

宋濂的死罪被免除了，而流放茂州这一处罚，对于一个年过七旬的老人来说也是相当残忍的。尽管宋濂逃过死刑，但是千里迢迢地赶往茂州，无疑是一种痛苦的折磨。对一个一生坚守清廉寡欲的学者来说，山高路远的心灵折磨更是难以承受。但是，宋濂毕竟是宋濂，他还是忍受着身体和心灵的双重折磨，毅然踏上了前往流放地的路途。

洪武十四年五月二十，宋濂走到夔州（今重庆市奉节县一带）

时，突然大病不起，最终黯然病逝，享年七十二岁。夔州的官员得知宋濂病逝，纷纷前来赠赙哭祭。夔州知府叶以从悲伤不已，将宋濂葬于莲花山下。当时的皇十一子蜀王朱椿因为仰慕宋濂的品格，又将宋濂转葬于华阳（今重庆市奉节县境内）城东。

宋濂死后，他的弟子方孝孺非常悲伤地为他写了一篇祭文，其中写道："公之量可以包天下，而天下不能容公之一身。公之识可以鉴一世，而举世不能知公之为人。道可以陶冶造化，而不获终于正寝。德可以涵濡万类，而不获盖其后昆。公之所能者，皆众人之所难勉，而未尝自以为足。"此后，方孝孺每次路过夔州时，都不忘祭拜恩师。

宋濂与刘伯温都以散文创作闻名，并称为"一代文宗"。宋濂坚持散文要明道致用、宗经师古，强调辞达，注意通变，要求因事感触而为文。因此，他的散文内容比较充实，且有一定的艺术功力。他的散文或质朴简洁，或雍容典雅，篇篇独具特色。

《送东阳马生序》是宋濂的一篇赠序。在这篇赠序中，宋濂叙述了个人早年虚心求教和勤苦学习的经历，生动而具体地描述了自己借书求师之难，饥寒奔走之苦，并与太学生优越的条件加以对比，有力地说明学业能否有所成就，主要在于主观努力，不在天资的高下和条件的优劣，以勉励青年人珍惜良好的读书环境，专心治学。这篇赠序结构严谨，详略有致，用对比说理，在叙事中穿插细节描绘，文章浑然天成，读来生动感人。

03.定罪处斩李善长

洪武十八年（1385年），朱元璋接到举报，说李善长的弟弟李存义和李存义的儿子李佑，曾与胡惟庸往来密切，而且有谋逆言行。这似乎是"醉翁之意不在酒"，表面是举报李存义父子，实际是告发李善长。

其实，李存义和胡惟庸是亲家，李存义的儿子李佑娶胡惟庸的侄女为妻，双方是姻亲，往来密切是很正常的事情。至于谋逆言行，主谋胡惟庸已于洪武十三年伏法，事情已经过去五年，无法再对证查实。

朱元璋接到举报后，没对李存义父子严查严办，而是斥责一番，将他们贬至崇明（今上海市崇明区）了事。显然，这是朱元璋给李善长面子，没有株连他本人。

可李善长对朱元璋不搞株连的恩赐，反应非常冷淡，既没有谢恩，也没有其他表示，让朱元璋的心里非常不痛快，从此对李善长记恨在心。也许，李善长觉得自己清清白白，根本没什么事，用不着去感谢朱元璋；也许，他觉得自己是大明王朝的开国功臣，而且有着"开国第一功臣"之称，地位可谓是一人之下，万人之上。况且他的年龄比朱元璋大十四岁，朱元璋的长女临安公主还是他的儿媳妇，没必要低三下四地对朱元璋俯首谢恩。

朱元璋的心里也非常清楚，对付李善长这样的开国功臣，又是皇亲国戚，不能像对付胡惟庸那样简单，必须考虑周全，从长计议。因此，朱元璋对李善长的傲慢态度还是选择了隐忍，希望李善长能够自己醒悟过来，给朝中大臣做一个服从的榜样。可李善长作为一个致仕官员，却一直待在京城，而且非常关心朝中的事情。遇到别人有所求时，他总是动用一切可以利用的资源从中协调，给以帮助。干涉朝政，是朱元璋最为不满、最不能容忍的一点。

洪武十九年四月，有人告发李善长为一个名叫丁斌的犯罪亲戚求情，干涉正常办案。本来，李善长出面为亲戚求情减轻处罚或者免罪，也算是人之常情，可朱元璋得到告发后，立即派官员严查。调查官员得到朱元璋的诏令后，逼迫丁斌详细交代李善长是怎样为他托请的。显然，调查官员所针对的并非是丁斌本身犯了什么罪，而是李善长怎样为他托请的，案件的当事人变成了李善长。

审讯过程中，丁斌说他曾在胡惟庸家做事，并检举揭发胡惟庸曾与倭寇有来往，而为胡惟庸与倭寇往来提供方便的人，是明州（今浙江省宁波市）卫指挥林贤。林贤一口咬定，自己是受了胡惟庸差使。这样，胡惟庸的谋反罪便有了可靠的证据。可朱元璋的用意不是为了坐实胡惟庸谋反罪的证据，而是为了找到李善长谋逆的证据。最终，通过严查丁斌案，并未株连到李善长。

洪武二十三年，先后发生了两件事，将李善长卷入了胡惟庸谋反案中。

第一件事，是李善长在老家修建宅邸时，向信国公汤和借士兵三百人干私活儿。汤和虽然答应了，但他胆小怕事，就向朱元璋作了禀报。结果，这件借兵之事，不仅连累了京城吏民数百人，更是直接导致了李善长父子免冠待罪。

第二件事，是一个叫封绩的人被捕后，揭发李善长曾北通蒙古谋反。

这个封绩是元朝旧臣，后来归降了明朝。胡惟庸担任明朝丞相期间，经常派他往来于北元、明朝之间收集情报，并将胡惟庸的书信送给北元嗣君。封绩交代说，胡惟庸在给北元嗣君的书信中对北元称臣，并请北元嗣君出兵作为外应。洪武二十一年，大将军蓝玉出塞远征北元军，在捕鱼儿海（今中蒙边界的贝尔湖）将胡惟庸暗通沙漠的使者封绩俘获。当时，因李善长害怕事情会牵连到自己，便索要了封绩藏匿起来，没有上奏给朱元璋。

封绩此次被捕，将往事一一交代出来。就在这个当口儿，李善长的家奴卢仲谦又落井下石，将李善长平素与胡惟庸往来的细节一一举报出来，其中有三次提到李善长与胡惟庸共同谋反。

不仅如此，陆仲亨的家奴封帖木也告发陆仲亨及唐胜宗、费聚、赵庸等开国功臣一起，与胡惟庸共同谋反。

得到封绩的揭发和封帖木的告发后，朱元璋怒不可遏，下定决心彻底肃清逆党。就这样，一场规模空前的血腥屠杀不可避免地发生了。

洪武二十三年，朱元璋终于可以顺理成章地给李善长定罪了。据《明史·李善长传》记载："狱具，谓善长元勋国戚，知逆谋不发举，狐疑观望怀两端，大逆不道。遂并其妻女弟侄家口七十余人诛之。"意思是，案情审讯完毕，朱元璋认定李善长身为元勋国戚，知道逆谋不揭发，犹豫观望，脚踩两只船，大逆不道，罪该处斩。于是，连同他的妻女弟侄家人共计七十余人全部处死。朱元璋念及李善长已经是一个七十七岁的老人，又有多种荣誉称号和封号，便诏令给他留了全尸。其实，朱元璋并未对李善长一家赶尽杀绝，而是恩赐李善长的一个儿子李祺免死，因为李祺是朱元璋长女临安公主的丈夫、驸马都尉。李祺被赐免死后，被流徙到江浦（今江苏省南京市浦口区），不久便郁郁而死。李祺之子李芳、李茂因临安之恩而未被牵累判罪。李芳任留守中卫指挥，李茂任旗手卫镇抚，但二人均被取消世袭韩国公的权利。

随后，朱元璋又诏令严办胡惟庸、李善长同党，只要是与胡惟庸、李善长有关联的人都被治罪。邓愈之子、中国公邓镇，吉安侯陆仲亨，延安侯唐胜宗，平凉侯费聚，南雄侯赵庸，江南侯陆聚，宜春侯黄彬，荥阳侯郑遇春，巩昌侯郭兴，等等，一并下狱判处死刑。有人告发临川侯胡廷瑞因长女为贵妃，偕同其女婿扰乱宫禁，朱元璋也将胡廷瑞列为李善长同党，被赐自尽，他的女婿也受刑而死。

这次严办胡惟庸、李善长同党，朱元璋先后株连并处死了三万余人。

04. 蓝玉案清除功臣

洪武二十六年（1393年），朱元璋亲自严办的蓝玉案，是朱元璋为加强皇权而借口凉国公蓝玉欲图谋反，大肆株连杀戮功臣将领的重大事件，被株连杀戮者达一万五千人。

蓝玉的悲剧不是历史造成的，而是他性格缺陷所造成的。他的前半生一直笼罩在名将的阴影中，后半生才让他成为了主角，建立了自己的功业。就在功成名就时，他却因遭受皇权清算而被逼自刎。

洪武十四年（1381年）秋，朱元璋诏令颖国公傅友德为征南将军，永昌侯蓝玉为左副将军、西平侯沐英为右副将军，率步骑三十万出征云南。十二月中旬，蓝玉率部在曲靖（今云南省曲靖市）东北的白石江一举打败元军残部，俘获约三万人，生擒主帅达里麻。梁王听说达里麻战败，与左丞达的、参政金驴一起弃守昆明，逃入罗佐山（今云南省昆明市呈贡区境内）。明军顺利占领昆明后，蓝玉又率部消灭了盘踞在云南的元军主力。洪武十五年（1382年）闰二月，朱元璋诏令沐英、蓝玉率军西攻大理。明军气势如虹，大理当月即被攻占。北元梁王孛儿只斤·把匝剌瓦尔密见大势已去，在普宁州忽纳寨（今云南省昆明市晋宁区境内）自杀身亡。朱元璋在战后封赏时，知道永昌侯蓝玉功劳最大，就将他的岁禄增加五百石，还册封他的女儿为蜀王妃。

洪武十七年三月，曹国公李文忠去世，享年四十六岁；洪武十八年二月，魏国公徐达病逝，享年五十四岁。得知李文忠和徐达先后离世，北元太尉、开元王纳哈出开始在金山（今吉林省农安县境内）一带袭扰明朝的辽阳、辽东等重镇。洪武二十年，朱元璋诏令蓝玉为征虏左副将军，随征虏大将军冯胜征讨纳哈出。蓝玉率军至通州（今北京市通州区）时，探知有一支北元军驻屯庆州（今内蒙古巴林左旗西北），就亲率轻骑在大雪的掩护下，偷袭了驻屯庆州的北元军，一举杀死了北元平章果来，俘虏了果来的儿子不兰溪。这次偷袭日后却成了蓝玉不听指挥擅自行动的罪状。偷袭后，蓝玉立即返回与大军会合，率军至金山包围了纳哈出。

纳哈出假意投降时，被常遇春的儿子、蓝玉的外甥郑国公常茂识破，将他擒拿。辽河北岸的北元军听说主帅被擒，纷纷溃逃。明军迅速出击，将大部分北元军拦截，抓获士兵约二十万人，并缴获大量的马羊、驴驼、辎重。但这一仗冯胜所部没有得到朱元璋的奖赏。朱元璋认为，冯胜大军中出现了冒进偷袭敌营的违纪行为，班师时还遭到纳哈出余部的袭击，殿后的将军濮英被俘自杀。在批评冯胜时，朱元璋说："何期大将军胜专为己私，不能抚辑降虏，而乃播恶胡中？古之名将所为，果如是邪？且如戮士卒，悬首于队官之颈，以戒贪暴，号令明矣。而将军乃窃取虏骑，为数不少，又娶虏有丧之女，使人忘哀成配，大失人伦，以此来者不安，附者生恨，此果将军效忠乎？"（《明太祖实录》）虽然蓝玉因偷袭行动遭到批评，但朱元璋还是对他非常欣赏的，随即诏令蓝玉取代冯胜为征虏大将军，率领人马清除残余北元军。

洪武二十年九月，朱元璋诏令蓝玉为征虏大将军，延安侯唐胜宗为左副将军、武定侯郭英为右副将军，率领十五万大军出塞征讨北元残余势力。明军由大宁（今内蒙古宁城县西部）进军至庆州后，蓝玉派出一支精兵侦察搞清了北元军主力的部署情况。此时，北元军正为粮草担忧，根本想不到补给更困难的明军会发动大规模进攻。蓝玉闻报非常高兴，决定以优势兵力发动闪电进攻。

洪武二十一年三月，明军日夜兼程向捕鱼儿海（今中蒙边界的贝尔湖）进发。北元嗣脱古思帖木儿率领的北元军主力，首先遭到了蓝玉部将王弼所部的攻击，乱战中双方各自死伤上千人。随后，蓝玉率领明军主力杀过来，北元军很快被击败，死伤数千人，北元太尉蛮子被郭英当场斩杀。北元太师哈剌章率部撤退十余里设防，但仅仅过了几天就被击溃，哈剌章下落不明。同时，脱古思帖木儿与太子天保奴、知院捏怯来、丞相失烈门等数十人骑马逃亡。脱古思帖木儿率众西逃后，在图拉河（今蒙古乌兰巴托南）附近被人斩杀。此战获胜后，朱元璋晋封蓝玉为凉国公。

随着江山的统一稳定，朱元璋越来越担心那些功高盖主的将领结党营私，蓄意谋叛。当他发现蓝玉与太子朱标走得很近时，总是担心太子被人利用。后来，蓝玉对太子所说的"燕地有天子气"

的话，被添枝加叶地传到了燕王朱棣耳中，朱棣对蓝玉非常记恨，趁入京朝见的机会对父皇说："诸公侯纵恣不法，将有尾大不掉之忧。"听了朱棣的话，朱元璋对手握重兵的蓝玉更加疑心。

信国公汤和看透了朱元璋的心思，便以年事已高为由，请求不再指挥军队驰骋战场。朱元璋很高兴，同意了汤和的请求，解除了他的兵权，并命人在他的家乡凤阳为他修建府邸。洪武二十三年，汤和正式告老还乡，朱元璋赐他黄金三百两、白金两千两、纸纱三千锭、彩币四十多套，成为明朝武臣中得以善终的第一人。

洪武二十四年，朱元璋收到了许多状告蓝玉的折子，朱元璋非常严厉地责备了蓝玉，还将他的过错刻在了世袭的铁券上。但有些不识时务的蓝玉不思悔改，甚至在皇上面前还有些桀骜不驯。

洪武二十五年，建昌（今四川省永修县）发生叛乱，朱元璋派蓝玉率部前去平叛。大军出发前，朱元璋准备给蓝玉面授机宜，命蓝玉的左右侍从退下，可所有的侍从没人听朱元璋的话。蓝玉见朱元璋就要发火时，才挥挥手让侍从离开。朱元璋非常生气，觉得他作为当朝天子，蓝玉的侍从竟敢不听从他的命令，一旦太子继承皇位，他根本调不动这些骄纵的武臣。于是他决定，为了明朝的江山稳固，必须清除这些元勋武将。

洪武二十五年四月，太子朱标因病早逝，年仅三十八岁。太子的病逝给朱元璋以极大的精神打击。此时，朱元璋已经六十五岁高龄。朱标一直被朱元璋当作皇位的继承人来培养，太子的死显然让他措手不及。失去太子让他更加坚定了要及早清除元勋武将的决心。

洪武二十六年，朱元璋得到锦衣卫指挥使告发蓝玉谋反的奏折后，当即诏令将蓝玉拿下，交由吏部严审。吏部尚书詹徽逼迫蓝玉招供谋反事实及同党时，蓝玉愤怒地骂道："你詹徽就是我的同党！"可谁也没想到，就是蓝玉的这句话，让詹徽立即被拿入狱。

蓝玉的许多不法之事很快被查实：锦衣卫指挥使蒋瓛告发蓝玉在家中蓄养家奴披甲，将有变；纳哈出之子察罕告发蒙古降将与蓝玉来往，并且蓝玉曾私下调戏元主妃，致使该妃羞愤自尽；御史和地方官吏告蓝玉多蓄庄奴，恣意横暴，夺占东昌（今山东省聊城市）民田……但谋反之事却始终没有实据。蓝玉的审讯结论是：蓝玉串通景川侯曹震、鹤庆侯张翼、舳舻侯朱寿、东莞伯何荣、吏部尚书詹徽、户部侍郎傅友文等人，谋划在皇上出宫耕种时起事。

朱元璋看到结论后，立即诏令将蓝玉凌迟处死，家产没收，株连三族。

蓝玉被处死后，朱元璋又进行了大规模的清洗和株连。

洪武二十六年，定远侯王弼作为蓝玉的得力部将，被朱元璋赐死。

傅友德曾经是蓝玉的上级，蓝玉被赐死，他也不可能无事。但他毕竟是皇亲国戚，他的儿子娶了朱元璋的九女寿春公主，女儿则嫁给了朱元璋的孙子。洪武二十七年十一月，傅友德在被逼无奈的情况下，先杀了自己的两个儿子，然后在朱元璋面前当场自刎。随后，朱元璋诏令抄没了傅友德家产，并将其家人全部流放到辽东、云南。

傅友德死后，宋国公冯胜知道自己离死期也不远了，因为他不仅是傅友德的上级，还曾经是蓝玉的上级。洪武二十八年正月，冯胜莫名其妙地死在自己的家中。据清代史学家夏燮编著的《明通鉴》记载："上召胜饮之，酒归而暴卒。"由此推断，冯胜是被朱元璋用毒酒毒死的。

在蓝玉案中，那些明朝的开国功臣基本都被株连铲除。

05. 实行残酷文字狱

明朝建立之初，朱元璋以求贤若渴的姿态诏令天下儒士建言献策，并给他们搭建了施展才华的舞台，一大批儒士得到重用，并产生了政治上的依附感，无不感觉一个新的太平盛世即将来临。

可这些儒士得势后，变得越来越忘乎所以，竟然怀念起元朝来，让朱元璋非常生气。那些不满儒士做派的功勋武将看出了朱元璋的心思，便借机挑拨、讥讽、污蔑儒士。这些武将私下对朱元璋说："世乱用武，世治宜文，非偏也。"（《廿二史札记·明初文字之祸》）意思是，虽说打天下用武将，治理天下要靠文人，但千万不能太相信他们。武将们还说："文人善讥讪，如张九四厚礼文儒，及请撰名，则曰士诚。"（《廿二史札记·明初文字之祸》）意思是，儒士善于阳奉阴违，一般人看不出来。张士诚一向厚待儒士，可当他觉得张九四这个名字太俗气，想取一个显贵一点儿的名字时，这帮儒士就替他起了一个名字叫"士诚"。

听了武将的话，朱元璋说："张士诚这个名字不错，听起来挺大气啊！"

武将们说："《孟子》有'士，诚小人也'之句，彼安知之？"（《明史》）意思是，《孟子》里面有"士，诚小人也"这一句，你知道吗？这些武将活生生地把"士，诚小人也"变成了"士诚，小人也"。

　　武将们的话,让朱元璋的心里很不是滋味。他虽然读过《孟子》,但从没留意到"士,诚小人也"这样的句子。事后,他找出《孟子》仔细查阅,发现还真是那么回事。他觉得,自己的文化程度不高,那些文人会不会像戏弄张士诚一样戏弄他?由于自己出身低微,没有上过学堂,一股难以名状的酸楚从他心中涌出。此时的朱元璋,既有身为皇帝的高度自尊,也有出身底层的强烈自卑。因此,他开始处处留意那些可能有影射含义的词句,最终导致了文字狱的发生。后来,明朝初期投靠朱元璋的儒士,几乎都遭到朱元璋的迫害,许多儒士含冤而死。

　　朱元璋在读《孟子》时,看到了这样一段话:"孟子告齐宣王曰:'君之视臣如手足,则臣视君如腹心;君之视臣如犬马,则臣视君如国人;君之视臣如土芥,则臣视君如寇仇。'"意思是,孟子告诉齐宣王说:"君主把臣下看成为自己的手脚,那臣下就会把君主看成为自己的腹心;君主把臣下看成为狗马,那臣下就会把君主看成为一般人;君主把臣下看成为泥土草芥,那臣下就会把君主看成为仇敌。""寇"一出,让朱元璋大为不快,立即下令将孟子的塑像从各地的孔庙中清除。

　　随后,一些信奉孔孟之道的儒士立即站出来替孟子喊冤。其中,一个叫钱唐的儒士上疏说:"臣为孟轲死,死有余荣。"朱元璋看到上疏后,大为震惊,因此更加相信儒士戏弄张士诚的故事是真的。这些儒士竟然不惜身家性命与他作对,来保护孟子。

　　但朱元璋没有杀掉钱唐,他不希望自己得到一个草莽的骂名。于是,朱元璋召见宋濂,让宋濂给他出个主意。宋濂实在拿不出好的处理办法,就建议朱元璋仔细读一读《孟子》。

朱元璋采纳了宋濂的建议，耐着性子读起了《孟子》。当他读到"故天将降大任于斯人也，必先苦其心志，劳其筋骨，饿其体肤，空乏其身行，拂乱其所为，所以动心忍性，曾益其所不能"这样的句子时，不禁拍案叫绝。他觉得，这就是在讲述他的心志和经历，敢情他以前吃的那些苦，都是上天一手策划、安排好的，孟子为他的贫贱出身找到了一个既体面又合理的解释。于是，朱元璋体悟到孟子所言，不是常人一下子能够悟透的。经过一番学习，朱元璋诏令将孟子请回孔庙，并把《孟子》作为科考的重要内容之一，但将其中的"民为贵，社稷次之，君为轻"一句删除。

朱元璋总觉得儒士善于阳奉阴违，总是担心自己上了儒士的当而又浑然不知，因此处处抠字眼加以防备。

据吴晗所著的《朱元璋传》记载，朱元璋过生日，百官都上表称贺。杭州府学教授徐一夔也不例外，洋洋洒洒地写了几千字的贺表，称赞朱元璋是上天特意降生的圣人，为千古垂范、万世作则。贺表中有"光天之下，天生圣人，为世所则"一句。朱元璋读后，非常愤怒地说："'生'者僧也，骂我当过和尚；'光'是薙发，说我是秃子；'则'音近贼，骂我做过贼。自觉聪明的家伙，一句话三个停顿就变着法儿地骂了三次。这语言文字还真奇妙，不光是表音、表意的工具，还是一座隐喻与象征的迷宫，一不留神，就会着了道儿。"朱元璋恨不得立即把徐一夔千刀万剐。

可朱元璋转念一想，身为杭州府学教授，徐一夔应该没有这样的胆子骂他，随即又觉得是自己多疑了，因此没有诛杀徐一夔。但为了避免发生类似问题，朱元璋诏令在各类公文中，禁用一些有隐晦意思的文字，公文贺表使用统一格式。因为朱元璋小时候家里很穷，为了活命，父母被饿死后他只好出家做了和尚。他觉得做了皇帝后，一些字必须有所禁忌。他首先提出，所有跟和尚有关的"光""秃"这一类字绝对不能提及，甚至连"僧"字也不能提及。朱元璋当过红巾军，而且从红巾军起家，但红巾军一直被朝廷称为红贼、红寇，所以"贼""寇"之类的字也不能提及。对已经规定禁用的字，一旦使用就是故意冒犯，必将加以严惩。此后，许许多多的官员都因为使用了禁用的字而断送性命。

祥符（今河南省开封市祥符区）县学教谕贾翥替本县知县作《正旦贺表》，其中写了"取法象魏"一句。朱元璋看后，觉得"取法"就是"去发"，是讽刺他当过和尚，于是下令诛杀了贾翥。尉氏（今河南省尉氏县）县学教谕许元为知府作《万寿贺表》，其中写了"体乾法坤，藻饰太平"一句。朱元璋看后，觉得"法坤"音同"发髡"，还是剃发的意思，于是下令诛杀了许元。常州府学训导蒋镇作《正旦贺表》，其中写了"睿性生智"一句。朱元璋看后，觉得"生"音同"僧"，也是骂他当过和尚，于是下令诛杀了蒋镇。怀庆（今河南省沁阳市）府学训导吕睿作《谢赐马表》，其中写了"遥瞻帝扉"一句。朱元璋看后，觉得"帝扉"音同"帝非"，于是下令诛杀了吕睿。

随着时间的推移，朱元璋对文字避忌范围也越来越大。洪武三年（1370年），朱元璋禁止百姓取名用天、国、君、臣、圣、神、尧、舜、禹、汤、文、武、周、汉、晋、唐等字，而到洪武二十六年（1393年），就发展到禁止百姓取名太祖、圣孙、龙孙、黄孙、王孙、太叔、太兄、太弟、太师、太傅、太保、大夫、待诏、博士、太医、太监、大官、郎中字样，并禁止民间使用久已习惯的称呼，如医生只许称医士、医人、医者，不许称太医、大夫、郎中；梳头人只许称梳篦人或称整容，不许称待诏；官员之家火者，只许称阍者，不许称太监，违者都处重刑。后来，文字狱的打击面越来越大。有一年元宵夜，朱元璋微服出巡，在一个热闹的镇上看到一则灯谜：上面画了一个女人，手里抱着一个西瓜，坐在马背上，其中马蹄画得特别大。朱元璋看后，觉得这是暗讽马皇后是个大脚，于是下令缉查，将制作灯谜的人杖责至死。

洪武二十七年，甲戌科状元张信在训导皇子时，引用了杜甫诗"舍下笋穿壁"出题，作为临摹帖。前来巡视的朱元璋看见后，知道"舍下笋穿壁"是"屋舍下竹笋竟穿出了墙壁"的意思，而"竹笋"音同"朱损"，觉得张信是想借古讽今，讥讽天朝，怒骂道："堂堂天朝，讥诮如此！"随即下令将张信腰斩。诗人高启应苏州知府之请，为其新宅写了《上梁文》，其中写了"龙盘虎踞"一词，也被下令腰斩。佥事陈养浩在一首诗中写了"城南有嫠妇，夜夜哭征夫"一句，朱元璋嫌其"伤时"，下令将陈养浩投水溺死。一寺院墙壁上题布袋佛诗云："大千世界浩茫茫，收拾都将一袋藏；毕竟有收还有放，放宽些子有何妨！"朱元璋读后，怀疑这是嫌他法度太严，竟下令尽诛寺僧。藩国朝鲜的国王李成旦进表笺，朱元璋见有犯上字样，不仅当即下令将进贡物品全部打回，还让朝鲜交出撰写此文的郑总。

朱元璋实行的文字狱，从洪武十七年开始，一直延续到洪武二十九年，时间长达十三年之久，朝廷上下形成人人自危、不敢提笔的局面，甚至没人敢在朱元璋手下担任文官。有的儒士采取自杀、自残肢体、逃往漠北、隐居深山等办法，来躲避朱元璋的征召。贵溪（今江西省鹰潭市）儒士夏伯启叔侄二人，宁愿斩断手指，也誓不出仕。

朱元璋实行的文字狱，虽然维护了皇帝的权威，却扼杀了新兴思想的产生，导致思想禁锢，文坛陷入低谷。

06. 诏令停建中都城

洪武元年（1368年）八月初二，征虏大将军徐达、征虏副将军常遇春率领明军一举攻克元大都（今北京市境内），朱元璋随即诏令将元大都改为北平府。

为了稳固新建立的大明王朝对北方地区的统治，朱元璋决定放弃把应天（今江苏省南京市）作为都城，开始考虑将宋旧都东京汴梁（今河南省开封时）作为都城。据《明太祖实录》记载："朕观中原土壤，四方朝贡，道里适均，父老之言乃合朕志，然立国之规模固重，而兴王之根本不轻。其以金陵为南京、大梁为北京，朕于春、秋往来巡守。播告尔民，便知朕意。"

但朱元璋派出的考察官员回来禀报说，受黄河水患和连年战乱的影响，汴梁早已破败不堪，不适合在此建立都城。经过朝野上下共同讨论，朱元璋决定在自己的家乡濠州（今安徽省凤阳县）建立中都，理由是"朕谓临濠前江后淮，以险可恃，以水可漕，汝当为朕图之"（《明太祖实录》）。当时，开国功勋大多都是淮西人士，与朱元璋属于老乡，他们富贵后，回故乡享受富贵的心思非常迫切。而负责朝廷营建工程的左丞相李善长，正是淮西勋贵的首领，而且拥有"明朝开国第一功臣"盛誉。但太史令刘伯温谏止建都于濠州，他说："凤阳虽帝乡，非建都地。"（《明史·列传》）刘伯温谏止的主要原因是濠州地势曼延。濠州地区临淮河，

— 279 —

容易发生洪涝灾害。长期的水灾，又导致土地盐碱化，粮食产量低，不适合作为都城。但朱元璋并未采纳刘伯温的建议，依然坚持在濠州建都。

洪武二年九月，朱元璋正式诏令营建明中都，并诏令征集全国的能工巧匠到濠州营建中都。营建工程由李善长总负责，城基建在府城南二十里的坡地上，都中建有大都督府、中书省等各大官署和太庙、天地坛等礼制建筑。全城布局建构恢弘壮丽、气势雄伟，城墙坚如铁石，城基用铁水浇铸。

在营建中都的过程中，朱元璋除了调集了大批的工匠外，还调拨了大量的军队参与施工，其中仅从应天府就调拨了二十六卫，约二十万人，还有数万名囚犯作为劳役参与施工。

为了给帝王之都填充足够的人口，洪武三年，朱元璋诏令迁江南无田者四千户充实到中都。洪武六年，朱元璋迁山西民众三万九千口充实到中都。这一年，朱元璋将濠州府改为中立府。洪武七年，朱元璋迁江南民众十四万人充实到中都。这一年，朱元璋将中立府改为凤阳府，凤阳一名一直沿用下来。五年时间，朱元璋累计向中都迁移人口约三十万人。

中都城的最初设计是正方形，但这样的设计，将东部的独山、西南的凤凰山都阻隔在城外了，一旦发生战争，敌军便可在山上俯瞰全城。因此，工部尚书薛祥强烈建议调整了设计图纸，将独山和凤凰山纳入城内，这样，整座都城扩展到周围五十里，呈扁方形。

皇宫建在凤凰山正南的缓坡上，基本延续了应天皇宫的规制。正殿为奉天殿，中间为华盖殿，最后是谨身殿，三大殿后是后宫，宫城外是周围六里的城墙，四面各开一门。中间一圈是周长十四里的皇城，皇城将整个凤凰山主峰包含在内，比南京皇城的规模更大、更壮阔。同时，充分借鉴了元大都的建造经验，浮雕的质量极高，而且品种丰富多样。皇城内是官署，外面属于居民区集市，有街有坊开十二座城门。万岁山、凤凰山、月华峰东西相连，绵延十余里，山顶建园林庙宇，栽植各类树木，茂密如荫。都城内有一条贯通南北的中轴线——云雾街，从正南洪武门外的凤阳桥起，经洪武街、大明门、承天门、端门、金水桥、皇宫，从玄武门出大内，越过凤凰山直至北安门，全长十三里。

洪武三年，建成大都督府、御史台、中书省三大衙门。洪武四年，建成圜丘、方丘、日、月、社稷、山川坛、太庙。洪武五年三月，建成百万仓；六月，置五城兵马司指挥司；七月，在独山建成钦天监、观星台；十一月，建成六公二十七侯府邸。洪武六年三月，建成禁军二十一卫营房，共三万九千八百五十间；六月，建成皇城，设立功臣庙、历代帝王庙、中都城隍庙。洪武七年，修筑外城墙，建成会同馆。洪武八年，建成中都国子监。短短六年时间，一座崭新的都城平地而起。

由于修建中都征集了几十万人口，尤其为了确保工程的尽快完工使得民工劳役过重，当地民众苦不堪言，以至于发生了"压镇法"事件，就是当地百姓在明中都建筑物的屋檐上偷放纸人和木偶，来诅咒朝廷。这件事让一贯勤俭节约的朱元璋感到心神不宁。洪武八年四月，六十五岁的诚意伯刘伯温病逝，让朱元璋伤心不已。他知道，刘伯温是因左丞相胡惟庸诬陷而被夺禄郁郁而死的。他想起了当初刘伯温以"凤阳虽帝乡，非建都地"为由力谏他不要在濠州建都。此时，他忽然明白了刘伯温谏止在濠州建都的真正用意。朱元璋觉得，李善长、徐达、汤和、胡惟庸、胡大海等一大批功勋重臣都是淮西人，淮西勋贵的势力实在是太大了，如果迁都到濠州，淮西勋贵衣锦还乡，必然会更加耀武扬威，将来朝中没人可以管制他们，说不定就会有人谋反。于是，朱元璋似乎猛然醒悟，坚决不允许淮西勋贵在朝廷做大。于是，为了稳固皇权统治，朱元璋在刘伯温刚刚去世后，也是中都城建设即将全面竣工时，诏令停止中都城的营建，朝廷不再迁都。

朱元璋虽然诏令停建中都，也取消了迁都计划，但整个中都城的建造已近完工，而且拥有了几十万人口，俨然成了一个大都市。中都作为帝王之乡和帝王祖陵所在地，很长时间内都呈现出一派繁华富庶的景象。后来，明成祖朱棣迁都北平后，朝廷对中都的重视程度逐渐下降，经济逐渐萧条，并出现了大量的人口流失。明末农民军攻占中都时，一把火将中都城几乎烧个净光。

07. 储君选定皇太孙

朱元璋一生共有二十六个皇子、十六个公主。洪武元年（1368年）正月，朱元璋就立嫡长子、孝慈高皇后马氏所生的朱标为皇太子，从此，大明王朝的开国皇帝朱元璋便有了合情合法的继承人。朱元璋的二十六个皇子，除了皇太子朱标、幼殇的二十六子朱楠之外，其余二十四个儿子，先后于洪武三年四月、洪武十一年正月、洪武二十四年四月被封为藩王。这些藩王，除了第九子赵王朱杞早夭未就封外，其余都到封地就封。看到藩王先后到封地就封，朱元璋倍感欣慰。他觉得只有这样，大明朝的天下才真正属于朱家。洪武九年闰九月，平遥县训导叶伯巨在《奉诏陈言疏》中提出，"分封太侈也"是朝廷的三大祸端，朱元璋看到奏疏后，立即大怒道："小子间吾骨肉，速逮来，吾手射之！"在朱元璋看来，分封藩王是朱家的事，轮不到你一个小小的训导来说三道四。叶伯巨被抓捕后，关在刑部监狱里受尽了各种虐待，最终被活活饿死。

朱元璋读过许多史书，知道分封藩王这一做法存在隐患，但他觉得，即使存在隐患，也应由他自己说出来，自己纠正过错。朱元璋也试图通过一系列的制度法规，从根本上消除这一隐患。在二十四个藩王中，鲁王朱檀于洪武二十二年十二月，因过度服用金石药物中毒而死，年仅二十岁。潭王朱梓受母妃蛊惑预谋造反，胡惟庸谋反案被人告发后，朱梓的岳父于显、妻弟于琥受到株连。朱梓内心惶惧，不敢回京见朱元璋，内心怨恨地说："宁见阎王，不见贼王。"随后，朱梓纵火焚宫，和妻子于氏一同自尽。除了这两个藩王，朱元璋对其他藩王还是比较放心的。

朱元璋建立明朝，除了侄儿朱文正、外甥李文忠外，没有得到任何来自兄弟和亲族的有力辅佐。为了守住辛辛苦苦打下的江山，只靠强力集权是不够的，必须依靠骨肉亲情。他对分封的藩王，不仅给土地，还赋予他们监督地方官员处理政务、节制地方军队的权力，他希望儿孙能够各守本土，确保明朝万世荣华。

洪武二十三年，朱元璋诛杀了有着"开国第一功臣"之称的李善长。在诛杀李善长之前，朱标就预感父皇起了杀心，对父皇说："父亲杀的人太多了，恐怕有违天道啊！"李善长被诛后，朱标非常不安，而且恐惧感越来越强烈。

洪武二十四年，朱元璋决定改应天为南京、改汴梁（今河南省开封市）为北京、改凤阳为中都。御史胡子祺认为，改汴梁为北京变为都城不妥，建议以长安（今陕西省西安市）为都，便上奏说："举天下莫关中若也。"朱元璋采纳了胡子祺的建议，决定迁都长安。随后，朱元璋就派太子朱标巡视长安，考察长安的实际状况。

太子巡视长安引起了秦王朱樉的担忧。朱樉觉得，如果朝廷迁都长安，他的封地就没了，因此他坚决反对迁都。朱元璋得知秦王反对迁都长安，就立即派人将朱樉召还京城，幽禁在宫中。

朱标首先考察了洛阳，然后考察了长安，对长安和洛阳的各种状况进行了认真比较，返回京城后，向朱元璋献呈了长安和洛阳两地的地图等资料。得知秦王朱樉被幽禁在宫中，朱标哭着请求父皇赦免秦王的罪。朱元璋答应了太子的请求，让秦王朱樉返回了长安，同时对朱标考察洛阳的举动给予充分的肯定。

就在朱标返回京师不久，竟然大病不起。洪武二十五年（1392年）四月二十五，朱元璋一直寄予厚望的皇太子朱标病逝，年仅三十八岁。

太子朱标的病逝，对朱元璋是一个极其沉重的打击，也打乱他所有的安排。他非常悲伤地在《祀灶文》中写道："朕经营天下数十年，事事按古就绪。维宫城前昂后洼，形势不称。本欲迁都，今朕年老，精力已倦，又天下初定，不欲劳民。且兴废有数，只得听天。唯愿鉴朕此心，福其子孙。"朱元璋的这些句子，形象地表达他当时的心情。他一直认为南京的风水不佳，一直信心满满地准备迁都，但最终因为年龄的原因未能实现，这也成为他一生中最大的遗憾。

朱标病逝后，朱元璋不得不为确定新的皇位继承人而操心。此时，他心里的最佳皇位继承人是燕王朱棣，觉得朱棣从各个方面都具备继承皇位的能力。但当他冷静地思考后,又觉得让朱棣继承皇位有些欠妥。无论是按长幼顺序,还是母妃的地位高低,眼下都轮不到朱棣,如果此事处理不好,就有可能引发兄弟之间的残酷争斗,远比唐朝初期爆发的"玄武门之变"要严重得多。他不能开立贤的先河,否则后世那些有野心的子孙也会不安分。为了谨慎处理好立储之事,朱元璋召众臣群议。他试探地说:"太子薨,长孙弱不更事,主器必得人。朕欲建燕王为储贰,以承天下之重,庶几宗社有托。"(明·杨士奇《明太宗实录》)

翰林学士刘三吾率先提出反对意见,他说:"立燕王,置秦、晋二王于何地?且皇孙年长,可继承矣。"(明·杨士奇《明太宗实录》)意思是,若立燕王,将置秦王、晋王于何地?皇孙年长,可以继承皇位。

众大臣非常赞同刘三吾的意见,纷纷表示应遵循礼法,父死子继,嫡庶有别。

朱元璋见刘三吾和众大臣都表示应立皇孙为储王,便说:"那就立故太子之子好了。"

朱标生有五子,嫡长子早殇,次子朱允炆是朱元璋的第三个孙子,按照嫡长制的继承原则,朱元璋诏立朱允炆为皇太孙,作为将来的皇位继承人。

当时朱允炆只有十六岁,性格仁柔宽厚。朱元璋觉得,朱允炆继位后,难免心慈手软,控制不住局面,如果那些久经战阵、战功赫赫的军中大将恃功而骄,不守法度,朱家的天下就完了。于是,朱元璋不禁产生一种时不我待的紧迫感。为了确保皇太孙将来掌控权柄,朱元璋煞费苦心地将齐泰、黄子澄、方孝孺等诸多饱学之士选拔出来,来加紧教导、辅佐皇太孙。他对皇太孙说:"吾

治乱世，刑不得不重。汝治平世，刑自当轻，所谓刑罚世轻世重。"（《明史·刑法志》）

朱允炆非常孝顺，事事都能顺从朱元璋，这也让朱元璋倍感欣慰。严办蓝玉案后，朱元璋对皇太孙说："现在没有人能威胁你了。我又分封了你的叔叔们做藩王戍边，如果北元前来进犯，诸王可以御之。"朱允炆没有露出欣慰的表情，反而有些不安地问："北元进犯，诸王御之，如果诸王不安定，那谁能抵挡呢？"朱元璋竟一时不知怎么回答，只是反问道："你认为该如何？"朱允炆信心满满地说："以德怀之，以礼制之，不可则削其地，又不可则废置其人，又甚则举兵伐之。"朱元璋听了，有些无奈地点了点头。

朱元璋看似给他的后人留下一座稳固江山，却在不经意间留下了诸多隐患和动荡不安。

08. 是非功过任评说

朱元璋一生朴素勤政，励精图治。他曾写了这样一首诗："百僚已睡朕未睡，百僚未起朕先起。不如江南富足翁，日高一丈犹拥被。"意思是，文武百官已经睡下而我却还没有睡觉，文武百官还没有起床我就已经早早起床了。不如江南富足的老头儿，太阳升起很高还在披着被子睡觉。

朱元璋虽然是大明王朝的皇帝，但他的日常生活确实比普通百姓还要辛苦。他每天早上大约七点入朝理事，早朝结束后再吃早点，稍事休息或批阅奏章，或读书，或听学士讲经。午后再入朝，或批阅奏章，或接待官员，或读书。听学士讲经是每日必不可少的事情。在寝官，他会把随时想到的事情以及第二天要做的事情写在布条上，作为备忘录。

朱元璋勤于政事，颇有建树。在农业方面，鼓励农桑，减免税赋，兴修水利；在军事方面，屯田戍边，设立卫所，修筑城防；在行政方面，精简机构，削减各级官员，减轻百姓负担。相比于极其衰败的元末时期，社会生产得到了逐渐恢复和发展，国力得到迅速增长，出现了元朝以来难得一见的"洪武之治"，也称"洪武盛世"。

但朱元璋这个大明王朝的皇帝，一生中充满了磨难和坎坷，少年丧父、中年丧妻、老年丧子这三大不幸，一个不落地都落在了他的身上。

洪武十五年（1382年），马皇后在弥留之时对朱元璋说："希望陛下能够求取贤能的人，听取别人的意见，自始至终认真对待，子孙都能够贤能，大臣百姓都能够有所依靠罢了。"马皇后去世后，朱元璋一直铭记着马皇后的话。

洪武二十八年六月，朱元璋在奉天门重申不许恢复丞相制，然后语气非常沉重地说："朕自起兵至今四十余年，亲理天下庶务，人情善恶真伪，无不涉历，其中奸顽刁诈之徒，情犯深重、灼然无疑者，特令法外加刑，意在使人知所警惧，不敢轻易犯法。然此特权时处置，顿挫奸顽，非守成之君所用常法，以后嗣君统理天下止守律与大诰，并不许用黥刺、腓、劓、阉割之刑。盖嗣君宫生内长，人情善恶未能周知，恐一时所施不当，误伤善良。臣下敢有奏用此刑者，文武群臣即时劾奏，处以重刑。"（《明太祖实录》）朱元璋是在告诫子孙和文武群臣今后不要使用过于残忍的酷刑。

朱元璋还说："皇亲国戚有犯，在嗣君自决，唯谋逆不赦。余犯轻者，与在京诸亲会议。重者，与在外诸王及在京诸亲会议。皆取自上裁。其所犯之家，止许法同举奏，并不许擅自逮问。合议亲戚如皇后家、皇妃家、东宫妃家、王妃家、郡王妃家、驸马家、仪宾家，魏国公、曹国公、信国公、西平侯、武定侯之家，朕皆已著之祖训。尔五府、六部等衙门，以朕言刊梓，揭于官署，永为遵守。"（《明太祖实录》）朱元璋说这番话，目的就是想对诛杀功臣的错误做法加以纠正。

洪武二十九年九月，朱元璋把已经致仕的两千五百多名武臣召至京城，赏给每个人很多银子，让他们"还乡抚教子孙，以终天年"。仅仅过了一个月，朱元璋又给这些致仕的武臣每人各晋秩一级。这一举动标志着朱元璋不再搞恐怖的杀戮，并开始纠正刑罚过重的错误。

洪武三十一年三月，继十子鲁王朱檀、八子潭王朱梓、皇太子朱标、次子秦王朱樉先后离世之后，晋王朱㭎病逝。朱元璋非常担心北方边事，便立刻给燕王朱棣发去了谕令："朕观成周之时，天下治矣。周公犹告成王曰'诘尔戎兵安不忘危之道也'，今虽海内无事，然天象示戒夷狄之患岂可不防。朕之诸子，汝独才智，克堪其任。秦、晋已薨，汝实为长。攘外安内非汝而谁？已命杨文总北平都司行都司等军，郭英总辽东都司并辽府护卫，悉听尔节制。尔其总率诸王，相机度势，用防边患，乂安黎民，以答上天之心，以副吾付托之意！其敬慎之，勿怠。"（《明太祖实录》）

洪武三十一年五月，七十一岁的朱元璋病倒了。此时，他想到了皇太孙朱允炆，心里总有丝丝的不安。于是，他将所想之事都写进了遗诏中，确保皇太孙朱允炆能顺利继承大统。《明太祖遗诏》这样写道：

朕受皇天之命，膺大命于世，定祸乱而偃兵，安民生于市野，谨抚驭以膺天命，今三十一年矣。忧危积心，克勤不怠，尚志有益于民。奈何起自寒微，无古人博志，好善恶恶，过不及多矣。今年七十有一，筋力衰微，朝夕危惧，唯恐不终。今得万物自然之理，其奚哀念之。有皇太孙允炆，仁明孝友，天下归心，宜登大位，以勤民政。中外文武臣僚同心辅佐，以福我民。凡丧葬之仪，一如汉文勿异。布告天下，使明知朕意。孝陵山川，一由其故，无有所改。

天下臣民令到，出临三日皆释服，嫁娶、饮酒、食肉皆无禁。

无发民哭临宫殿中，当临者皆以旦晡，各一十五声，举哀礼毕，罢非旦晡临，无得擅哭。

当给丧事及哭临者，皆无洗，经带无过三寸，无布车兵器。

诸王各于本国哭临，不必赴京。中外官军、戍守官员，无得擅离信地，许遣人至京。

王国所在文武衙门官民、军士，今后一听朝廷节制；护卫官军，王自处分。

诸王不在令中者，皆以此令比类从事。

故兹诏示，想宜知悉。

洪武三十一年闰五月初十（1398年6月24日），朱元璋在京城西宫去世，享年七十一岁，葬于钟山南麓独龙阜玩珠峰下的孝陵，谥号"高皇帝"，庙号"太祖"。弥留之际，朱元璋还单独给皇太孙朱允炆留下一道遗诏，上书"责殉诸妃"四个字。就这四个字，共有四十六名妃子、十五名宫女给朱元璋殉葬。

洪武三十一年闰五月十六，皇太孙朱允炆即位，改年号"建文"，是为建文帝。又过了三天，建文帝诏令兵部侍郎齐泰为兵部尚书、太常寺卿黄子澄兼翰林学士，共同参与机密，大明王朝就此进入了一个新时期。

主要参考书目

[01] 林鲤. 中国皇帝全书 [M]. 北京：九洲图书出版社，1997.

[02] 黄仁宇. 中国大历史 [M]. 北京：生活·读书·新知三联书店，2007.

[03] 善从. 中国皇帝全传 [M]. 北京：中国华侨出版社，2011.

[04] 姜正成. 威猛浑厚朱元璋 [M]. 北京：中国言实出版社，2012.

[05] 段雪莲. 朱元璋传 [M]. 西安：陕西新华出版传媒集团三秦出版社，2012.

[06] 黎东方. 戏说元朝 [M]. 上海：世纪出版集团上海人民出版社，2013.

[07] 黎东方. 戏说明朝 [M]. 上海：世纪出版集团上海人民出版社，2013.

[08] 蔡东潘. 明史通俗演义 [M]. 哈尔滨：北方文艺出版社，2013.

[09] 高山. 中国皇帝全卷 [M]. 北京：光明日报出版社，

2015.

[10] 梦宛. 明朝十六帝[M]. 北京：中国华侨出版社，2015.

[11] 吴晗. 朱元璋传[M]. 南京：凤凰出版传媒股份有限公司江苏人民出版社，2015.

[12] 刘屹松. 朱元璋全传[M]. 武汉：华中科技大学出版社，2019.

[13] 袁恒毅，金歆. 明史其实超好看[M]. 北京：中国华侨出版社，2020.

[14] 南炳文，汤纲. 明史（上、下）[M]. 上海：上海人民出版社，2021.